JN425041

증권 범죄 이야기

5

구재천 지음

이화

목 차

제 1장 불공정거래

1. 미공개중요정보 이용행위(내부자거래)
2. 시세조종행위
3. 부정거래행위
4. 시장질서교란행위
5. 공매도규정 위반행위
6. 공시의무 위반행위
7. 내부자의 단기매매차익 반환제도
8. 금융위원회의 불공정거래 조사, 처리절차 및 증권 범죄합동수사단

참고 : 증권회사의 불공정거래 적출기준(주식, 파생상품)

1. 미공개중요정보 이용행위 - 내부자거래

내부자거래의 역사는 주식의 역사와 같다고 해도 과언이 아니다. 주식은 16세기 유럽에서 동양과의 해상무역에 필요한 자금을 조달하기 위한 수단으로 등장했는데, 당시 주식 투자자에게는 무역선이 태풍, 해적, 질병, 원주민의 저항 등 온갖 난관을 뚫고 물물교환에 성공하여 귀환하는지 여부가 초미의 관심사일 수밖에 없었다. 이러한 상황에서 무역선의 내부자라 할 수 있는 선장이나 선원이 물물교환의 결과가 외부에 공개되기 전에 무역선 출발 당시 발행한 주식을 은밀하게 매매한 것이 내부자거래의 시초라고 한다.

무역선의 선장이나 선원처럼 회사의 내부정보에 쉽게 접근할 수 있는 회사의 임직원, 주요주주가 회사의 미공개중요정보를 이용하여 증권 거래에서 이득을 얻는 행위는 증권시장의 공정성을 해치고 증권시장에 대한 투자자의 신뢰를 상실시킨다. 무엇보다 임직원, 주요주주의 미공개중요정보 이용행위로 손해를 입은 피해자는 임직원, 주요주주가 이익을 대변하여야 할 주주라는 점에서 문제의 심각성이 더해진다.

결국 증권시장에 참여하는 투자자들이 동일한 정보를 갖고 거래에 참여할 수 있는 법적 장치가 반드시 필요하게 되었고, 과거 증권거래법은 물론 현행 자본시장법도 상장법인의 임직원, 주요주주 등 내부자의 미공개중요정보 이용행위를 엄격하게 금지하고 있다. 이를 '미공개중요정보 이용행위 금지 제도' 또는 '내부자거래 금지 제도'라고 한다.

내부자거래의 역사와 달리 내부자거래 규제 필요성에 대한 인식은 전 세계적으로 1990년대에 이르러서야 확립됐다고 한다. 하지만 아직도 90여개 국가만이 내부자거래를 법적으로 규제하고 있으며, 내부자거래를 법적으로 규제하는 국가들 중 절반 정도에서만 내부자거래 단속이 이루어지고 있다고 한다. 그만큼 내부자거래를 실질적으로 규제하지 못하는 상황이라고 할 수 있다.

하지만 우리나라는 자본시장법에서 미공개중요정보 이용행위(내부자거래)를 엄격히 금지하고 정부의 단속 의지도 강하다. 자본시장법은 누가 미공개중요정보 이용행위 금지 규정을 적용 받는지(규제 대상자), 어떠한 정보의 이용이 금지되는지(직무관련성 미공개중요정보), 이용행위의 의미는 무엇인지(특정증권의 거래)를 자세히 규정하고 있다. 차례대로 살펴본다.

미공개중요정보 이용행위 규제 대상자

미공개중요정보 이용행위 금지 규정을 적용 받는 자는 다음과 같다.

i) 상장법인의 내부자

ii) 상장법인의 준내부자

iii) 상장법인, 주요주주 및 준내부자의 대리인, 사용인, 종업원

iv) 위 i), ii), iii)의 자에게 직접 미공개중요정보를 받은 1차 정보수령자

"상장법인의 내부자"는 상장법인(6개월 내 상장이 예정된 법인과 계열회사 포함) 및 상장법인의 임직원, 주요주주를 의미하고, 상장법인 내부자에 해당하지 아니하게 된 날부터 1년이 경과하지 아니한 자를 포함한다. '주요주주'라 함은 의결권 있는 발행주식 총수의 100분의 10 이상을 소유한 자와 임원의 임면 등 상장법인의 주요 경영사항에 사실상 영향력을 행사하는 주주를 말한다.

다수 주주가 공동으로 의결권을 행사하면서 임원의 임면 등 상장법인의 주요경영 사항에 영향력을 행사하는 경우 주요주주에 해당하는지 여부가 문제된다. 우리 법원은 주요주주 여부는 개별주주 1인을 기준으로 결정하여야 한다고 판단하였다. 이는 최대주주 여부를 판단할 때 공동으로 의결권을 행사하는 특수관계인의 보유 주식을 합산하는 것과 다르다(자본시장법 제 9조 제 1항, 금융회사의 지배구조에 관한 법률 제2조 제6호 참조).

"상장법인의 준내부자"는 상장법인에 인허가·지도·감독, 그 밖의 권한을 가지는 자 및 상장법인과 계약을 체결하고 있거나 계약 체결을 교섭하는 자를 의미하고, 준내부자에 해당하지 아니하게 된 날부터 1년이 경과하지 아니한 자를 포함한다. 준내부자에 해당하기 위한 계약에는 구두계약, 가계약은 물론 절차적 하자가 있는 계약도 포함된다. 상장법인을 감독하는 감독기관이나 인허가 권한을 가지는 공무원, 상장법인과 계약을 체결하고 있거나 교섭 중인 자, 상장법인의 업무에 대하여 상담해주는 변호사, 회계사, 세무사, M&A 컨설턴트, 자금유치에 관하여 자문하는 자 등이 준내부자에 해당한다.

"상장법인, 주요주주 및 준내부자의 대리인, 사용인, 종업원"은 정식 고용계약을 체결한 자뿐만 아니라 직접 또는 간접으로 상장법인, 주요주주 및 준내부자의 통제·감독을 받는 자를 의미한다.

"1차 정보수령자"는 상장법인 내부자, 준내부자 및 그 대리인, 사용인,

종업원에게 미공개중요정보를 직접 전달받은 자를 의미한다. 예를 들어 회사 임직원에게 직접 미공개중요정보를 받은 회사 임직원의 가족이나 친구, 상장법인의 홍보담당자에게 직접 미공개중요정보를 받은 언론사 기자, 증권회사 애널리스트 등이 1차 정보수령자에 해당한다. 1차 정보수령자에게 미공개중요정보를 전달받은 2차 정보수령자와 그 이후 미공개중요정보를 받은 자는 미공개중요정보 이용행위 금지 규정의 적용대상자가 아니고 후술하는 시장질서교란행위 규제의 적용을 받는다.

상장법인 대표이사의 부인이 미공개중요정보를 이용한 사례

상장법인의 대표이사는 최근 회사가 '저가형 플라스틱 무선 전파인식 장치(RFID Tag)' 개발을 완료하여 회사의 영업환경이 좋아진다고 처 A에게 자랑하였고, 처 A는 평소 친하게 지낸 친구 B에게 그 사실을 알려주었다. A와 B는 '저가형 플라스틱 무선 전파인식 장치(RFID Tag)' 개발 정보가 공시되어 주가가 오르면 수익을 분배하기로 하고 공동으로 4억 원을 투자하여 2억 원 상당의 이익을 얻었다.

법원은 상장법인 대표이사의 처 A는 1차 정보수령자로, B는 2차 정보수령자가 아닌 1차 정보수령자의 이용행위에 적극 가담한 1차 정보수령자의 공범으로 판단하여 A와 B 모두를 미공개중요정보 이용행위로 처벌하였다.

미공개중요정보 공동생산자가 내부자, 1차 정보수령자에 해당되는지 여부

상장법인의 대주주인 A와 B는 "A가 B에게 상장법인 주식 290만주 및 경영권을 양도한다."는 내용의 주식양수도계약을 체결하였고, B는 주식양수도계약 체결 후 공시 전에 별도로 시장에서 상장법인의 주식을 매수하였다.

검찰은 B를 미공개중요정보의 1차 수령자로서 미공개중요정보를 이용하였다는 이유로 기소하였다. 하지만 법원은 1차 정보수령자는 내부자, 준내부자로부터 미공개중요정보를 전달받은 자인데, B는 주식양수도계약 체결 정보를 A에게 전달받은 자가 아니라 A와 주식양수도계약을 체결한 당사자이므로 미공개중요정보의 1차 수령자에 해당하지 않는다고 판단하였다.

※ **B의 행위는 미공개중요정보 이용행위로 처벌할 수는 없지만, 시장질서교란행위로 과징금을 부과할 수 있다.**

직무관련성

미공개중요정보를 알게 된 1차 정보수령자는 언제나 미공개중요정보 이용행위 금지 규정을 적용 받는다. 하지만 상장법인 내부자와 준내부자는 자신의 직무와 관련하여 미공개중요정보를 알게 된 경우에만 규제 받는다.

미공개중요정보 이용행위 요건으로서 직무관련성이 인정된 경우

- A법인과 B연구소는 B연구소가 개발할 나노이미지센서 기술을 A법인이 인수하기로 하는 기술이전계약을 체결하였다. 1년 후 B연구소 교육연수실장 C는 사내전산망에 게시된 'A법인 기술시연회' 내용을 보고 A법인이 나노이미지센서 기술 개발을 발표 · 공시한다는 정보를 알게 되어 A법인 주식 40,500주를 약 1억 3천만원에 매수한 다음 위 정보가 공시된 후 매도하여 5억 8천만원 상당의 이익을 취득하였다.
- A법인의 신약 개발을 지원하는 업무에 종사하는 생산본부장(이사)이 A법인 구내식당에서 A법인 기술이전계약을 담당하는 임원에게 'A법인이 개발한 위궤양 치료제의 전 세계 판매를 위하여 다국적 제약회사와 조만간 기술이전계약을 체결할 예정이다'라는 정보를 전해 듣고 A법인의 주식을 매수하였다.

– 상장법인의 총무과 직원 A는 주식담당직원이 기안하였다가 파기한 이사회 결의서(안)에 회사 정관의 사업목적으로 전자상거래 및 인터넷 사업을 추가한다는 내용이 기재된 것을 우연히 보고 상장법인의 주식을 매수하였다.

– 자금대차계약으로 상장법인인 ○○텔레콤에 자금을 대여하고 ○○텔레콤이 발행한 당좌수표를 교부 받아 사채업자에게 할인하여 사용하는 A는 ○○텔레콤이 발행한 당좌수표가 부도났다는 사실을 알게 되어 그 사실이 공시되기 전 ○○텔레콤 주식을 매도하였다.

규제 정보 : 상장법인의 업무와 관련된 미공개중요정보

상장회사 내부자에게 이용이 금지된 정보는 상장법인의 업무와 관련된 중요정보로 일반투자자에게 공개되지 않은 정보, 즉 상장법인의 미공개중요정보다. 이를 세분화하면 다음과 같다.

i) 상장법인의 업무와 관련된 정보

ii) 중요정보

iii) 미공개정보

"상장법인의 업무와 관련된 정보"란 상장법인의 영업활동, 재무상황 등과 관련된 정보를 의미한다. 이러한 정보는 주로 상장법인 내부에서 생성되지만, 예외적으로 상장폐지, 주요 소송 제기 등과 같이 상장법인 외부에서 생성된 정보라도 상장법인의 업무와 관련된 경우에는 미공개중요정보로서 규제 대상이 될 수 있다.

"중요정보"란 투자자의 투자판단에 중대한 영향을 미칠 수 있는 정보를 의미한다. 즉 합리적인 투자자의 입장에서 볼 때 실제로 발생할 개연성이 상당하고, 시장에 공개되었을 때 증권의 가격이 크게 변동될 수 있을 만한 재료로 생각되어, 증권을 매수하거나 매도하는 결정을 좌우할 만한 정보여야 한다. 따라서 단순한 추측정보와 같이 정확성이 결여되거나 추상적인 정보 또는 허구의 정보는 미공개중요정보 이용행위 규제대상 정보라고 할 수 없다. 그러나 미공개중요정보 이용행위에서 말하는 정보는 반드시 객관적으로 명확하거나 확실할 것까지 요구되지 아니하므로 정보의 일부에 허위 또는 과장된 부분이 있더라도 중요정보의 개념에서 배제되지 않는다.

예를 들어 법인의 영업실적에 큰 폭의 변화가 발생하였다는 정보, 법인의 워크아웃, 회생절차 개시신청 정보, 계열회사의 부도 발생 정보, 회계감사인의 감사의견 거절 정보, 경영진의 횡령 정보, 부실금융기관 지정 정보, 대기업 납품업체 선정 정보, 대규모 투자유치 정보, 합병이나 우회상장 정보, 기술이전계약 체결 정보, 공개매수나 제3자 배정 유상증자 정보 등이 대표적인 중요정보다.

"미공개"란 불특정 다수인이 알 수 있도록 널리 알려지기 전의 상태를 의미한다. 다만, 중요정보를 공개하는 방법은 다음과 같이 자본시장법에 정해져 있기 때문에 이러한 방법에 따라 공개된 정보가 아니라면 인터넷, SNS, 지역신문 등을 통하여 정보가 시중에 알려졌다고 하더라도 미공개정보로 취급하여야 한다.

중요정보의 공개방법 및 미공개로 간주하는 시점은 다음과 같다.

① 법령에 따라 금융위원회 또는 한국거래소에 신고되거나 보고된 서류에 기재된 정보: 내용이 기재된 서류가 금융위원회 또는 거래소가 정하는 바에 따라 비치된 날부터 1일

② 금융위원회 또는 한국거래소가 설치·운영하는 전자전달매체를 통하여 내용이 공개된 정보: 공개된 때부터 3시간

③ 「신문 등의 진흥에 관한 법률」에 따른 일반 일간신문 또는 경제 분야의 특수 일간신문 중 전국을 보급지역으로 하는 둘 이상의 신문에 내용이 게재된 정보: 게재된 날의 다음 날 0시부터 6시간. 다만, 해당 법률에 따른 전자간행물의 형태로 게재된 경우에는 게재된 때부터 6시간

④ 「방송법」에 따른 방송 중 전국에서 시청할 수 있는 지상파 방송을 통하여 내용이 방송된 정보: 방송된 때부터 6시간

⑤ 「뉴스통신진흥에 관한 법률」에 따른 연합뉴스사를 통하여 내용이 제공된 정보: 제공된 때부터 6시간

위와 같이 자본시장법에서 중요정보의 공개방법을 규정하는 취지는 미공개중요정보의 범위를 한정하려는 목적이 아니라, 중요정보 여부를 판단하는 기준인 "투자자의 투자판단에 중대한 영향을 미칠 수 있는 정보"를 예시하기 위한 목적이라고 보아야 한다. 따라서 위 공시, 공개 대상 정보 이외의 정보도 미공개중요정보 이용행위 금지 규정의 규제대상에 해당할 수 있다.

규제대상 행위 : 특정증권의 거래에 이용하거나 이용하게 하는 행위

미공개중요정보 이용행위 금지 규정의 규제 대상은 "상장법인의 특정증권"을 거래에 이용하거나 이용하게 하는 행위다. 여기에서 '상장법인'은 미공개중요정보를 생성한 당해 상장법인(6개월 이내에 증권시장에 상장될 법인을 포함)을 의미하고, '특정증권'은 다음과 같다.

i) 상장법인이 발행한 증권(일반사채권 제외)

ii) 상장법인이 발행한 증권과 관련된 증권예탁증권

iii) 위 증권, 증권예탁증권과 교환을 청구할 수 있는 해당 상장법인

이외의 자가 발행한 교환사채권

ⅳ) 위 증권, 증권예탁증권, 교환사채권을 기초자산으로 하는 파생결합증권, 선물, 옵션 등 금융투자상품

금지되는 미공개중요정보의 "이용행위"는 상장법인의 내부자, 준내부자, 1차 정보수령자가 미공개중요정보를 거래에 이용하거나 다른 사람에게 정보를 알려주어 거래에 이용하게 하는 행위를 말한다. 여기에서 '거래'는 장내거래, 장외거래를 불문하며, 매매, 교환, 담보권설정·취득, 대차거래 등 모든 유형의 거래를 의미한다. 또한 '이용하게 하는 행위'는 해당 정보를 들은 자라면 누구라도 주식 등을 거래하려는 의사를 발생시킬 정도의 정보전달이면 족하다.

한편, 미공개중요정보 보유자의 모든 거래가 금지되는 것은 아니고 미공개중요정보와 관계없는 다른 동기에 따른 거래는 허용된다. 즉, 내부자 등은 미공개중요정보를 알고 있었던 경우에도 거래에 미공개중요정보를 이용하지 않은 특별한 사정을 입증하면 처벌을 면할 수 있다. 그러한 특별한 사정으로는 미공개중요정보를 취득하기 전에 이미 매매를 결심하였거나, 채무변제를 위하여 유일한 재산인 증권을 매도하는 경우와 같이 피치 못할 사정으로 거래를 할 수밖에 없는 상황 등이 인정될 수 있다.

미공개중요정보의 내용을 알리지 않고 해당 주식을 매도하게 한 행위

A 상장법인의 직원 갑은 "A 상장법인이 OO 에셋과 경영자문계약을 체결하기로 합의하고 OO 에셋은 A 상장법인에 대한 적대적 인수합병 시도를 중단한다"는 정보를 직무와 관련하여 알게 되어 A 상장법인 주가가 하락할 것으로 예상하고 형에게 전화를 걸어 별다른 설

명 없이 "현재 가진 A 상장법인 주식을 처분하라"고만 알려 주었다.

갑의 형은 갑의 전화를 받고 보유한 A 상장법인 주식을 모두 매도한 사안에서 법원은 갑만 내부자로서 미공개중요정보 이용행위를 인정하여 처벌하였고, 갑의 형에게는 무죄를 선고하였다.

미공개중요정보 제공행위와 이용행위 사이의 인과관계

'다른 사람으로 하여금 미공개중요정보를 이용하게 하는 행위'를 처벌하기 위해서는 정보제공행위뿐만 아니라 정보수령자의 이용행위 및 정보제공행위와 이용행위 사이의 인과관계까지 인정되어야 한다. 따라서 정보수령자가 이미 그 정보를 다른 경위로 알고 있는 때에는 정보제공행위와 정보수령자의 이용행위 사이에 인과관계가 인정되지 아니하므로 '다른 사람으로 하여금 미공개중요정보를 이용하게 하는 행위'에 해당하지 않는다.

기타 미공개중요정보 이용행위 금지 유사 규제(시장정보 규제)

자본시장법상 미공개중요정보 이용행위 규제는 "상장법인의 업무와 관련된 정보"를 대상으로 하므로 원칙적으로 상장법인의 업무와 관련된 정보가 아닌 증권시장에서 발생한 사건이나 상황에 관한 정보인 "시장정보"(예 : 기관투자자의 주식 주문정보)는 미공개중요정보 이용행위의 규제대상이 아니다. 다만, 자본시장법은 투자자보호와 증권시장의 공정성 유지를 위해 시장정보 중 '주식등에 대한 공개매수의 실시 또는 중지에 관한 미공개정보'와 '경영권에 영향을 줄 가능성이 있는 주식등의 대량취득·처분의 실시 또는 중지에 관한 미공개정보'를 이용하거나 타인에게 이용하게 하는 행위를 미공개중요정보 이용행위의 한 유형으로 규정하고 있다.

처벌

미공개중요정보 이용행위자는 10년 이하의 징역 또는 위반행위로 얻은 이익이나 회피한 손실액의 2배 이상 5배 이하에 상당하는 벌금으로 처벌된다.

여기에서 징역형은 미공개중요정보 이용행위로 얻은 이익 또는 회피한 손실액이 5억원 이상 50억원 미만이면 3년 이상의 유기징역으로, 50억원 이상이면 무기 또는 5년 이상의 징역으로 가중된다. 한편, 미공개중요정보 이용행위로 얻은 이익 또는 회피한 손실액이 없거나 산정하기 곤란한 경우 또는 미공개중요정보 이용행위로 얻은 이익 또는 회피한 손실액의 5배에 해당하는 금액이 5억원 이하인 경우 벌금의 상한액은 5억원이다.

이처럼 미공개중요정보 이용행위 처벌에서 부당이득액이나 회피한 손실액은 양형의 중요한 기준이 되기 때문에 부당이득액 또는 회피한 손실액을 산정하는 작업은 매우 중요하다. 일반적으로 미공개중요정보 이용으로 취득한 부당이득은 미공개중요정보를 알고 매매하여 얻은 이익에서 '미공개중요정보가 없었을 경우의 통상적인 주가흐름'에 따른 매매손익을 뺀 금액으로 계산한다. 하지만 미공개중요정보가 없었을 경우의 통상적인 주가흐름을 정확히 계산하기 어려워 재판과정에서 많은 다툼이 발생하고 있다.[1)]

미공개중요정보 이용행위에 징역형이 선고되는 경우 반드시 벌금이 함께 부과되고 부당이득은 몰수 또는 추징된다.

---

1) 미공개중요정보 이용행위나 시세조종 관련 민·형사 재판 과정에서 행위자의 부당이득액이나 회피한 손해액의 산정기준이 되는 '미공개중요정보나 시세조종이 없었을 경우의 통상적인 주가흐름'을 전문기관인 한국거래소에 의뢰하여 감정을 실시하는 경우가 종종 있다. 한국거래소에서는 감정방법으로 '효율적 시장가설'을 전제로 하는 사건연구방법론(Event Study)을 사용한다. 하지만 "자본시장은 시장의 이용 가능한 정보를 즉각적으로 반영한다"는 효율적 시장가설에 대해 많은 반론이 제기되고 있고, 한국거래소의 감정결과를 받아들이지 않은 형사 판결도 있었다.

미공개중요정보 이용행위는 은밀하게 이루어지기 때문에 적발하기 쉽지 않다. 한국거래소, 금융감독원은 최첨단이라고 자부하는 프로그램을 도입하여 시장을 감시하지만 프로그램 도입 이후에도 미공개중요정보 이용행위가 끊임없이 발생한다는 사실을 감안하면 과연 얼마나 효과적인지 알 수 없는 상황이다. 자본시장법은 상장법인의 내부자인 임원, 주요주주가 회사 주식을 거래했으면 그 사실을 금융감독원과 한국거래소에 공시하도록 하고, 단기매매차익은 회사에 반환하도록 하고 있지만 이 또한 미공개중요정보 이용행위를 방지하는데 충분한 해결책이라고 볼 수 없다.

2. 시세조종행위

주식을 비롯한 금융투자상품의 가격은 시장의 수요와 공급에 따라 결정되어야 한다. 그러나 부당한 이득을 취할 목적으로 금융투자상품의 가격을 조작하는 행위가 종종 발생하는데 이러한 행위를 시세조종행위라고 한다.

시세조종행위는 내부자거래와 마찬가지로 주식의 등장과 거의 동시에 발생하였다고 볼 수 있지만, 역사상 처음으로 시세조종행위를 처벌한 기록은 19세기 초 영국에서 발생한 '베렝거 사건'이다.

최초의 시세조종행위 – 베렝거 사건

나폴레옹 전쟁이 막바지에 다다른 1814년 2월 전쟁터인 프랑스에서 왔다는 한 병사가 잉글랜드 남부의 윈체스터 거리를 뛰어 다니며 "여러분 나폴레옹이 전사했습니다. 연합군이 드디어 파리를 점령했습니다." 라고 외쳤다. 그리고 다른 몇몇 사람도 같은 소문을 전하면서 소문은 사실처럼 온 도시로 퍼져 나갔다. 전쟁에 찌든 영국인에게 이보다 더 좋은 뉴스는 없었다. 나폴레옹의 전사 소식으로 투자심리가 안정되면서 주가는 급등했다.

그러나 얼마 지나지 않아 나폴레옹이 사망했다는 소문은 거짓으로 판명됐고 주가는 폭락했다. 진상 파악에 나선 영국 정부는 드 베렝거(de Berenger)와 그 일당이 계획적으로 거짓 소문을 퍼뜨린 뒤 주가가 오르자 보유한 주식을 매도하여 막대한 이득을 챙겼다는 사실을 밝혀냈다.

시세조종행위는 통상 금융투자상품의 매매차익을 목적으로 하지만 그 외에도 증권의 발행가격을 높이거나 원활한 발행을 위한 경우, 주주들의 주식매수청구권 행사를 최소화 시켜 합병 등을 성공하기 위한 경우, 증권을 담보로 확보한 증권회사나 사채업자의 반대매매 방지를 위한 경우, 상장 유지를 위한 경우, 시간외 대량매매(실무에서는 "블록딜"이라고 한다)의 성사를 위한 경우 등 다양하고 복합적인 동기로 이루어진다.

시세조종행위 규제로 금지되는 행위는 증권, 파생상품 또는 그 증권, 파생상품의 기초자산 가격이나 거래량을 인위적으로 변동·고정시키는 행위다. 자본시장법에서는 시세조종행위를 수법에 따라 위장거래, 매매유인행위, 시세의 고정·안정행위, 연계시세조종행위로 구분하고 있다. 위장거래 시세조종행위부터 차례대로 살펴본다.

위장거래 시세조종행위

위장거래 시세조종행위는 상장증권 또는 장내파생상품의 매매에 관하여 그 매매가 성황을 이루고 있는 듯이 잘못 알게 하거나, 타인에게 그릇된 판단을 하게 할 목적으로 통정매매, 가장매매 및 통정매매와 가장매매의 위·수탁행위를 하는 것이다.

위장거래로 시세조종이 성립하기 위해서는 통정매매 또는 가장매매 사실 외에 주관적 요건으로 거래가 성황을 이루고 있는 듯이 오인하게 하거나, 기타 타인으로 하여금 그릇된 판단을 하게 할 "목적"이 요구된다. 이러한 목적은 증권의 가격 및 거래량의 동향, 거래 전후의 상황, 거래의 경제적 합리성 및 공정성 등의 간접사실을 종합적으로 고려하여 판단한다. 다른 목적과의 공존 여부나 어느 목적이 주된 것인지는 문제되지 아니하므로 시세조종 목적 외에 주식거래에 기업인수·합병 등 다른 목적이 있었다 하더라도 범죄성립에는 지장이 없다. 또한 그 목적을 적극적으로 원했거나 확정적으로 인식하는 것이 필요하지 아니하고 미필적 인식이 있으면 족하며, 투자자의 오해를 실제로 유발하였는지 여부나 타인에게 손해가 발생하였는지 여부도 문제되지 않는다.

아래에서는 위장거래 시세조종행위의 유형인 통정매매, 가장매매 및 통정매매와 가장매매의 위 · 수탁행위를 구체적으로 살펴본다.

1. 통정매매

통정매매는 자기가 매도, 매수하는 것과 같은 시기에 같은 가격 또는 약정수치로 상장증권 또는 장내파생상품을 매수, 매도할 것을 사전에 타인과 약속한 후 매도, 매수하는 행위를 의미한다. 통정매매는 해당 종목의 거래량 부족 등으로 시세가 적정 수준에 이르지 못하는 경우 일정 수준의 시세를 형성하려는 의도에서 많이 이용된다.

한국거래소 업무규정에서 인정하는 장중대량매매, 시간외대량매매도 외형상으로는 통정매매에 해당하나, 매매성황 오인이나 오판 유발의 목적이 없으므로 시세조종행위로 처벌하지 않는다.

통정매매의 예로는 증권회사의 반대매매 시점과 수량을 알고 주가가 하락하는 것을 방지하기 위하여 반대매매물량을 매수하기 위한 주문, 신고하지 않은 시간외 대량매매, 시장조성·안정조작의 요건을 갖추지 않은 대량매매 등이 있다.

해외투자자 유치를 가장한 통정매매

회사의 인수 · 합병 과정에서 글로벌 투자은행의 투자를 유치한 것처럼 보이게 하여 일반투자자들로 하여금 거래가 성황을 이루고 있는 듯이 잘못 판단하게 할 목적으로, 자신이 매도주문을 내고 공모자인 글로벌 투자은행 직원에게 매수주문을 내도록 하여 매매거래를 체결하는 행위는 통정매매에 해당한다.

2. 가장매매

가장매매는 실제 상장증권 또는 장내파생상품의 이전을 목적으로 하지 아니하는 거짓으로 꾸민 매매를 의미하는 것으로 동일인 명의 계좌간의 매매뿐만 아니라 매도 및 매수 계좌 명의는 서로 다르더라도 같은 사람이 실질적으로 소유하는 차명계좌 거래도 포함한다.

가장매매는 외관상 매도인과 매수인간에 권리의 이전을 목적으로 하는 매매로 보이지만, 실제로는 권리의 이전을 목적으로 하지 아니하는 매매로 실질적으로 권리의 이전이 이루어지는 통정매매와 구별된다.

3. 통정매매, 가장매매 위 · 수탁행위

시세조종행위 규제에서는 통정매매나 가장매매 그 자체는 물론 통정매매나 가장매매를 증권회사에 위탁하는 행위와 수탁하는 행위도 처벌하므로 매매를 수탁한 증권회사 직원도 수탁한 매매가 통정매매나 가장매매에 해당한다는 사실을 인식하였다면 시세조종으로 처벌받을 수 있다.

자본시장법은 시세조종행위 미수를 처벌하지 않지만 통정매매, 가장매매 위·수탁행위 처벌규정은 사실상 시세조종행위 미수를 처벌하는 역할을 한다.

매매유인목적 시세조종행위

매매유인목적 시세조종행위는 상장증권 또는 장내파생상품의 매매를 유인할 목적으로 현실매매, 시세조작 유포, 허위표시·오해유발표시를 하는 것이다.

여기에서 "매매를 유인할 목적"은 인위적인 조작을 가하여 시세를 변동시킴에도 불구하고 투자자에게는 그 시세가 증권시장의 수요·공급에 따라 형성된 것으로 오인시켜 증권의 매매거래에 끌어들이려는 목적을 의미한다. 다만, 매매유인 목적은 어디까지나 주관적 구성요건으로 행위자의 자백이 없는 이상 엄격한 증명이 어려우므로 법원은 당사자의 자백이 없더라도 거래의 동기, 매매거래의 규모와 태양, 매매거래에 부수한 전후 사정 등으로 매매유인 목적을 입증할 수 있다는 태도를 취하고 있다. 예를 들어 채무의 담보로 제공한 증권 가격이 하락하여 추가담보를 요구 받는 채무자, 대량의 증권을 보유한 자, 전환사채의 전환이 가능하도록 시장가격 상승을 바라는 발행회사 등은 그러한 사정이 없는 자보다 매매유인 목적이 인정될 가능성이 더 많다.

매매유인목적 시세조종행위가 성립하기 위해서는 매매를 유인할 목적 이외에 현실매매 시세조종행위, 시세조작 유포 시세조종행위, 허위표시·오해유발표시 시세조종행위가 필요하다. 아래에서 구체적으로 살펴본다.

1. 현실매매 시세조종행위

시세조종행위 중 규제하기 가장 어려운 유형이 현실매매 시세조종행위다. 예를 들어 투자자가 A회사 주식을 대량으로 매수하자 증권시장에서는 대량의 매수세 유입 때문에 기대감이 발생하여 A회사 주가가 폭등하였고 투자자는 곧바로 A회사 주식을 전량 매도하여 큰 이익을 취하였다고 하자. 투자자를 시세조종행위 금지 규정으로 처벌할 수 있는가? 이러한 현실매매는 외형상 정상 거래인지 시세조종행위인지 판단하기 어렵다. 그렇다면 결국 시세조종행위 성립 여부는 행위자에게 매매유인목적이 있었는지에 따라 판단할 수밖에 없다. 앞에서 보았듯이 매매유인목적은 거래의 동기, 매매거래의 규모와 태양, 매매거래에 부수한 전후 사정을 감안하여 판단하여야 하는데 '매매유인목적'이라는 인간 내면의 심리적 상황을 당사자 이외의 자가 입증하는 일은 언제나 쉽지 않다.

현실매매 시세조종행위는 증권 또는 장내파생상품의 매매가 성황을 이루고 있는 듯이 잘못 알게 하거나 시세를 변동시키는 매매 또는 그 위탁이나 수탁을 의미한다. 여기에서 "매매거래가 성황을 이루고 있는 듯이 잘못 알게 하거나 시세를 변동시키는 매매"라 함은 본래 정상적인 수요·공급에 따라 시장에서 형성될 시세 및 거래량을 시장요인이 아닌 다른 인위적 요인으로 변동시킬 가능성이 있는 거래를 말한다. 현실매매 시세조종의 구체적인 방법은 다음과 같다.

가. 고가 매수주문

고가 매수주문은 직전 체결가격 혹은 상대호가 대비 고가로 매수주문을 반복적으로 내어 시세를 인위적으로 상승시키는 방법이다. 매매거래가 성황을 이루고 있는 듯이 보이게 하거나 특정 매수 세력이 유입되어 주가가 강하게 상승하는 것처럼 보이게 하여 일반투자자들을 매매거래에 유인하는 수단이다.

고가 매수주문이 언제나 시세조종주문은 아니다. 주식시장의 거래상황에 따라 물량확보를 위해서는 직전 체결가격보다 높은 가격으로 주문해야만 하는 경우도 있기 때문에 고가주문은 원칙적으로 시세조종으로 볼 수 없다. 다만, 이미 대량의 물량을 확보하여 높은 가격에 추가 매수할 필요가 없음에도 불구하고 주가를 올리기 위해 계속, 반복적으로 고가주문을 내면 시세조종행위로 의심 받을 수 있다.

나. 물량소진 매수주문

물량소진 매수주문은, 매도 1호가에 나온 매도물량을 소화하기 위하여 반복적으로 매수주문을 하여 일반투자자들에게 지속적으로 매수세가 유입되는 것처럼 보이게 하는 방법이다. 매도 1호가의 수량을 모두 매수하지 못한 경우라도, 매도 1호가의 수량을 지속적으로 흡수함으로써 거래량이 늘어나고 주가가 인위적으로 지지되었다면 시세조종행위에 해당할 수 있다.

다. 허수주문

허수주문이란 매매를 유인하거나 매매가 성황을 이루는 것처럼 보이려고 진정한 매매체결의사 없이 체결 가능성이 희박한 호가를 대량으로 내거나 직전 체결가와 유사한 가격으로 호가를 대량으로 낸 후 시가의 변동으로 체결 가능성이 발생하면 호가를 정정하거나 취소하는 매매주문을 말한다.

이러한 허수주문 해당 여부를 판단할 때는 매수주문이 당시의 직전 체결가 또는 상대호가, 거래량 및 주문 잔량을 고려하여 즉시 체결될 가능성이 있었는지, 저가에 대량의 매수주문을 내고 그 이후에 주문을 취소하거나 저가의 매수주문을 분할하여 연속하여 반복적으로 내는 태양을 보이는지, 당일 고가 매수주문이 존재하는 등 상반된 양태를 보이는지, 매수주문 수량이 당시의 거래량, 매수·매도 주문 잔량 등과 비교하여 매수세가 유입되는 것으로 보이는지 등 거래 당시의 제반 상황을 종합하여 판단해야 한다.

파생상품 스캘퍼의 허수주문 시세조종행위 흐름

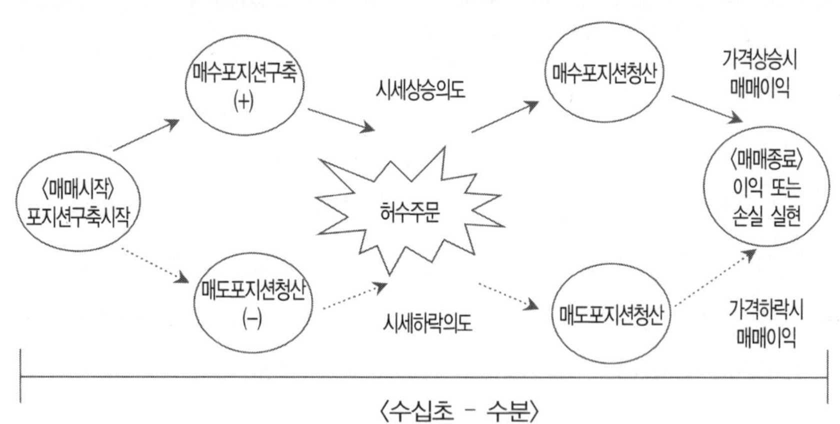

파생상품 포지션 구축 후 매수(매도) 1~2호가에 체결의사 없는 대량의 허수주문을 제출하여 매수(매도)세를 유인하고, 이후 가격이 상승(하락)하면 대량 허수준문을 취소하고 포지션을 청산하여 매매이익을 실현하는 방법

☞ 스캘퍼 : 수초 내지 수분 이내의 짧은 시간에 1~2틱의 매매이익을 추구하는 초단기 투자자

라. 시·종가 관여 매수주문

시·종가 관여 매수주문은, 개별 호가와 주문수량은 공개되지 않고 예상 체결가격과 예상 체결수량만이 공개되는 시가 결정을 위한 호가

접수시간(08:00~09:00)과 종가 결정을 위한 호가 접수시간(15:20~15:30)에 예상 체결가격보다 높은 가격으로 매수 주문을 하여 시가나 종가가 높은 가격에 결정되도록 하는 방법이다.

한편, 예상 체결가격과 같은 가격에 매수주문을 한 경우에도, 해당 주문으로 예상 체결수량이 증가하여 일반투자자들로 하여금 매수세가 유입되는 것으로 오인하게 할 수 있으므로, 예상 체결가격과 같은 가격에 매수주문을 하였다는 사실만으로 시세조종 행위에 해당하지 않는다고 단정할 수는 없고, 제반 사정을 종합하여 시세조종행위 해당 여부를 판단하여야 한다.

마. 상한가 매수주문(소위 '상한가 굳히기')

상한가 매수주문은 주가가 상한가일 때 상한가로 대량의 매수 주문을 내어 상한가가 지속되도록 하는 방법이다.

매도주문이 없는 상태에서 상한가 매수주문을 한 경우에도 추후에 나온 매도물량을 지속적으로 흡수하여 주가를 상한가에 머물게 하므로 시세조종행위에 해당할 수 있다.

바. 시장가 매수주문

시장가 매수주문은 주문 제출 시 가격을 지정하지 않는 주문으로서 매매주문이 시장에 도달했을 때에 체결 가능한 가격으로 매매가 이루어진다. 시장가 주문은 원칙적으로 시세조종으로 보기는 어렵지만 매도 주문이 충분하지 않은 상태에서 시장가 매수주문만 계속 접수되면 가격이 급등할 우려가 있으므로 시장가 매수주문도 시세조종행위로 취급될 수 있다.

사. 기타

가격, 거래성황 여부 등에 대한 타인의 그릇된 판단을 유도하기 위한 운용계좌 상호간 매매주문, 체증식 고가매수도 현실매매 시세조종의 방법에 해당한다.

〈 주식 현실매매 시세조종행위의 흐름 〉

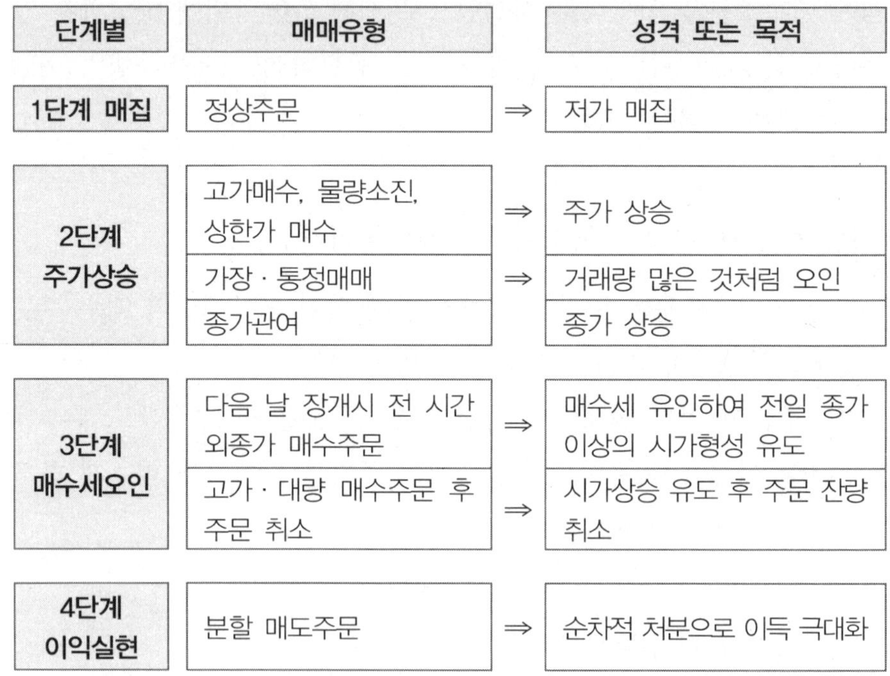

단계별	매매유형		성격 또는 목적
1단계 매집	정상주문	⇒	저가 매집
2단계 주가상승	고가매수, 물량소진, 상한가 매수	⇒	주가 상승
	가장 · 통정매매	⇒	거래량 많은 것처럼 오인
	종가관여		종가 상승
3단계 매수세오인	다음 날 장개시 전 시간외종가 매수주문	⇒	매수세 유인하여 전일 종가 이상의 시가형성 유도
	고가 · 대량 매수주문 후 주문 취소	⇒	시가상승 유도 후 주문 잔량 취소
4단계 이익실현	분할 매도주문	⇒	순차적 처분으로 이득 극대화

2. 시세조작 유포 시세조종행위

시세조작 유포 시세조종행위는 상장증권 또는 장내파생상품의 시세가 자기 또는 타인의 조작에 의하여 변동한다는 말을 유포하는 것이다. '유포'는 불특정다수인에게 전파하는 것을 말하며 유포의 대상은 증권의 시세가 조작에 의해 변동된다는 말이다. 작전세력에 의해 특정 종목의 주가가 조종된다는 정보를 유포하는 행위가 대표적이다.

시세조작 유포 시세조종행위 예

"A회사가 M&A건으로 좋은 호재가 있으니 지금 한 번 매수해 봐라. 내가 그 주식을 손대고 있으니 틀림없이 올라갈 것이고, 나중에 매도 시점을 알려 주겠다"고 말하는 등 수 차례 다수 투자자에게 같은 취지로 권유한 행위는 시세조작 유포 시세조종행위에 해당한다.

3. 허위표시 · 오해유발표시 시세조종행위

허위표시·오해유발표시 시세조종행위는 상장증권 또는 장내파생상품의 매매를 하는 과정에서 중요한 사실에 관하여 거짓의 표시 또는 오해를 유발시키는 표시를 하는 행위를 말한다.

허위표시 · 오해유발표시 시세조종행위는 시세조작 유포 시세조종행위와 마찬가지로 반드시 혐의자가 상장증권 또는 장내파생상품을 매매하여야 성립하는 것은 아니고 단지 매매유인 목적을 가진 허위표시 · 오해유발표시만으로 시세조종행위가 성립한다. 전자공시시스템, 인터넷 카페, 블로그, 토론방 등에 상장증권 또는 장내파생상품에 관한 거짓 정보를 표시하는 행위가 이에 해당한다.

허위표시 시세조종행위 사례

나름대로의 분석을 통하여 A회사의 최대주주보다 많은 지분을 취득하여 경영권을 확보하는 것이 사실상 불가능하다는 사정을 잘 알고 있었음에도 불구하고 시세차익을 얻을 목적으로 주식 대량보유 보고를 하면서 보고서의 목적 란에 '경영참여'라고 기재하여 공시한 행위는 허위표시 시세조종행위에 해당한다.

시세의 고정 · 안정행위

시세의 고정·안정행위는 상장증권 또는 장내파생상품의 시세를 고정시키거나 안정시킬 목적으로 하는 상장증권 또는 장내파생상품에 관한 일련의 매매 또는 그 위탁이나 수탁 행위를 의미한다.

시세를 고정시키거나 안정시킬 목적은 본래 정상적인 수요·공급에 따라 시장에서 형성될 시세에 시장요인이 아닌 다른 요인으로 인위적인 조작을 가하여 시세를 형성시키거나 이미 형성된 시세를 고정시킬 목적을 의미하고, 다른 목적이 동시에 존재하는지 여부 및 다른 목적이 동시에 존재하는 경우 어느 목적이 주된 것인지 여부는 문제되지 않는다.

회사의 주가관리를 시세안정 시세조종행위로 인정한 사례

A전자의 재무담당 이사는 A전자의 주가가 낮아 주가관리가 필요하다고 판단하여 계열회사인 A중공업과 A상선 등 계열사 재무담당 임원들에게 보유한 여유자금으로 A전자 주식에 투자하도록 권유하였고, 권유를 받은 A중공업과 A상선의 재무담당 임원은 주가관리 차원에서 A전자 주식에 투자하였다.

다만, 상장증권 또는 장내파생상품에 대한 시세의 고정·안정행위라 하더라도 자본시장법에서 인정하는 안정조작 및 그 위·수탁, 시장조성 및 그 위·수탁은 시세조종행위로 처벌하지 않는다.

안정조작은 투자매매업자가 모집 또는 매출되는 증권의 청약기간 종료일 전 20일이 되는 날부터 청약기간 종료일까지의 기간 동안 증권의 가격을 안정시킴으로써 증권의 모집 또는 매출을 원활하게 진행하기 위한 매매거래를 말하고, 시장조성은 투자매매업자가 모집 또는 매출한 증권의 수요·공급을 증권이 상장된 날부터 1개월 이상 6개월 이하의 범위에서 인수계약으로 정하는 날까지 조성하는 매매거래를 말한다.

연계시세조종행위

연계시세조종행위는 기초자산과 파생상품간 연계시세조종행위, 증권간 연계시세조종행위, 파생상품간 연계시세조종행위로 구분된다.

1. 기초자산과 파생상품간 연계시세조종행위

기초자산과 파생상품간 연계시세조종행위는 파생상품의 매매에서 부당한 이익을 얻거나 제삼자에게 부당한 이익을 얻게 할 목적으로 파생상품의 기초자산 시세를 변동 또는 고정시키는 행위(**현 · 선 연계 시세조종**) 또는 파생상품의 기초자산 매매에서 부당한 이익을 얻거나 제삼자에게 부당한 이익을 얻게 할 목적으로 파생상품의 시세를 변동 또는 고정시키는 행위(**선 · 현 연계 시세조종**)를 말한다.

예컨대 옵션의 매매에서 부당한 이익을 얻을 목적으로 옵션의 기초자산인 주식의 시세를 변동 또는 고정시키거나, 옵션의 기초자산인 주식 매매에서 부당한 이익을 얻을 목적으로 옵션의 시세를 변동 또는 고정시키는 행위가 기초자산과 파생상품간 연계시세조종행위에 해당한다.

2. 증권간 연계시세조종행위

증권간 연계시세조종행위는 ① 증권의 매매 등에서 부당한 이익을 얻거나 제삼자에게 부당한 이익을 얻게 할 목적으로 증권과 연계된 증권 또는 증권 기초자산의 시세를 변동 또는 고정시키거나, ② 증권의 기초자산 매매 등에서 부당한 이익을 얻거나 제삼자에게 부당한 이익을 얻게 할 목적으로 증권의 시세를 변동 또는 고정시키는 행위를 의미한다(**현 · 현 연계 시세조종**).

파생결합증권인 ELS의 조기상환 평가일이나 만기상환 평가일에 ELS 발행회사의 헤지거래 과정에서 ELS 기초자산인 주식의 가격이 비정상적으로 하락하여 조기상환조건이 충족되지 않거나 만기상환 시 투자자가 손실을 입는 경우가 종종 발생하고 있다. 법원은 ELS 발행회사의 헤지거래를 부당하다고 보고 시세조종행위로 판단한 사례도 있었고, 정당하다고 보고 시세조종행위로 인정하지 아니한 사례도 있었다.[2)]

3. 파생상품간 연계시세조종행위

자본시장법은 파생상품의 거래에서 부당한 이익을 얻거나 제삼자에게 부당한 이익을 얻게 할 목적으로 해당 파생상품과 기초자산이 동일하거나 유사한 파생상품의 시세를 변동 또는 고정시키는 행위를 파생상품간 연계시세조종행위로 금지하고 있다.

처벌

시세조종행위를 한 자는 10년 이하의 징역 또는 위반행위로 얻은 이익이나 회피한 손실액의 2배 이상 5배 이하에 상당하는 벌금으로 처벌

2) 우리나라 증권회사들은 자신이 발행한 파생결합증권의 기초자산이 주식인 경우 파생결합증권의 헤지거래 과정에서 해당 주식의 시세 등에 부당한 영향을 주거나 오해를 유발할 수 있는 다음 행위를 하여서는 안 된다는 내부 규정을 제정하고 있다.
① 조기(만기)상환평가가격 결정기간 중의 의도적 시세조종행위 및 시세조종행위로 오인될 수 있는 호가제출 및 매매거래행위
② 해당주식의 종가 등 특정시세에 형성하는 호가를 계속적 또는 순차적으로 제출하여 주가를 상승·하락 또는 고정·안정시킴으로써 조기(만기)상환평가가격 결정에 영향을 미치는 행위
③ 종가 마감시간에 임박하여 호가를 제출하여 조기(만기)상환평가가격 결정에 영향을 미치는 행위

된다. 여기에서 징역형은 시세조종행위로 얻은 이익 또는 회피한 손실액이 5억원 이상 50억원 미만이면 3년 이상의 유기징역으로, 50억원 이상이면 무기 또는 5년 이상의 징역으로 가중된다.

한편, 시세조종행위로 얻은 이익 또는 회피한 손실액이 없거나 산정하기 곤란한 경우 또는 시세조종행위로 얻은 이익 또는 회피한 손실액의 5배에 해당하는 금액이 5억원 이하인 경우 벌금의 상한액은 5억원이다. 시세조종행위에 징역형이 선고되는 경우 반드시 벌금이 함께 부과되고 부당이득은 몰수 또는 추징된다.

3. 부정거래행위

자본시장법이 내부자거래와 시세조종행위를 금지한 이유는 증권거래에 참여하는 투자자의 이익을 보호함과 함께 증권시장에 대한 투자자의 신뢰를 보호하기 위함이다.

하지만 내부자거래 금지 규정은 처벌대상자의 범위가 좁고, 시세조종행위 금지 규정은 시세조종행위 성립에 일정한 목적을 요구하는 등 성립요건이 너무 엄격하므로 내부자거래 금지규정과 시세조종행위 금지규정만으로는 다양한 형태의 불공정거래를 적절하게 처벌하는 것이 어렵다는 점에 대한 문제제기가 있었다. 이에 자본시장법은 내부자거래 금지 규정과 시세조종행위 금지 규정과는 별도로 미국의 '포괄적 사기금지 조항'과 유사한 '부정거래행위 금지 규정'을 마련하였다.

자본시장법에서는 부정거래행위를 "금융투자상품의 거래와 관련하여 부정한 수단, 계획, 기교를 사용하는 행위, 중요정보와 관련된 부실표시, 거래유인목적 허위시세 이용행위, 거래목적이나 시세변동 목적 풍문의 유포, 위계의 사용, 폭행, 협박행위"로 규정하고 형사처벌 조항도 두고 있다. 구체적인 내용은 다음과 같다.

먼저 부정거래행위의 대상은 금융투자상품이다. 따라서 상장증권, 장내파생상품은 물론 시세조종행위의 대상이 되지 않는 비상장증권과 장외파생상품도 부정거래행위의 규제 대상에 포함된다.

부정거래행위 규정의 규제대상 거래는 금융투자상품의 매매, 담보설정계약, 합병계약, 교환계약 등 일체의 거래행위다. 장내·외를 불문한다. 다만, 단순한 매수 또는 매도의 청약과 매수 또는 매도의 청약의 권유만으로는 "거래"라고 보기 어려워 부정거래행위 금지 규정이 적용되지 않는다. 부정거래행위의 유형은 다음과 같다. 차례대로 살펴본다.

i) 부정한 수단, 계획 또는 기교를 사용하는 행위,
ii) 중요정보와 관련된 부실표시,
iii) 거래유인목적 허위시세 이용행위,
iv) 거래목적 또는 시세변동목적의 풍문의 유포, 위계의 사용, 폭행, 협박행위

1. 부정한 수단, 계획 또는 기교를 사용하는 행위

"부정한 수단, 계획 또는 기교"란 사회통념상 부정하다고 인정되는 일체의 수단, 계획 또는 기교를 의미하고, 다른 사람을 속이는 '기망'에 해당할 정도까지는 요구되지 않는다. 거래 상대방이나 일반 불특정 투자자에게 잘못된 정보를 전달함으로써 금융투자상품 거래에 이르게 할 수 있는 모든 수단과 계획, 기교를 규제하는 것으로 그 개념이 매우 포괄적이다.

부정한 수단

검찰은 일반적인 경우와 달리 증권회사의 편집 절차가 생략된 한국거래소의 시세정보와 처리속도가 빠른 증권회사의 주문시스템을 이용한 ELW 스캘퍼의 거래행위가 부정한 수단을 사용한 부정거래행위라고 판단하여 ELW 스캘퍼와 증권회사 대표이사를 기소하였으나, 법원은 부정한 수단을 사용하였다는 증거가 불충분하다는 이유로 무죄를 선고하였다.

☞ **스캘퍼 :** 수초 내지 수분 이내의 짧은 시간에 1~2틱의 매매이익을 추구하는 초단기 투자자

부정한 계획

회사의 실질적 사주가 자본잠식 때문에 관리종목으로 지정되는 것을 막기 위하여 제3자배정 유상증자 과정에 차명으로 참여한 행위는 부정한 계획에 해당한다(서울고등법원).

부정한 기교

① 회사의 대표이사이자 대주주가 회사의 제3자배정 유상증자를 성공시키고자, 회사의 당좌수표 및 현금을 담보로 원금보장 약속을 한 후 갑을 회사의 유상증자(30억원)에 참여시킨 행위는 "부정한 기교"에 해당한다(서울고등법원).

② 경제신문 기자가 특정 상장회사에 호재성 기사를 작성하고 보도 직전에 그 회사의 주식을 매수하고 보도 이후 매도하여 이익을 얻었다면, 호재성 기사가 이미 다른 언론사에 의해 보도되었다 하더라도 "부정한 기교"를 이용한 부정거래행위에 해당한다(서울중앙지방법원).

☞ 위 법원 판결에 따르면, 자신이 작성한 조사분석자료가 증권 시장에 상당한 영향을 미친다는 사실을 잘 아는 애널리스트가 조사분석자료 공표 전 친구에게 조사분석자료를 제공하여 해당 증권거래에 이용하게 하는 경우도 부정거래행위로 처벌될 수 있다.

한편, “부정한”이라는 추상적인 용어 때문에 위 규정이 죄형법정주의의 명확성 원칙에 위배되는지 여부가 문제되었다. 헌법재판소는 처벌법규의 구성요건이 다소 광범위하여 법관의 보충적인 해석을 필요로 하는 개념을 사용하였다고 하더라도 통상의 해석방법에 의하여 건전한 상식과 일반적인 법감정을 가진 사람이 해당 처벌법규의 보호법익과 금지된 행위 및 처벌의 종류와 정도를 알 수 있도록 규정하였다면 헌법이 요구하는 처벌법규의 명확성 원칙에 배치되지 않는다고 판단하였다.

2. 중요정보와 관련된 부실표시 – 중요사항에 관하여 거짓의 기재 또는 표시를 하거나 타인에게 오해를 유발시키지 아니하기 위하여 필요한 중요사항의 기재 또는 표시가 누락된 문서, 기재 또는 표시를 사용하여 재산상의 이익을 얻고자 하는 행위

“중요사항”은 회사의 재산 및 경영에 관하여 중대한 영향을 미치거나 금융투자상품의 공정거래와 투자자 보호를 위하여 필요한 사항으로서 투자자의 투자판단에 영향을 미칠 수 있는 사항을 의미하므로 회사 업무관련 정보만이 아니라 동종업종의 전망 또는 경쟁업체의 동향 등 회사 외적인 시장정보나 정책정보도 포함한다.

“거짓의 기재 또는 표시”는 보도자료, 공시자료 등 문서에 허위표시를 하는 방법뿐만 아니라 강연회, TV, 라디오 등에서 허위사실을 말하는 것도 포함한다.

또한 “재산상 이익”은 적극적 이익은 물론 손실을 회피하는 소극적 이익까지 포함하며, 현금, 증권, 실물 등 직접적인 재산상 이익은 물론 회사의 경영권 획득, 지배권 확보, 회사 내 지위 상승 등 간접적인 재산상 이익도 포함한다.

중요정보의 거짓 기재 또는 표시 사례

매출전망을 허위로 표시한 자료, 주식공모안내문에 허위 주가전망 기재, 분식결산을 통한 허위 재무제표 공시, 유명 연예인의 최대주주 지분 취득 허위공시, 허위 타법인 출자 공시, 허위 해외자본유치 공시, 주식 등 대량보유상황보고서상 자금 출처, 보유목적의 허위기재(특히 무자본 M&A 과정에서 허위사실을 공시한 부정거래행위가 빈번하게 발생하고 있다) 등

다만, 회사가 공시를 통하여 거짓의 표시를 하였는지 여부가 문제되는 경우, 공시내용 자체가 허위인지 여부에 따라 판단하여야 하고 실제로 공시내용을 실현할 의사와 능력이 있었는지 여부에 의하여 판단하지 않는다. 따라서 주주총회의 결의를 거쳐 회사의 사업목적을 추가하는 정관변경을 한 다음 그 사실을 공시하거나 기사화한 것은 비록 실현가능성이 없는 내용이라 하더라도 허위의 표시를 한 것으로 볼 수 없다.

중요사항의 기재 또는 표시 누락 사례

증권신고서에 임직원의 횡령사실, 거액의 연대보증채무 사실, 파산 신청 사실 등을 누락하거나, 증자대금 사용 목적을 허위로 기재한 행위

3. 거래유인목적 허위시세 이용행위 – 금융투자상품의 거래를 유인할 목적으로 거짓의 시세를 이용하는 행위

허위시세 이용에 금융투자상품의 거래를 유인할 목적이 요구된다는 점에서 앞서 본 매매유인목적 시세조종행위와 유사하나, 매매유인목적 시세조종행위는 증권과 장내파생상품만을 대상으로 한다는 점에서 모든 금융투자상품을 대상으로 하는 거래유인목적 허위시세 이용행위와 차이가 있다.

허위시세 "이용"이 요건이므로 이용행위라고 볼만한 행위가 있어야 한다. 허위시세를 누가 만들어 냈는지는 불문한다.

거짓의 시세 이용 사례

장외주식 3만주가 1주당 7만원에 거래된 사실을 알고 있었음에도 불구하고 다른 주주들에게는 1주당 6만원에 거래되었다고 말하며 6만원으로 매입하려는 행위는 거래유인목적 허위시세 이용행위에 해당한다.

4. 거래목적 또는 시세변동목적의 풍문의 유포, 위계의 사용, 폭행, 협박행위 – 금융투자상품의 거래를 할 목적이나 그 시세의 변동을 도모할 목적으로 풍문 유포, 위계 사용, 폭행 또는 협박 행위

부정거래행위의 마지막 유형은 금융투자상품의 거래를 할 목적이나 그 시세의 변동을 도모할 목적으로 풍문 유포, 위계 사용, 폭행, 협박하는 것이다.

여기에서 "풍문의 유포"는 합리적 근거가 없는 소문을 정확한 정보인 것처럼 위장하여 타인에게 전파하는 행위를 의미한다. 우리나라는 증권방송이나 증권동우회의 활동이 활발하고, 인터넷 인프라가 잘 구축되어 금융투자상품의 시세에 관한 풍문을 유포하여 자본시장을 교란시킬 가능성이 다른 나라에 비해 상대적으로 크다.

"위계"는 거래 상대방이나 불특정 투자자를 기망하여 일정한 행위를 유인할 목적의 수단, 계획, 기교 등을 말한다. 증권방송인이 증권방송에 출연하여 자기가 보유한 종목을 거짓, 과장된 내용으로 매수 추천한 다음 해당 종목을 매도한 행위(스캘핑, scalping[3])는 "위계"에 해당한다.

---

3) 스캘핑 : 수초 내지 수분 이내의 짧은 시간에 매매하는 초단기 투자 기법을 의미하기도 하지만 다른 사람에게 특정 종목을 추천하기 직전 자기 돈으로 그 종목을 매수했다가 추천 후 주가가 오르면 팔아치워 이익을 보는 불법행위를 의미하기도 한다. 스캘핑(scalping)은 본래 '가죽 벗기기'라는 뜻으로 북중미 인디언이 전쟁에서 적의 머리가죽을 전리품으로 챙기던 행위에서 유래했다.

"폭행"은 사람에게 직접 또는 간접적인 유형력을 행사하는 것을 말하고, "협박"은 상대에게 공포심을 일으키기 위하여 생명·신체·명예·재산 등에 해를 가하겠다고 알리는 행위다.

풍문의 유포

'초대박 명동세력주 동참하기'라는 인터넷 카페를 개설 · 운영하면서 사실은 주가조작 세력이 S사 주식의 주가를 조작하는지 전혀 아는 바가 없었고, 주가조작세력과 연계되어 있거나 그러한 세력이 투자하는 종목을 알 수 없었음에도 불구하고, 문자메시지를 통해 '명동세력이 S사 주식의 주가조작에 들어갔으니 S사 주식을 매입하라'고 권유한 행위는 풍문을 유포하는 방법의 부정거래행위에 해당한다.

위계

외환은행의 외환카드 합병 전에 외환카드의 감자를 추진하는데 필요한 경제적 여건이 마련되어 있지 아니하였고, 외환카드의 감자를 성실하게 검토, 추진할 의사가 없었음에도 불구하고, 외환은행장이 외환은행의 이사회에서 자회사인 외환카드의 감자를 고려하고 있다는 내용을 발표한 행위는 외환카드의 주가하락으로 외환은행의 대주주인 론스타 펀드에게 부당한 이득을 주기 위한 위계에 해당한다.

사실과 달리 외국인이 주식을 매수한 듯한 외양을 갖추는 행위도 외국인이 정상적으로 투자위험을 감수하면서 투자하는 것으로 오인하게 하는 "위계"에 해당한다.

폭행, 협박

대형마트 운영회사의 주식을 공매도 한 자가 주가를 낮추려는 목적으로 대형마트에 방화한 행위는 시세변동 목적 폭행 · 협박에 해당한다(일본 판례).

부정거래행위를 한 자는 10년 이하의 징역 또는 위반행위로 얻은 이익이나 회피한 손실액의 2배 이상 5배 이하에 상당하는 벌금으로 처벌된다. 여기에서 징역형은 부정거래행위로 얻은 이익 또는 회피한 손실액이 5억원 이상 50억원 미만이면 3년 이상의 유기징역으로, 50억원 이상이면 무기 또는 5년 이상의 징역으로 가중된다.

한편, 부정거래행위로 얻은 이익 또는 회피한 손실액이 없거나 산정하기 곤란한 경우 또는 부정거래행위로 얻은 이익 또는 회피한 손실액의 5배에 해당하는 금액이 5억원 이하인 경우 벌금의 상한액은 5억원이다. 부정거래행위에 징역형이 선고되는 경우 반드시 벌금이 함께 부과되고, 부당이득은 몰수 또는 추징된다.

4. 시장질서교란행위

전통적으로 자본시장의 불공정거래는 ① 미공개중요정보 이용행위, ② 시세조종행위, ③ 부정거래행위의 세 유형으로 구분하고 모두 형벌로 처벌하였다. 형벌로 처벌하기 위해서는 미리 법률에 어떠한 행위가 범죄에 해당하고 그에 따르는 형벌의 내용은 무엇인지 명확하게 정해 놓아야 한다는 "죄형법정주의 원칙" 때문에 우리나라에서는 미공개중요정보 이용행위, 시세조종행위, 부정거래행위의 성립요건과 형벌의 내용을 자본시장법에서 규정하고 있다.

하지만 자본시장법에서 미공개중요정보 이용행위, 시세조종행위, 부정거래행위의 성립요건을 너무 엄격하게 규정하여 다수의 투자자들을 속여 막대한 이익을 얻었거나 시장질서를 심각하게 교란하였더라도 처벌할 수 없는 경우가 많았다. 특히 미공개중요정보 이용행위나 시세조종행위 규정은 규제 대상자나 규제 대상 행위의 범위가 매우 좁기 때문에, 미공개중요정보 이용행위나 시세조종행위에 상응하는 반사회적인 행위를 저지른 자도 요건 미 충족을 이유로 어떠한 형사처벌이나 제재를 받지 않고 법망을 유유히 빠져나가는 사례가 종종 발생하였다.

또한 나날이 발전하는 IT기술 및 새로운 금융투자상품의 출현에 따라 불공정거래 기법도 점점 더 복잡화, 지능화 되어 기존 불공정거래를 규제하는 미공개중요정보 이용행위, 시세조종행위, 부정거래행위 금지 규정만으로는 적절한 대응을 할 수 없을 뿐만 아니라, 불공정거래 처벌을 위한 수사기관의 수사와 법원의 재판에는 많은 시간과 비용이 든다는 근본적인 문제점도 풀어야 할 숙제로 남아 있었다.

이러한 문제점을 해결하기 위해 자본시장법은 2015년 7월부터 자본시장 불공정거래의 유형으로서 '시장질서교란행위'를 추가하였다. '시장질서교란행위'는 미공개중요정보 이용행위나 시세조종행위의 요건은 갖추지 못했지만 그와 유사하게 시장질서를 어지럽히는 불공정거래를 의미한다. 시장질서교란행위에는 절차가 복잡한 형사처벌이 아니라 신속하게 불법이익을 환수할 수 있는 '과징금'을 부과한다.

시장질서교란행위는 미공개중요정보 이용행위 금지 규정을 변형한 정보이용형과 시세조종 및 부정거래행위 금지 규정을 변형한 시세관여형으로 구분된다. 구체적인 내용은 다음과 같다.

정보이용형 시장질서교란행위

정보이용형 시장질서교란행위 규제는 미공개중요정보 이용행위 규제와 큰 차이가 있다. 미공개중요정보 이용행위는 내부자의 신분을 갖춘 자가 직무와 관련하여 상장법인의 업무 정보를 취득한 후 이용하는 것을 요건으로 한다. 하지만 이러한 범죄 구성요건을 충족하는 경우는 생각보다 많지 않다. 무엇보다 미공개중요정보 이용행위 규제 대상자가 회사 임직원 등 회사내부자, 회사와 법령상·계약상 관계를 맺은 준내부자 및 회사내부자와 준내부자로부터 미공개중요정보를 받은 1차 정보수령자에 한정되어 규제대상자 측면에서 사각지대가 존재할 수밖에 없었다.

CJ E&M 사건(2013년)

증권회사 애널리스트가 CJ E&M에 대규모 영업손실이 발생하였다는 미공개중요정보를 CJ E&M 직원으로부터 듣고 자산운용회사 펀드매니저에게 알려준 사건에서 증권회사 애널리스트는 1차 정보수령자로서 미공개중요정보 이용행위 금지 규정 위반으로 처벌됐으나, 미공개중요정보를 주식거래에 이용한 자산운용회사 펀드 매니저는 2차 정보 수령자에 해당되어 아무런 처벌도 받지 않았다.

하지만 현행 자본시장법에 따르면, 2차 정보 수령자인 자산운용회사 펀드 매니저의 행위는 시장질서교란행위 금지 규정 위반으로 과징금 부과 대상이 된다.

또한 미공개중요정보 이용행위 규제에서 미공개중요정보는 상장회사의 업무와 관련되어야 하므로, 기관투자자의 주식 주문정보나 애널리스트의 조사분석보고서 등 소위 "시장정보[4]"는 물론 정부나 국회의 환율, 금리, 산업정책 정보 등 시장 전체적으로 영향을 미치는 소위 "정책정보"도 미공개중요정보 이용행위 규제대상이 아닌 것으로 취급되고 있으며, 내부자의 신분과 미공개중요정보의 요건을 모두 갖추었다 해도 내부자가 이러한 정보를 직무와 관련하여 취득하여야 하므로 해킹이나 절도 등 비업무적인 방법으로 취득해도 미공개중요정보 이용행위로 처벌할 수 없다는 한계가 있었다.

이러한 미공개중요정보 이용행위의 규제 공백을 보완하는 제도가 정보이용형 시장질서교란행위 규제다.

4) 다만, 예외적으로 시장정보 중 공개매수에 관한 미공개정보, 경영권에 영향을 줄 가능성이 있는 주식의 대량 취득·처분 정보는 미공개중요정보 이용행위의 한 유형으로 규제되고 있다(자본시장법 제 174조 제2항 및 제3항).

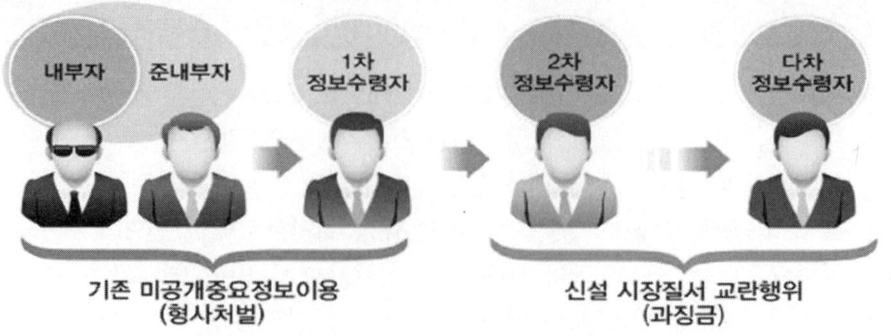

아래에서는 정보이용형 시장질서교란행위를 규제대상 정보, 규제 대상자의 범위, 규제대상 행위로 나누어 살펴본다.

먼저 정보이용형 시장질서교란행위의 규제대상 정보는 "금융투자상품의 매매 여부 또는 매매의 조건에 중대한 영향을 줄 가능성이 있고 투자자들이 알지 못하는 사실에 관한 것으로서 불특정 다수인이 알 수 있도록 공개되기 전의 정보"다.

정보이용형 시장질서교란행위의 규제대상 정보와 관련하여 유의할 사항은 미공개중요정보 이용행위 규제에서 요구한 상장법인 업무관련성이 배제되어 금융투자상품 투자자의 투자판단에 중대한 영향을 미칠 수 있는 미공개중요정보는 모두 정보이용형 시장질서교란행위의 규제대상이라는 점이다. 그 결과 최대주주의 주식처분 정보, 기관투자자의 주문정보, 애널리스트의 조사분석보고서, 언론기사 등 상장회사 외부에서 생성된 시장정보는 물론 정부나 국회의 환율, 금리, 산업정책 정보등 시장 전체적으로 영향을 미치는 정책정보도 규제대상에 포함된다.

다음 정보이용형 시장질서교란행위 규제대상자의 범위를 살펴본다. 자본시장법은 정보이용형 시장질서교란행위 규제대상자를 4가지 유형으로 구분하고 있다.

정보이용형 시장질서교란행위 규제대상자 제1유형은 미공개중요정보 이용행위 규제 대상자(회사내부자, 준내부자, 1차 정보수령자)로부터 나온 미공개중요정보를 받은 자다. 제 1유형은 가장 빈번하게 발생하는 시장질서교란행위와 밀접한 관련성이 있다.

기존 미공개중요정보 이용행위의 규제 대상자인 회사내부자, 준내부자 및 1차 정보수령자로부터 정보를 받은 2차 정보수령자는 물론 3차, 4차 등 다차 정보수령자도 시장질서교란행위의 규제대상에 포함된다.

정보이용형 시장질서교란행위 규제대상자 제1유형 사례
– 시장질서교란행위로 최초 적발된 사건

코스닥상장법인 유상증자 컨설팅을 담당하는 D(준내부자)로부터 유출된 유상증자 정보가 D의 모친 C(1차 정보수령자), D의 부친 B(2차 정보수령자), B의 지인 A(3차 정보수령자)에게 순차 전달된 상황에서, A는 코스닥 상장법인의 유상증자 정보가 공시되기 전에 해당 코스닥 상장법인 주식을 매수하여 3,940만원의 이득을 취득하였다. 이 사건에서 증권선물위원회는 미공개중요정보의 3차 수령자인 A에게 시장질서교란행위로 취득한 이득금 전액인 3,940만원을 과징금으로 부과하였다.

〈 정보전달경로 〉

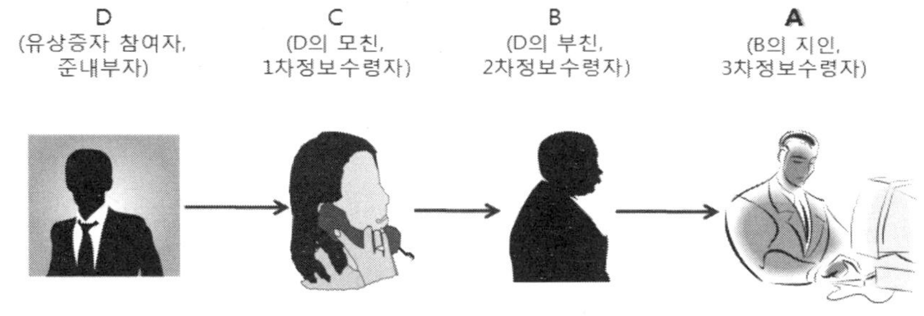

한미약품 사건 - 시장질서교란행위를 이유로 대규모 과징금을 부과

한미약품 법무팀에서 계약 업무를 담당하면서 한미약품의 '대규모 수출계약 해지 정보'를 알게 된 갑(甲)은 메신저로 연인인 乙에게, 乙은 지인인 A에게, A는 고등학교 동창인 B에게, B 는 고등학교 후배인 C에게, C는 과거 직장동료인 D에게 각 미공개중요정보인 '한미약품의 대규모 수출계약 해지 정보'를 순차 전달하였다.

정보 원천		1차 수령자		2차 수령자		3차 수령자		4차 수령자		5차 수령자
甲(한미약품 법무팀직원) 구속 기소	→	乙 (甲의 연인) 구속 기소	→	A (개인 투자자)	→	B (개인 투자자)	→	C (전업 투자자)	→	D (전업 투자자)

증권선물위원회는 A, B, C, D가 대규모 수출계약 해지라는 미공개중요정보라는 정을 알면서 한미약품 주식을 매도하여 손실을 회피하였다는 사실을 인정하여 '시장질서교란행위 금지' 규정 위반으로 각각 과징금 4,600만원, 2억 100만원, 3억 8,190만원, 13억 4,520만원을 부과하였다(**甲과 乙은 미공개중요정보 이용행위 금지 위반으로 구속 기소**).

정보이용형 시장질서교란행위 규제대상자 제2유형은 자신의 직무와 관련하여 시장질서교란행위의 규제대상 정보를 생산하거나 알게 된 자다.

제1유형이 미공개중요정보 다차 수령자를 규제하기 위한 목적으로 기존 미공개중요정보 이용행위 규제를 보완하는데 의의가 있다면, 제2유형은 내부자거래 규제의 패러다임을 "상장법인의 내부자"가 아니라 "미공개중요정보"로 전환하여 해당 상장법인의 업무와 무관하게 미공개중요정보를 생산하거나 알게 된 자도 규제한다는 점에 의의가 있다.

다만, 제2유형의 규제대상자 판단에서는 규제대상 정보를 생산하거나 알게 된 데 '행위자의 직무관련성'이 요구된다. 여기에서 직무는 금융투자상품의 가격에 영향을 미칠 수 있는 정보를 생산하거나 알 수 있는 위치와 관련되어야 한다.

정보이용형 시장질서교란행위 제 2유형 사례

상장법인의 업무와 무관하게 시장정보를 알게 되거나 생산한 사람들, 예를 들어 증권회사에서 기관투자자의 주문을 받는 임직원, 조사분석보고서를 작성한 애널리스트도 정보이용형 시장질서교란행위 규제 대상에 포함된다.

한편, 식당 종업원이 서빙 중 상장회사의 미공개중요정보를 듣고 거래에 이용하였다고 하더라도 식당 종업원의 직무는 금융투자상품의 가격에 영향을 미칠 수 있는 정보를 생산하거나 알 수 있는 직무라고 볼 수 없어 식당 종업원은 정보이용형 시장질서교란행위 규제대상자에서 제외된다.

정보이용형 시장질서교란행위 규제대상자 제3유형은 해킹, 절취, 기망, 협박, 기타 부정한 방법으로 미공개중요정보를 알게 된 자다. 기존 미공개중요정보 이용행위 규제는 미공개중요정보를 생산하거나 직무와 관련하여 지득하거나 받은 경우에만 적용된다. 반면, 정보이용형 시장질서교란행위 규제는 미공개중요정보를 생산하거나 직무와 관련하여 지득하거나 받은 경우가 아닌 해킹이나 절도 등 불법적인 방법으로 미공개중요정보를 취득하는 행위에도 적용된다. 다만, 제3유형은 불법·부정한 방법을 요건으로 하므로 스포츠 경기장에서 주변 관중에게 우연히 미공개중요정보를 듣게 되는 경우에는 불법·부정 요소가 없기 때문에 시장질서교란행위로 규제할 수 없다.

정보이용형 시장질서교란행위 제3유형 사례

A가 법무법인에 근무하는 변호사 친구 B를 방문했다가 B가 작업하는 상장법인의 M&A 관련 서류를 B 몰래 빼돌려 아직 미공개인 상장법인 M&A 정보를 활용해 주식을 거래한 경우, A의 미공개중요정보 취득은 직무관련성이 없고, 내부자인 B로부터 전달받은 것도 아니므로 미공개중요정보 이용행위 규제가 적용되지 않지만 정보이용형 시장질서교란행위 규제가 적용될 수 있다.

정보이용형 시장질서교란행위 규제대상자 제4유형은 제2유형이나 제3유형에 해당하는 자로부터 나온 미공개중요정보를 받은 자다. 제1유형이 기존 미공개중요정보 다차 정보수령자를 새롭게 규제대상으로 포함하였기 때문에, 정보이용형 시장질서교란행위에서도 대상 정보의 다차 수령자를 규제한다는 취지다.

정보이용형 시장질서교란행위 제4유형 사례

○○연금에서 주식 운용을 담당하는 B는 투자대상 종목으로 ○○상장법인을 선택한 후 친구인 C에게 그 사실을 전달하여 C가 ○○상장법인의 주식을 거래하게 하였다.

이 경우 B는 제2유형, C는 제4유형의 정보이용형 시장질서교란행위 규제대상자가 된다.

정보이용형 시장질서교란행위 관련하여 마지막으로 살펴 볼 내용은 규제대상 행위다. 정보이용형 시장질서교란행위의 규제대상 행위는 위에서 살펴본 규제대상자가 규제대상 정보를 이용하여 상장증권, 장내파생상품, 상장증권과 장내파생상품을 기초자산으로 하는 파생상품

의 거래에 이용하거나 타인에게 이용하게 하는 행위다. 다만, 사전에 체결한 계약 등에 따른 의무이행을 위한 거래, 법령에 따른 거래, 정부의 인허가 또는 문서 지도 등에 따른 매매는 규제대상에서 제외된다.

〈 미공개중요정보 이용행위와 정보이용형 시장질서교란행위 비교 〉

구분	미공개중요정보 이용행위	정보이용형 시장질서교란행위
정보	① 내부정보로서 상장법인 업무관련 중요정보 (ex. 신사업추진, 신제품개발) ② 외부정보로서 공개매수자의 상장법인에 대한 공개매수정보와 대량취득 · 처분자의 상장법인 주식에 대한 대량취득 · 처분정보	금융투자상품의 거래 여부 또는 거래 조건에 중대한 영향을 줄 가능성이 있는 정보로서 공개되지 아니한 정보(상장법인 내 · 외부에서 정보 포함)
적용대상	① 내부자, 준내부자 ② 공개매수자 ③ 대량취득 · 처분자 ④ ①, ②, ③의 1차 정보수령자	① 미공개중요정보 규제의 2차 이상 정보수령자 ② 해킹 · 절취등 정보도용자 + 정보 수령자
공개시점	공개후 일정시간 경과 후 공개 간주(공개수단 및 주지기간 법에서 정함)	사실상 공개된 경우 공개 간주(공개수단 및 주지기간 미규정)
제재수단	형벌(징역형, 벌금형)	행정제재(과징금)

시세관여형 시장질서교란행위(시세조종 영역)

자본시장법은 시세관여형 시장질서교란행위를 상장증권 또는 장내파생상품 매매등과 관련하여 ① 허수호가 제출, ② 가장매매, ③ 통정매매, ④ 풍문유포 및 거짓 계책을 꾸미는 행위로 구분한다. 구체적인 내용은 다음과 같다.

① **허수호가 제출 유형** : 거래 성립 가능성이 희박한 호가를 대량으로 제출하거나 호가를 제출한 후 해당 호가를 반복적으로 정정·취소하는 행위.

허수호가 제출 등으로 시세를 변동시키는 행위는 주가 등을 조작하여 투자자를 거래에 끌어들이려는 매매유인목적이 있는 경우에는 시세조종행위로 처벌되고, 매매유인목적이 인정되지 않는다 하더라도 과다한 허수호가 제출 행위로 증권 등의 시세에 부당한 영향을 미치거나 미칠 우려가 있다면 시세관여형 시장질서교란행위로 규제될 수 있다.

허수호가 제출 유형 사례

매매유인목적 없이 적정가와 상당한 괴리를 보이는 호가로서 체결 가능성이 희박한 고가 매도호가 및 저가 매수호가를 대량으로 제출하거나 반복적으로 호가를 정정 · 취소하는 행위, 단기간에 반복적으로 직전가 대비 높은 주문을 낸 뒤 보유물량 매도 후 주문을 취소하는 행위는 물론 과실로 발생한 시스템 에러로 과다한 허수호가를 제출하는 행위도 증권 등의 시세에 부당한 영향을 미치거나 미칠 우려가 있다면 시세관여형 시장질서교란행위에 해당한다.

② **가장매매 유형** : 권리의 이전을 목적으로 하지 아니함에도 불구하고 거짓으로 꾸민 매매를 하는 행위.

타인으로 하여금 거래가 성황을 이루고 있는 듯이 잘못 알게 하거나, 그릇된 판단을 하게 할 목적이 있는 가장매매는 시세조종행위로 처벌될 수 있고, 그러한 목적이 인정되지 않는다 하더라도 시세에 부당한 영향을 주거나 줄 우려가 있는 경우에는 시세관여형 시장질서교란행위로 규제될 수 있다.

가장매매 유형 사례

알고리즘 트레이딩 프로그램에 따라 다량의 호가를 제출하는 과정에서 미처 취소하지 못한 미체결 호가가 신규제출 호가에 의해 매매가 체결된 경우 일정한 한도를 벗어나 시세에 부당한 영향을 미쳤다면 시세관여형 시장질서교란행위에 해당한다(반대의견 존재).

▶ **참고** : 허수호가 제출 유형, 통정매매 유형, 풍문유포 및 거짓 계책 유형은 과실로 시세관여형 시장질서교란행위가 발생할 수 없다는 점에는 이견이 없으나, 과실로 발생한 가장매매에 시세관여형 시장질서교란행위 규제를 적용할지에 대해서는 의견이 대립되고 있다.

---

③ **통정매매 유형** : 손익이전 또는 조세회피 목적으로 자기가 매매하는 것과 같은 시기에 그와 같은 가격 또는 약정수치로 상장증권 또는 장내파생상품을 매수할 것을 제삼자와 사전에 약속한 후 매매를 하는 행위.

타인으로 하여금 거래가 성황을 이루고 있는 듯이 잘못 알게 하거나, 그릇된 판단을 하게 할 목적의 통정매매는 시세조종행위로 처벌되나, 그러한 목적이 없더라도 손익이전 또는 조세회피 목적으로 시장참여자 간에 통정매매를 하여 시세에 부당한 영향을 주거나 영향을 줄 우려가 있는 경우에는 시세관여형 시장질서교란행위로 규제될 수 있다.

통정매매 유형 사례

증권회사 직원이 관리하는 고객의 위탁계좌에서 손실이 발생하자 손실을 보전하기 위하여 해당 계좌에서 주식을 시가보다 높은 가격으로 매도 주문을 내고 다른 고객의 계좌에서 매수하는 통정매매를 반복적으로 하여 계좌 간 손익을 이전시켰다면 이는 타인을 오인케 할 목적이 없어 시세조종행위로 처벌할 수는 없지만, 시세에 부당한 영향을 줄 우려가 있는 경우에는 시세관여형 시장질서교란행위로 규제될 수 있다.

---

④ **풍문유포 및 거짓 계책 유형** : 풍문을 유포하거나 거짓으로 계책을 꾸며 상장증권 또는 장내파생상품의 수요 • 공급 상황이나 가격에 대하여 타인에게 잘못된 판단이나 오해를 유발하거나 상장증권 또는 장내파생상품의 가격을 왜곡할 우려가 있는 행위.

매매유인 목적으로 시세조종 사실을 유포하거나 중요한 사실에 관하여 거짓 또는 오해를 유발하는 표시행위를 하는 경우 시세조종행위로 처벌되고, 매매유인 목적이 없더라도 풍문의 유포, 위계 사용 등으로 상장증권 또는 장내파생상품의 수요·공급 상황이나 가격에 대하여 타인에게 잘못된 판단이나 오해를 유발하거나, 가격을 왜곡할 우려가 있는 경우에는 시세관여형 시장질서교란행위로 규제될 수 있다.

풍문유포 및 거짓 계책 유형 사례

매매유인 목적 없이 증권포털 게시판이나 인터넷 메신저에서 거짓 소문을 퍼뜨린 경우 투자자를 오인하게 하거나 가격을 왜곡할 우려가 있다면 시세관여형 시장질서교란행위에 해당한다.

시세관여형 시장질서교란행위가 시세조종행위와 다른 점은 기본적으로 행위자의 목적 요건이 필요 없다는 점이다. 자본시장법은 시세조종행위의 성립요건으로 “매매가 성황을 이루고 있는 듯이 잘못 알게 하거나, 타인에게 그릇된 판단을 하게 할 목적”, “매매를 유인할 목적”, “시세를 고정시키거나 안정시킬 목적”을 요구하고 있다.

시세조종행위 성립에 행위자의 목적 요건을 두는 이유는 계속·반복적으로 대량의 거래가 이루어지는 시장에서 시세에 상당한 영향을 미쳤다는 사실만으로 민·형사 책임을 묻는 것이 불합리하기 때문이다. 즉, 투자자는 시시각각 변화하는 시황을 감안하여 거래를 하고, 그 거래에 따라 시세는 변화하기 마련인데, 이러한 거래를 비난하고 제재한다면 시장에서 매매거래는 급격히 위축될 것이므로 시장의 일반적인 매매거래와 구별하고자 비난가능성이 있는 행위의 지표로 목적성을 요구한다.

이러한 목적성 요건의 존재로 투자자들이 시세조종행위로 처벌받을 부담 없이 자유로운 매매거래를 할 수 있게 되었지만, 다른 한편으로는 목적성 요건의 방패 아래 건전한 시장질서를 훼손하는 여러 가지 교묘하고 기술적인 행위들을 제대로 단속하기 어렵다는 점도 부인하기 어렵다.

자본시장법은 2015년 7월부터 시세관여형 시장질서교란행위 규제를 시행하여 목적성 요건의 존부와 관계없이 시세조종성 행위를 외형적으로만 판단하여 시장의 건전한 거래질서를 훼손한 경우 제재할 수 있도록 하고 있다.

〈 시세조종행위, 부정거래행위, 시세관여형 시장질서교란행위 비교 〉

구분	시세조종행위	부정거래행위	시세관여형 시장질서 교란행위
주체	누구든지	누구든지	누구든지
대상	상장증권, 장내파생상품	금융투자상품	상장증권, 장내파생상품
행위	① 유인목적 위장매매 ② 매매유인목적 행위 ③ 시세고정, 안정목적 거래 ④ 부당이득 목적 연계시세조종	① 부정한 수단, 계획, 기교(목적 불요) ② 재산상 이득목적 부실표시사용 ③ 거래유인목적 거짓 시세이용 ④ 시세변동목적 풍문유포, 위계 사용, 폭행, 협박	① 허수성 호가 제출(목적 불요) ② 가장매매(목적 불요) ③ 통정매매(목적 불요) ④ 손익이전, 조세회피 목적 풍문유포, 위계 사용

다른 불공정거래와의 관계

일반적인 용어로서 시장질서교란행위는 미공개중요정보 이용행위, 시세조종행위, 부정거래행위 등 불공정거래를 포함하는 포괄적인 개념이지만, 자본시장법에서는 미공개중요정보 이용행위, 시세조종행위, 부정거래행위에 해당하면 시장질서교란행위 규제를 적용하지 않고 해당 불공정거래 규제만을 적용하도록 규정하고 있다.

과징금

시장질서교란행위는 행위의 성격상 비형사범죄이므로 수사와 재판에 따른 형사처벌이 아니라 행정처분으로 규제하는 것이 적절하고, 행정처분 중에서는 부당행위 제재와 부당이득 환수의 목적을 동시에 가진 과징금이 가장 효과적인 수단이 된다.

자본시장법은 시장질서교란행위에 원칙적으로 5억원 이하의 과징금을 부과한다. 다만, 그 위반행위와 관련된 거래로 얻은 이익 또는 회피한 손실액에 1.5배에 해당하는 금액이 5억원을 초과하면 그 이익 또는 회피한 손실액의 1.5배에 상당하는 금액 이하의 과징금을 부과할 수 있도록 규정한다. 즉 시장질서교란행위로 얻은 이익액이 50억원이면 과징금을 75억원까지 부과할 수 있다.

금융위원회는 시장질서교란행위자에게 과징금을 부과할 때 위반행위의 내용 및 정도, 위반행위의 기간 및 회수, 위반행위로 취득한 이익 또는 회피한 손실의 규모, 위반행위가 시세 또는 가격에 미친 영향, 미공개중요정보를 생산하거나 알게 된 경위 등을 종합적으로 고려하여야 한다.

시장질서교란행위 관련 과징금 제도는 자본시장법의 다른 과징금 부과사유와 큰 차이점이 있다. 바로 행위자의 고의, 중과실이 필요하지 않다는 것이다.

법적으로 중과실은 거의 고의 수준에 달하는 심각한 주의의무 위반을 의미하므로 공시위반(주식등의 대량보유 보고의무 위반 제외), 금융투자업자의 위법행위와 관련해서는 중과실 입증 부족으로 행위자가 책임을 면하는 사례가 많았다. 하지만 시장질서교란행위는 단순한 경과실이라 할지라도 시장의 건전성 훼손에 상응하는 결과에 따라 과징금을 부담해야 한다.

금융위원회는 과징금을 부과하기 전에 미리 과징금 부과 당사자 또는 이해관계인에게 의견제출 기회를 주어야 하며, 과징금 부과처분에 대하여 불복하는 자는 고지를 받은 날부터 30일 이내에 금융위원회에 이의를 신청할 수 있으며, 과징금 부과처분이 있음을 알게 된 날로부터 90일 이내에 행정심판, 행정소송을 제기할 수 있다.

운영상 과제

시장질서교란행위 규제는 시행 초기라 아직 문제점이 구체적으로 표면화되지는 않았으나, 다음 두 가지 문제가 예상된다.

첫째, 시장질서교란행위 규제의 적용범위를 가급적 넓히려는 정책의도에 따라 시장질서교란행위의 성립요건이 다소 불명확하게 규정되어 적용범위에 해석상 논란이 있을 수 있다.

둘째, 과징금 산정의 기초가 되는 '위반행위로 얻은 이익 또는 회피한 손실액'의 개념이 명확하지 않아 구체적인 과징금 산정의 적절성과 관련된 분쟁이 발생할 가능성이 많다.

5. 공매도규정 위반행위

공매도(short selling)는 증권의 가격하락을 예상하고 소유하지 아니하거나, 차입한 증권으로 결제하는 매도거래를 의미한다. 증권을 차입한 상태에서 매매계약을 체결하고, 차입한 증권으로 결제하는 매도거래를 차입공매도(Covered short selling)라고 하며, 증권을 소유하거나 차입하지 않은 상태에서 체결하는 증권 매도거래를 무차입공매도(Naked short selling)라고 한다.

원래 '짧다'(short)는 뜻을 가진 단어가 어떻게 공매도의 뜻도 갖게 되었는지 궁금하지 않은가? 이에 대해 정설은 없고 단지 유력한 설만 있을 뿐이다. 18세기 초 미국 동부 곰 가죽 시장에서 전문 사냥꾼 등 영리한 거래자들은 가죽 값이 최고에 달했다고 판단되면 당장 보유한 가죽이 '없어도(short)' '파는(sell)' 계약을 했고, 이러한 거래에서 공매도가 유래되었다고 한다. 한편, short이라는 단어가 공매도의 뜻으로 오랫동안 쓰이다 보니 어느 순간 자연스럽게 short의 반대말 long도 '매수'의 뜻으로 쓰이게 되었다고 한다.

무차입공매도는 매도대상 증권 보유에 필요한 비용을 전혀 지출하지 않고, 차입공매도도 소액의 증권 차입 비용만을 지출한다. 이처럼 공매도자는 증권매입비용 대비 현저히 적은 비용을 지출하지만 증권의 가격 하락분 전부를 이익으로 향유하는 반면, 증권의 가격 상승분만큼 손실을 부담한다. 결국 보유 증권의 가격 하락 위험에 대비하는 헤지 목적이 아닌 공매도는 손실위험이 많은 투기 거래에 해당한다.

이러한 투기적인 성격과 매매계약 결제불이행 가능성 때문에 자본시장법은 차입내역을 증빙할 수 있는 차입공매도만을 허용하고 무차입공매도를 금지하고 있다.

자본시장법에서 허용한 차입공매도는 모든 유형의 투자자가 이용할 수 있다. 대체로 전문투자자는 대차거래(증권 보유기관이 투자자의 거래 결제 또는 투자전략 실현을 위해 한국예탁결제원, 한국증권금융, 증권회사를 통하여 투자자에게 증권을 빌려주는 거래)를 이용하여, 대차거래에 참여할 수 없는 개인투자자는 신용거래대주(증권회사가 투자자에게 매도증권을 대여하는 것)를 이용하여 공매도를 한다. 우리나라 증권시장에서 이루어지는 공매도는 외국인이 70~80%, 기관투자자가 20~30%의 비율을 차지하고 있으며, 개인투자자의 공매도 참여 비율은 극히 미미하다.

〈 대차거래를 이용한 차입공매도 거래 흐름 〉

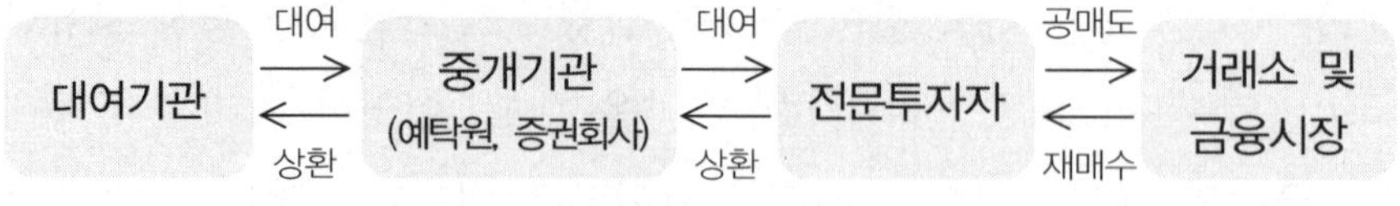

대여기관 —대여→ 중개기관(예탁원, 증권회사) —대여→ 전문투자자 —공매도→ 거래소 및 금융시장

대여기관 ←상환— 중개기관(예탁원, 증권회사) ←상환— 전문투자자 ←재매수— 거래소 및 금융시장

자본시장법의 공매도 규제가 적용되는 금융투자상품은 아래 증권으로서 상장증권에 한정된다. 따라서 비상장증권, 상장된 일반사채권, 파

생상품 등은 자본시장법의 공매도 규제 대상이 아니다.

① 주권 등 지분증권
② 전환사채권, 신주인수권부사채권, 이익참가부사채권 또는 교환사채권
③ 수익증권
④ 파생결합증권
⑤ ①부터 ④까지의 증권과 관련된 증권예탁증권

한편, 위 논의는 장내거래에 한정된 것으로 장외거래는 원칙적으로 규제대상이 아니다. 따라서 장외에서는 누구든지 모든 증권을 제한 없이 공매도(무차입공매도 포함) 할 수 있다. 다만, 투자매매업자가 아닌 자는 장외에서 보유하지 아니한 채권을 매도할 수 없다는 제한 규정이 있다(자본시장법 시행령 제 185조 제 1항).

공매도는 파생상품과 기초자산간 가격괴리를 신속히 해소하는 등 가격결정의 효율성을 제고할 뿐만 아니라(차익거래 목적의 공매도) 매수주문 과다 시 공급물량을 제공하고, 매도물량 과다 시 공매도 포지션 청산으로 시장에 유동성을 공급하는 긍정적인 기능이 있다. 반면, 공매도는 증권시장 불안 시 인위적인 가격하락을 도모하는 등 시세조종 수단으로 이용될 가능성이 있을 뿐만 아니라 단기적으로 주가하락을 가속화하고 주가 변동성 확대에 악영향을 미칠 수 있다는 부정적인 기능이 있다. 이러한 공매도의 부정적인 기능 때문에 자본시장법과 한국거래소 업무규정에서는 다음에서 보는 바와 같이 차입공매도의 절차, 호가제한 및 차입공매도에 따르는 순보유잔고 보고의무, 공시의무 등을 규정하고 있다.

① 차입공매도의 절차

투자자가 투자중개업자(증권회사)에게 매도주문을 위탁하는 경우에

는 공매도 여부를 알려야 하며, 투자중개업자는 투자자로부터 증권의 매도를 위탁 받는 경우에는 공매도 여부 및 공매도라면 결제가 가능한지 확인하여야 한다.

또한 투자중개업자는 공매도자가 결제를 이행하지 아니할 염려가 있는 경우에는 공매도의 위탁을 받거나 증권시장에 공매도 주문을 하지 아니하여야 하며, 공매도 위탁을 받으면 그 매도가 공매도임을 한국거래소에 알려야 한다.

② 공매도 호가 시 직전가 이하의 호가 금지(소위 "Up-tick rule")

공매도 시에는 직전의 거래가격 이하의 가격으로 호가할 수 없다. 다만, 직전의 가격이 그 직전의 가격보다 높은 경우에는 직전의 가격으로 호가할 수 있으며, 직전가가 상한가인 경우 직전가로 호가할 수 있다. 한편, 지수차익거래, 유동성공급, 시장조성 시에는 직전의 가격 이하로 호가할 수 있다.

③ 순보유잔고 보고의무

상장증권을 차입공매도한 자는 해당 증권의 종목별 발행총수에 대한 일별 순보유잔고의 비율(이하 "순보유잔고 비율")이 음수로서 절댓값이 1만분의 1 이상이거나, 해당 증권의 순보유잔고 비율이 음수로서 일별 순보유잔고의 평가액이 10억원 이상이면 순보유잔고에 관한 사항을 금융위원회와 한국거래소에 보고하여야 한다.

④ 순보유잔고 공시의무

상장주권의 순보유잔고 비율이 음수로서 절댓값이 1천분의 5 이상이면 공매도자는 공매도자에 관한 사항, 순보유잔고에 관한 사항을 공시하여야 한다.

한편, 형식적으로는 공매도에 해당하지만 결제불이행 위험이 없어 공매도 규제를 적용 받지 않는 거래가 있다. 공매도로 취급하지 않는 거래는 다음과 같다.

공매도로 취급하지 않는 거래

1. 증권시장에서 매수계약이 체결된 상장증권을 해당 수량의 범위에서 결제일 전에 매도하는 경우
2. 전환사채권 · 교환사채권 · 신주인수권부사채권 등의 권리행사, 유 · 무상증자, 주식배당 등으로 취득할 주식을 매도하는 경우로서 결제일까지 주식이 상장되어 결제가 가능한 경우
3. 결제일까지 결제가 가능한 경우로서 다음 어느 하나에 해당하는 거래
   가. 매도주문을 위탁 받는 투자중개업자 외의 다른 보관기관에 보관하고 있거나, 그 밖의 방법으로 소유하고 있는 사실이 확인된 상장증권의 매도
   나. 상장된 집합투자증권의 추가발행에 따라 받게 될 집합투자증권의 매도
   다. 상장지수집합투자기구의 집합투자증권의 환매청구에 따라 받게 될 상장증권의 매도
   라. 증권예탁증권에 대한 예탁계약의 해지로 취득할 상장증권의 매도
   마. 대여 중인 상장증권 중 반환이 확정된 증권의 매도
   바. 시장 외에서 매매, 그 밖의 계약에 의하여 인도받을 상장증권의 매도
   사. 전환사채권, 신주인수권부사채권, 이익참가부사채권 또는 교환사채권, 지분증권, 수익증권, 파생결합증권을 예탁하고 취득할 증권예탁증권의 매도
   아. 증권회사가 당일 장종료 후 시간외시장에서 상장증권을 매수하기로 위탁자와 약정한 경우로서 해당 수량 범위에서 상장증권의 매도

자본시장법은 공매도 관련 규정의 실효성을 확보하기 위해 다음의 자에게 1억원 이하의 과태료를 부과할 수 있다고 규정한다.

i) 허용되지 아니하는 방법으로 상장증권을 공매도하거나 그러한 공매도를 위탁 또는 수탁한 자

ii) 순보유잔고 보고의무를 이행하지 아니하거나 거짓 보고한 자

iii) 순보유잔고 공시의무를 이행하지 아니하거나 거짓으로 공시한 자

또한 공매도를 미공개중요정보 이용행위, 시세조종행위, 부정거래행위 등 다른 불공정거래 수단으로 이용한 경우에는 당연히 관련 규정에 따른 형사책임을 부담하여야 한다.

공매도 규정 위반 및 제재 사례

▶ **소유하지 않은 주식 매도 주문**

홍콩 소재 A자산운용사는 펀드 운용 과정에서 주식 매수거래가 적정하게 체결되었는지 여부를 확인하지 않고(Confirmation Letter 미수령) 매수 예정 주식을 전량 매도하였고, 실제 주식 매수거래가 체결되지 아니하여 공매도 제한규정을 위반하였다(A자산운용사에 과태료 부과).

▶ **공매도 주문 수탁 절차 위반**

증권회사는 투자자로부터 매도주문을 수탁 받으면 그 매도가 공매도인지 여부를 확인하여야 함에도 불구하고, B증권회사는 C운용사의 공매도 주문을 수탁하면서 공매도 여부를 확인하지 않고 일반매도 주문으로 처리하여 공매도 제한 규정을 위반하였다(B증권회사에 과태료 부과).

참고로 한국거래소는 투자자 간 정보 비대칭을 해소하고 올바른 공매도 이해를 위하여 공매도 제도, 공매도 통계, 공매도에 대한 오해와 진실, FAQ 등 공매도와 관련된 중요 정보를 한 곳에 망라한 "공매도 종합 포털사이트"(http://short.krx.co.kr)를 운영하고 있다.

6. 공시의무 위반행위

공시제도는 자본시장에 참여하는 모든 투자 주체가 동일한 조건에서 투자를 결정할 수 있도록 증권 발행인 또는 관련자에게 거래에 필요한 정보를 적시에 제공할 의무를 부여한 것이다. 자본시장의 공시제도는 다음과 같이 구분된다.

i) 발행공시

ii) 정기공시

iii) 주요사항보고서 제출

iv) 지분공시

v) 기타공시

발행공시는 증권이 최초로 투자자에게 공급되는 단계에서 증권의 내용과 발행회사에 관한 사항을 알리는 것으로 증권신고서, 투자설명서 공시가 대표적이다. 정기공시는 투자자에게 기업 내용과 함께 일정 기간의 영업성과 및 재무상태를 정기적으로 알리는 것으로 사업보고서, 반기보고서, 분기보고서 공시가 있다. 주요사항보고서 제출은 발행한 어음·수표의 부도, 회생절차개시 신청, 영업활동의 전부 또는 중요한 일부의 정지 등 투자자의 거래에 중요한 영향을 미치는 상황이 발생하면 그 내용이 기재된 보고서를 공시하는 것이다. 지분공시는 기업의 소유구조 변경과 관련한 내용을 알리는 것으로 임원, 주요주주의 특정증권 소유상황 보고, 주식 등의 대량보유상황 보고, 공개매수신고, 의결권대리행사권유 공시가 있다. 기타공시로는 자기주식 취득·처분 공시, 주식매수선택권 부여에 관한 신고, 주주총회소집보고 등이 있다.

금융감독원 보도자료에 따르면, 금융감독원은 2016년 공시의무를 위반한 185건(지분공시 제외)에 과징금 부과, 증권발행제한 등의 제재 조치를 부과하였다. 발행공시 위반이 74건(40%)으로 가장 많았고, 주요사항보고서 위반 54건(29%), 정기공시 위반 51건(28%) 순이었다.

〈 공시유형별 제재조치 현황 〉 (단위 : 건, %)

구 분	2014년	2015년	2016년
발행공시	6(9.5)	7(5.6)	74(40.0)
정기공시	29(46.0)	34(27.0)	51(27.6)
주요사항보고서	24(38.1)	69(54.8)	54(29.2)
기타공시	4(6.4)	16(12.7)	6(3.2)
합 계	63(100.0)	126(100.0)	185(100.0)

출처 : 금융감독원 2017. 2. 24.자 보도자료 “2016년 공시의무 위반 조치현황 및 주의사항”

자본시장법은 자본시장의 투명성과 공정성을 위해 증권 발행인 또는 관련자에게 정보제공의무, 즉 공시의무를 부과하였지만 공시의무 위반 모두를 자본시장 불공정거래로 취급하지는 않는다. 이하에서는 공시의무 중에서 불공정거래로서 논의되는 ‘임원, 주요주주의 특정증권 소유상황 보고의무’와 ‘주식 등의 대량보유상황 보고의무’를 살펴본다. 한편, 장내파생상품의 대량보유 보고는 공시사항은 아니나, 불공정거래 예방과 관련이 있으므로 함께 설명한다.

임원, 주요주주의 특정증권 소유상황 보고의무

먼저 '임원, 주요주주의 특정증권 소유상황 보고'는 임원, 주요주주가 보유한 해당 상장법인 특정증권의 소유현황 및 변동내역을 감독기관에 보고, 공시하도록 함으로써 내부자거래의 투명성을 제고하고 일반투자자의 투자판단 자료로 활용하기 위한 제도다.

구체적으로 특정증권 소유상황 보고의무를 부담하는 자는 상장법인의 임원, 주요주주다. 임원 또는 주요주주가 될 때 신규보고의무가 발생하고, 임원, 주요주주가 된 후 특정증권의 소유상황이 변동된 때 변동보고의무가 발생한다.

임원

특정증권 소유상황 보고의무자인 임원은 주주총회에서 선임된 당해 법인의 이사(사외이사 포함), 감사 및 "사실상 임원"을 말한다. "사실상 임원"에 해당하는지 여부는 회사의 내부 직제상 직위, 담당업무 및 전결권 범위, 급여수준 등을 종합적으로 고려하여 판단한다.

주요주주

주요주주는 ① 누구의 명의로 하든지 자기의 계산으로 의결권 있는 발행주식 총수의 10% 이상의 주식을 소유한 자, ② 의결권 있는 발행주식 총수의 10% 미만을 소유한 주주라 하더라도 임원의 임면 등 당해 법인의 주요 경영사항에 대하여 "사실상 영향력을 행사하는 주주"를 말한다.

보고대상은 상장법인 임원, 주요주주가 보유한 "특정증권"의 현황으로 특정증권은 다음과 같다.

i) 상장법인이 발행한 증권(일반사채권 제외)

ii) 상장법인이 발행한 증권과 관련된 증권예탁증권

iii) 위 증권, 증권예탁증권과 교환을 청구할 수 있는 해당 상장법인 이외의 자가 발행한 교환사채권

iv) 위 증권, 증권예탁증권, 교환사채권을 기초자산으로 하는 파생결합증권, 선물, 옵션 등 금융투자상품

파생결합증권

상장법인 A회사 대표이사가 된 B는 A회사의 주식을 한 주도 보유하고 있지 않지만 A회사 주식을 기초자산으로 하여 운영되는 ELS (Equity-Linked Securities)를 1억원 가량 보유하고 있다. B는 A회사가 발행한 주식을 기초자산으로 하는 파생결합증권(ELS) 보유하고 있으므로 임원으로서 특정증권 소유상황 보고를 하여야 한다.

주식 대차거래

상장 주식의 대여자나 차입자가 임원, 주요주주인 경우 대여자는 소유하는 특정증권의 감소를 원인으로, 차입자는 소유 특정증권의 증가를 원인으로 각 특정증권 소유상황 보고를 하여야 한다.

임원, 주요주주의 특정증권 소유상황 보고 중 신규보고는 최초로 임원 또는 주요주주가 되었을 때 소유하는 당해 법인의 특정증권의 소유현황을 임원, 주요주주가 된 날부터 5영업일 이내에 증권선물위원회와 한국거래소에 보고하는 것이며, 변동보고는 임원, 주요주주 소유 특정증권에 변동이 있는 경우 그 내용을 변동된 날부터 5영업일 이내에 증

권선물위원회와 한국거래소에 보고하는 것이다.

신규보고는 보고의무 면제사유가 없어 특정증권을 1주라도 취득하였다면 보고하여야 하나, 변동보고는 특정증권의 변동 수량이 1천주 미만이고, 누적 취득 또는 처분금액이 1천만원 미만이면 보고의무가 면제된다.

임원, 주요주주의 특정증권 소유상황 보고 내용은 금융감독원 전자공시시스템 및 한국거래소 상장공시시스템에 공시되어 일반투자자들이 확인할 수 있다.

임원, 주요주주가 특정증권 소유상황 보고의무를 위반하면 1년 이하의 징역 또는 3천만원 이하의 벌금으로 처벌되며, 특정증권 소유상황 보고의무와 관련한 증권선물위원회의 조사요구에 불응하면 3년 이하의 징역 또는 1억원 이하의 벌금으로 처벌된다.

주식 등의 대량보유상황 보고의무

주식 등의 대량보유상황 보고의무는 경영권 경쟁자 및 투자자에게 상장법인의 지배권 변동 가능성에 관한 정보를 제공하여 증권시장의 투명성을 제고하고, 지배권 경쟁의 공정성을 확보하기 위한 제도다.[5] 흔히 '5% Rule'이라고 한다.

주식 등의 대량보유상황 보고의무는 다음과 같이 신규보고, 변동보고, 변경보고로 구분된다.

---

5) 일반적으로 '주식 등의 대량보유상황 보고제도'의 취지를 위와 같이 설명하나, 주식 등의 보유 목적을 발행인의 경영권에 영향을 주기 위한 것으로 보고하는 자는 대량보유상황 보고의무 발생일부터 보고일 후 5일까지 의결권 행사 및 추가 취득이 금지되므로(소위 '냉각기간') 기존 상장회사 대주주 모르게 주식을 5%이상 취득하는 것은 사실상 불가능하다. 따라서 '주식 등의 대량보유상황 보고의무'는 사실상 상장회사 대주주의 강력한 경영권 방어수단으로도 기능하고 있다.

① **신규보고** : 주권상장법인의 주식 등을 5% 이상 보유하게 된 경우
② **변동보고** : 주식 등을 5% 이상 보유한 이후 보유비율이 1% 이상 변동된 경우
③ **변경보고** : 보유목적, 보유 주식 등에 관한 주요계약의 내용 또는 보유형태가 변경된 경우(단, 주식 등에 관한 주요계약 내용의 변경 및 보유형태의 변경[6])은 경영참가 목적인 경우에 한하여 변경보고 의무발생)

결국 주식 등의 대량보유상황 보고의무는 본인과 특별관계자의 보유지분을 합산하여(참고로 임원, 주요주주의 특정증권 소유상황 보고의무에서는 특별관계자의 주식 소유상황은 합산하지 않는다) 보고 유형에 해당할 경우 보유상황 및 변동·변경 내용을 금융위원회와 한국거래소에 보고해야 할 의무를 말한다.

주식 등의 대량보유상황 보고의무는 통상 주식 등을 직접 소유하게 된 때 발생하지만, 주식 등을 직접 소유하지 않더라도 "소유에 준하는 보유"로 인정되는 때에도 발생한다. 소유에 준하는 보유에는 법률의 규정 또는 계약에 따라 주식 등의 인도청구권을 갖는 경우, 법률의 규정 또는 금전의 신탁계약 · 담보계약 · 투자일임계약 기타 계약에 의하여 당해 주식 등의 취득 또는 처분권한이나 의결권을 갖는 경우, 매매예약완결권, 옵션, 주식매수선택권 행사에 의하여 매수인 지위를 가지는 경우 등이 있다.

다만, 보유 주식 등에 대한 신탁 · 담보 · 대차계약, 그 밖의 주요계약의 체결, 변경 및 보유형태의 변경은 대상 주식 수가 발행주식총수의 100분의 1 이상인 때만 보고의무가 발생한다.

6) 소유와 소유에 준하는 보유 간 변경, 예를 들면 주식매수청구권 행사로 주식을 교부 받은 경우

주식 등의 대량보유상황 보고의무 - 담보계약

상장회사 주식에 대한 담보계약의 경우 담보설정자는 경영참가 목적의 기존 대량보유상황 보고자이고 담보주식이 발행주식 총수의 100분의 1 이상일 때 주식 등의 대량보유상황을 보고해야 한다(**변경보고**). 한편, 상장회사 주식에 대한 담보계약 체결만으로는 담보권자가 주식 처분권한을 취득하였다고 볼 수 없어 담보권자에게 대량보유상황 보고의무가 발생하지 않고, 담보계약상 기한이익 상실 등으로 담보권자가 담보주식에 대한 처분권한을 취득할 때 "소유에 준하는 보유"가 되므로 그 때 대량보유상황을 보고하여야 한다(**신규보고**).

주식 등의 대량보유상황 보고의무 - 대차계약

주식대차거래는 민법상 소비대차에 해당하여 주식 차입자에게 주식의 소유권이 이전되므로, 5% 이상의 상장주식을 차입한 자는 주식 대량보유상황을 보고하여야 하며(**신규보고**), 주식 대여자는 기존 경영참가 목적 대량보유상황 보고자이고 대차주식이 발행주식 총수의 100분의 1 이상일 때 주식 대량보유상황을 보고하여야 한다(**변경보고**).

대량보유상황 보고 대상인 '주식 등'에는 의결권 있는 주식에 관계되는 것으로 주권상장법인이 발행한 주권, 신주인수권증권, 신주인수권증서, 전환사채권, 신주인수권부사채권, 교환사채권, 파생결합증권(권리의 행사로 기초자산을 취득할 수 있는 것만 해당) 및 위 증권과 관련된 주권상장법인 외의 자가 발행한 증권예탁증권(DR), 교환사채권, 파생결합증권(권리의 행사로 기초자산을 취득할 수 있는 것만 해당)이 있다.

주식 등의 대량보유상황 보고의무 대상 – 파생결합증권

상장법인 A회사 대표이사가 된 B는 A회사 주식을 기초자산으로 하여 운영되는 ELS(Equity–Linked Securities) 1억원 가량 보유하고 있으나, ELS의 권리행사로 A회사 주식을 취득하는 것이 아니라 단지 중도상환일 또는 만기일에 상환되는 현금을 수령할 뿐이므로 B는 아무리 많은 금액을 ELS에 투자하였다 하더라도 주식 등의 대량보유상황 보고의무는 부담하지 않는다.

※ **유의할 점** : 임원, 주요주주의 특정증권 소유상황 보고의무에서는 임원, 주요주주가 해당 법인의 주식을 기초자산으로 하는 파생결합증권(ELS, DLS등)을 소유하기만 하면 현금청산 여부를 불문하고 보고의무가 발생한다.

한편, 의결권 있는 주식 10% 이상을 보유한 주요주주가 보유 주식 2%를 매도하는 사례와 같이 주식 등의 대량보유상황 보고의무와 주요주주의 특정증권 소유상황 보고의무의 요건을 모두 갖추는 경우가 있다. 주식 등의 대량보유상황 보고의무와 주요주주의 특정증권 소유상황 보고의무는 각 의미와 목적이 고유한 것으로 각 요건을 갖추었다면 모두 보고의무를 이행하여야 한다.

주식 등의 대량보유상황 보고를 하지 않은 자 또는 대량보유자와 특별관계자에 관한 사항, 보유 목적, 보유 또는 변동 주식의 종류와 수 등을 거짓으로 보고하거나 누락 기재한 자는 의결권 있는 발행주식 총수의 5% 초과 부분에 대하여 일정기간 동안 의결권 행사가 금지되며 금융위원회는 발행주식 총수의 5%를 초과한 부분에 대하여 6개월 이내의 기간을 정하여 처분을 명할 수 있다.

주식 등의 대량보유상황 보고서류 또는 금융위원회의 정정요구에 따른 보고서 중 중요한 사항에 관하여 거짓의 기재 또는 표시를 하거나 중요한 사항을 기재 또는 표시하지 아니한 자는 5년 이하의 징역 또는 2억원 이하의 벌금에, 주식 등의 대량보유상황을 보고하지 않은 자는 3년 이하의 징역 또는 1억원 이하의 벌금으로, 주식 등의 대량보유상황 보고의무 위반을 원인으로 하는 금융위원회의 주식 등 처분명령을 위반한 자는 1년 이하의 징역 또는 3천만원 이하의 벌금으로 각 처벌된다.

또한 주식 등의 대량보유상황을 보고하지 않았거나, 대량보유상황 보고서의 중요사항에 허위기재 또는 누락기재를 한 경우에는 해당 주식 시가총액에 10만분의 1을 곱한 금액(5억원을 초과하는 경우에는 5억원) 내에서 과징금이 부과될 수 있다.

대량보유상황보고서 보유목적 거짓기재

A는 상장법인 주식 8%를 취득하면서 사실은 보유목적 단순투자임에도 불구하고 대량보유상황보고서에 허위로 투자 목적을 경영권 참여로 기재하였다. 이후 상장법인 주가는 경영권 분쟁 예상 등이 호재로 작용하여 급등하였고, A는 주식을 전부 매도하여 이익을 얻었다.

☞ A는 주식 등 대량보유 보고의무 위반과 부정거래행위로(자본시장법 제 178조 제1항 제2호)로 처벌 받는다.

참고로 주식 등의 대량보유상황 보고의무는 주식 등의 보유목적(경영참가 또는 단순투자)에 따라 보고방법이나, 변경보고사유가 달라진다. 그 내용은 다음과 같다.

〈 보유목적에 따른 대량보유상황 보고의 차이점 〉

구분	경영참가 목적	단순투자 목적
보고서 서식	일반서식	약식서식
보유형태별 보유내역	기재	미기재
자금등의 조성내역	기재	미기재
냉각기간	적 용	미적용
보고기한	5영업일	신규보고 : 5영업일, 변동보고 : 다음달 10일
변경보고사유	보유목적 변경 주요계약 체결 · 변경 보유형태 변경	보유목적 변경

장내파생상품의 대량보유 보고의무와 파생상품시장 정보의 누설 · 이용 금지

자본시장의 불공정거래로 논의되는 공시제도에 부가하여 살펴 볼 내용은 '장내파생상품의 대량보유 보고의무'와 '파생상품시장 정보의 누설·이용 금지'다.

장내파생상품의 대량보유 보고의무는 장내파생상품을 대량으로 보유하거나(예 : 코스피200을 대상으로 하는 장내파생상품은 10,000계약), 보유하는 장내파생상품 수량이 대규모로 변동된 경우(예 : 코스피 200 지수를 대상으로 하는 장내파생상품은 2,000계약) 그 보유상황을 금융위원회와 한국거래소에 보고하여야 할 의무를 말한다. 장내파생상품의 대량보유 및 변동보고 의무를 위반하거나 거짓으로 보고한 자는 3천만원 이하의 과태료가 부과될 수 있다.

파생상품시장 정보의 누설·이용 금지는 파생상품시장의 시세에 영향을 미칠 수 있는 정보를 업무와 관련하여 알게 된 자와 그 자로부터 정보를 전달받은 자는 정보를 누설하거나 장내파생상품 및 그 기초자산의 거래에 이용하거나, 타인으로 하여금 이용하게 하여서는 안 된다는 내용이다. 파생상품시장 정보의 누설·이용 금지 규정을 위반한 자는 3년 이하의 징역 또는 1억원 이하의 벌금으로 처벌된다.

7. 내부자의 단기매매차익 반환제도

단기매매차익 반환제도는 주권상장법인의 임·직원 또는 주요주주가 주식 등 금융투자상품의 단기매매에서 이익을 취하였다면 미공개중요정보의 이용 여부를 불문하고 그 이익을 회사에 귀속시킬 수 있도록 한 제도다.

자본시장법은 주권상장법인 내부자의 부정한 거래를 예방하기 위해 미공개중요정보 이용행위 금지제도와 단기매매차익 반환제도를 규정하고 있다. 미공개중요정보 이용행위 금지제도가 부정한 내부거래자의 처벌에 주안점을 두고 있다면 단기매매차익 반환제도는 내부자거래에서 발생한 이익의 환수에 주안점을 두고 있다.

단기매매차익 반환 의무자는 주권상장법인의 임원, 직원, 주요주주다. 여기에서 '임원'은 등기 여부나 명칭 여하를 불문하고 상장법인의 업무를 집행할 수 있는 자를 의미한다. 상장법인의 대표이사, 사장, 부사장, 전무, 상무, 이사, 본부장 등의 직함을 가진 자들이 '임원'에 해당한다. 단기매매차익 반환의무를 부담하는 '직원'은 상장법인의 모든 직원이 아니라 상장법인 내부정보와 관련된 재무·회계·기획·연구개발·

공시 담당부서에 근무하는 직원에 한정된다. 마지막으로 '주요주주'는 의결권 있는 발행주식 총수의 100분의 10 이상의 주식을 소유한 자와 의결권 있는 발행주식 총수의 100분의 10 미만을 소유하고 있더라도 임원의 임면 등 상장법인의 주요 경영사항에 대하여 사실상 영향력을 행사하는 주주를 말한다.

주권상장법인 임·직원은 금융투자상품의 매도 또는 매수 어느 한 시점에 임·직원이면 단기매매차익 반환의무자에 해당하므로 퇴사 후에 매매를 하였어도 단기매매차익 반환의무가 발생할 수 있다. 반면, 주권상장법인의 주요주주는 금융투자상품의 매도, 매수 시점 모두 주요주주이어야 단기매매차익 반환의무자에 해당하므로 금융투자상품의 매도 또는 매수 어느 한 시점에 주요주주가 아니었다면 단기매매차익 반환의무를 부담하지 않는다.

한편, 단기매매차익 반환제도는 주권상장법인이 모집·사모·매출하는 특정증권을 인수한 투자매매업자(증권회사)에게도 적용된다. 투자매매업자가 인수계약을 체결한 날부터 3개월 이내에 특정증권을 매수 또는 매도하여 그 날부터 6개월 이내에 매도 또는 매수하여 이익을 얻었다면 그 이익은 해당 주권상장법인에 반환하여야 한다. 다만, 인수계약에 따른 특정증권의 취득이나 인수한 특정증권의 처분은 단기매매차익 반환 대상 거래에 해당하지 않는다.

즉, 증권회사는 인수한 증권의 단기매매로 차익이 발생하였다 하더라도 반환의무를 부담하지 않으나, 인수한 증권 이외 특정증권의 단기매매로 발생한 이익은 반환하여야 한다.

생산직 직원의 단기매매차익 반환 여부

자동차 클러치를 생산하는 코스닥기업의 공장에서 클러치 조립업무를 수행하는 직원 A는 회사가 크게 성장할 것이라고 생각하여 회사주식 1억원 상당을 매수하였고, 매수 후 3개월 만에 주가가 두 배로 오르자 주식을 모두 매도하여 1억원의 이익을 얻었다. A는 단기매매차익 반환의무를 부담하는가?

☞ A는 단기매매차익 반환의무를 부담하는 재무 · 회계 · 기획 · 연구개발 · 공시 담당부서 직원이 아니므로 회사 주식 매매로 얻은 1억원을 회사에 반환할 의무가 없다.

주권상장법인 임직원, 주요주주의 단기매매차익 반환의무는 모든 금융투자상품의 거래에 적용되는 것이 아니라 다음과 같은 '특정증권'의 매매에만 적용된다.

i) 상장법인이 발행한 증권(일반사채권 제외)

ii) 상장법인이 발행한 증권과 관련된 증권예탁증권

iii) 위 증권, 증권예탁증권과 교환을 청구할 수 있는 해당 상장법인 이외의 자가 발행한 교환사채권

iv) 위 증권, 증권예탁증권, 교환사채권을 기초자산으로 하는 파생결합증권, 선물, 옵션 등 금융투자상품

또한 '매매'는 특정증권의 소유권이 이전되고 대가가 지급되는 매도, 매수를 의미하므로 상속이나 증여에 따른 무상취득, 주식배당, 주식분할, 주식병합에 따른 주식취득은 '매매'에 해당하지 않는다. 다만 교환은 목적물에 일정한 가격을 정한 경우에는 매매에 준하여 처리 하고, 제3자배정 유상증자에 따른 신주발행 과정에서 주식을 배정받은 경우

에도 매수로 취급한다. 한편, 대법원은 양 당사자 간 거래 성립의사가 합치된 통정매매는 '매매'에 해당하여 단기매매차익 반환대상이지만, 양 당사자 간 거래성립 의사가 합치된 것으로 볼 수 없는 가장매매는 '매매'에 해당하지 않아 단기매매차익 반환대상이 아니라고 판단하였다. 결국 법원은 단기매매차익 반환의 대상이 되는 '매매'에 해당하는지 여부를 거래 형식 이외에도 거래의 성격이나 거래의 동기 및 결과 등을 종합적으로 고려해서 판단하고 있다.

주권상장법인의 임직원, 주요주주의 특정증권 매매가 단기매매차익 반환의 대상이 되기 위해서는 매매시기에 관한 요건도 충족하여야 한다. 즉, 상장법인의 임직원, 주요주주가 특정증권을 매수한 후 6개월 이내에 매도하거나, 매도한 후 6개월 이내에 매수하여 이익을 얻어야 한다. 6개월 이내의 기산점이 되는 '매수한 후'와 '매도한 후'는 결제일이 아닌 계약 체결일을 기준으로 한다.

증권선물위원회는 내부자의 단기매매차익 발생을 알게 된 경우 해당 주권상장법인에 그 사실을 통보하여야 하고, 상장법인은 통보 받은 내용을 지체 없이 인터넷 홈페이지 등을 이용하여 공시하여야 한다.

증권선물위원회의 단기매매차익 발생사실 통보나 언론 보도로 단기매매차익 반환대상 거래가 드러나면 반드시 단기매매차익을 반환시켜야 한다. 문제는 단기매매차익 반환의 1차적인 청구권자인 해당 주권상장법인이 반환청구를 게을리 하는 경우다. 이 때 해당 상장법인의 주주는 상장법인으로 하여금 단기매매차익을 얻은 자에게 단기매매차익 반환청구를 하도록 요구할 수 있으며, 상장법인이 주주의 요구를 받은 날로부터 2개월 이내에 단기매매차익 반환청구를 하지 아니하면 주주는 상장법인을 대위하여 직접 단기매매차익 반환청구를 할 수 있다.

단기매매차익 반환청구 소송에서 주주가 원고이더라도 단기매매차익의 귀속처는 주주가 아닌 해당 상장법인이다. 다만, 단기매매차익 반환청구 소송에서 원고인 주주가 승소한 경우 주주는 해당 상장법인에 소송비용, 그 밖에 소송으로 발생한 모든 비용을 청구할 수 있다.

이러한 단기매매차익 반환청구권은 임직원, 주요주주가 그 이익을 취득한 날부터 2년 이내에 행사하지 아니하면 시효로 소멸한다. 2년의 시효 기산일은 '이익을 취득한 날'이므로 주식 매매에서는 매매계약 체결일이 아닌 매매계약 체결일로부터 3영업일 후인 결제일이다.

한편, 거래의 성격, 기타 사정 등을 감안하여 법령에 따라 불가피하게 매매하는 경우, 모집·매출하는 특정증권의 청약에 따라 취득하는 경우, 주식매수선택권의 행사에 따라 주식을 취득하는 경우 등은 단기매매차익 반환의무가 면제된다.

주권상장법인의 임직원, 주요주주가 단기매매 과정에서 미공개중요정보 이용행위 등 다른 법령을 위반하였다면 단기매매차익 반환의무를 부담하는 이외에 행위에 상응하는 형사상, 행정상 책임을 부담하여야 한다.

8. 금융위원회의 불공정거래 조사·처리절차 및 증권범죄합동수사단

자본시장 불공정거래는 자본시장법을 위반하여 증권, 파생상품을 거래하거나 거래 상대방을 속여 부당한 이득을 취하는 일체의 거래로서 행정상, 형사상 제재의 대상이 되는 행위를 의미한다. 자본시장 불공정거래에는 앞에서 본 미공개중요정보 이용행위, 시세조종행위, 부정거래행위, 시장질서교란행위, 공매도 제한규정 위반행위, 임원·주요주주의 주식 소유상황 보고의무 위반행위, 주식 등의 대량보유 보고의무(소위 5% Rule) 위반행위, 장내파생상품의 대량보유 보고의무 위반행위 및 각종 신고·공시의무 위반 등이 포함된다.

자본시장 불공정거래는 대체로 자본시장 감독, 감시 업무를 담당하는 금융감독원, 금융위원회의 행정조사가 먼저 이루어진다. 금융감독원, 금융위원회의 행정조사에서 불공정거래로 인정되면 형벌법규 위반 사안은 검찰에 고발, 통보하고, 그 외의 사안은 과징금·과태료 부과, 증권발행제한, 시정명령, 경고 조치를 취한다.

구체적인 금융감독원, 금융위원회의 불공정거래 조사, 처리 절차는 다음과 같다.

불공정거래 조사 단서

금융위원회의 불공정거래 조사는 통상 금융감독원의 불공정거래 인지와 한국거래소의 불공정거래 혐의 통보로 시작된다.

금융위원회의 지도·감독에 따라 금융기관을 검사·감독하는 금융감독원은 내부 공시·회계 감독부서의 통보, 검찰 등 행정기관의 조사요청, 민원인 제보, 공시·뉴스·풍문 감시를 통해 불공정거래를 인지한다.

한국거래소 시장감시위원회는 증권시장과 파생상품시장 이상거래 심리, 회원 감리를 통해 불공정거래 혐의를 포착하면 그 내용을 금융위원회(금융감독원)와 검찰에 통보하고 있다. 자본시장 불공정거래 조사에 필요한 물적 시스템과 인적 전문성을 보유한 한국거래소의 불공정거래 혐의 통보는 불공정거래 조사에 가장 중요한 단서가 된다.

〈 혐의 유형별 한국거래소 혐의통보(금융위원회, 검찰) 실적 〉

(단위 : 건, %)

혐의 유형	2014년	2015년	2016년
부정거래	12	10	22
시세조종	54	52	57
내부자거래	50	48	88
보고의무 위반	14	16	5
기 타	2	4	5
총 계	132	130	177

출처 : 한국거래소 2017. 3. 2.자 보도자료 "2016년도 불공정거래 발생 종목의 특징 분석"

한국거래소의 불공정거래 혐의 통보를 포함하여 2014년부터 2016년까지 금융감독원에 접수된 불공정거래 사건의 조사 단서별, 시장별 현황은 다음과 같다.

〈 금융감독원 불공정거래 사건 접수현황 〉 (단위 : 건)

구 분		2014년	2015년	2016년
금융감독원 자체인지 사건		106	87	81
한국거래소 통보 사건		72	64	127
합 계		178	151	208
시장별	유가증권	65	42	68
	코스닥	106	91	130
	파생상품 등	7	18	10

출처 : 금융감독원 2017. 1. 25.자 보도자료 “2016년 자본시장 불공정거래 조사현황 및 투자 유의사항”

사건 분류 및 담당

접수된 불공정거래 사건의 분류는 증권선물위원회, 금융위원회, 금융감독원, 한국거래소 임직원으로 구성된 불공정거래 조사·심리기관 협의회가 담당한다. 조사·심리기관협의회는 불공정거래의 규모, 방법, 사회적 파장 등을 기준으로 일반사건, 중요사건, 중대사건 및 긴급사건으로 분류한다.

불공정거래 조사·심리기관협의회에서 일반사건으로 분류된 불공정거래는 금융감독원 자본시장조사국에서 담당하고, 중요사건으로 분류된 불공정거래는 금융위원회 자본시장조사단이 담당한다.

한편, 일반적인 불공정거래 조사 절차는 금융감독원, 금융위원회의 사건 조사 내용을 기초로 증권선물위원회가 조치 내용을 심의, 의결한 후 검찰 고발·통보가 이루어지지만 수사기관의 신속한 수사가 필요한 “긴급사건”이나 수사기관의 강제수사가 필요한 “중대사건”으로 판단되면 금융감독원, 금융위원회가 사건을 조사하지 않고 곧바로 검찰에 통보한다. 이를 패스트트랙(Fast Track)이라고 한다.

결국 자본시장의 불공정거래 조사는 검찰이 긴급사건과 중대사건을, 금융위원회 자본시장조사단이 중요사건을, 금융감독원 자본시장조사국이 일반사건을 담당하는 체계다.

불공정거래 조사

금융위원회 자본시장조사단과 금융감독원 자본시장조사국의 불공정거래 조사는 혐의자, 관계인을 대상으로 ① 진술서, 장부, 서류, 기타 물건의 제출 요구, ② 출석요구, ③ 문답조사, ④ 현장조사, ⑤ 금융거래 추적, ⑥ 압수·수색 등의 방식으로 이루어진다.

① **진술서, 장부, 서류, 기타 물건의 제출 요구** : 진술서 제출 요구는 불공정거래 조사사항에 관한 사실과 상황에 대하여 혐의자, 관계인의 진술서를 제출 받는 조사 방식이며, 장부, 서류, 기타 물건의 제출 요구는 객관적인 자료 수집을 위하여 혐의자, 관계인에게 장부, 서류, 기타 물건을 제출 받는 조사 방식이다.

② **출석요구** : 출석요구는 불공정거래 조사 사항에 관한 증언을 받기 위하여 혐의자, 관계인에게 출석을 요구하는 조사 방식이다. 출석요구는 혐의입증을 위한 문답조사 목적으로 이루어지지만, 피조사자 입장에서는 억울한 부분에 대하여 소명할 수 있는 기회이기도 하므로 적극적으로 응할 필요가 있다. 특히 위법 혐의가 있음에도 정당한 사유 없이 출석요구에 불응할 경우에는 체포, 압수·수색 등 수사기관의 강제수사가 개시될 수 있다.

③ **문답조사** : 출석한 혐의자, 관계인과 대면하여 불공정거래 사실

과 관련한 질문을 하고, 답변을 청취한 후 문답서의 형태로 기록·관리하는 조사 방식이다. 문답조사는 자본시장법에 근거한 임의적 행정조사로서 수사기관에 수사의 단서를 제공하기 위한 사실관계 파악 절차라는 점에서 형사소송법에 근거한 수사절차와 구별된다. 하급심 법원은 불공정거래 혐의자에 대한 금융감독원의 문답조사는 수사기관의 적법한 수사가 아니어서 위법수집증거로서 증거능력이 없다고 판단하였다.

④ **현장조사** : 현장조사는 혐의자, 관계인의 사무소 또는 사업장에 찾아가 업무, 장부, 서류, 물건을 조사하는 방법이다. 현장조사를 실시하는 때에는 금융위원회가 발부한 조사명령서와 증표를 휴대·제시하여야 한다.

⑤ **금융거래추적** : 금융감독원, 금융위원회는 불공정거래 조사에 필요한 경우 금융투자업자, 한국거래소를 비롯한 금융투자업 관계기관에 조사에 필요한 금융거래자료 제출을 요구할 수 있다

⑥ **압수, 수색** : 금융위원회는 불공정거래 조사를 위하여 필요한 경우 법관으로부터 영장을 발부 받아 물건을 압수하거나 사업장을 수색할 수 있다(자본시장법 제 427조). 불공정거래 조사 관련 금융위원회의 압수·수색 권한은 자본시장법이 시행된 2009년 이전부터 제도화 되었으나, 수사 인력 등의 문제로 활용되지 못하다가 자본시장조사단의 출범 이후인 2015년 최초로 이용되기 시작하여 점차 활용도를 높여가고 있다.

⑦ **통신사실조회, 출국금지 등 특별사법경찰관리의 직무** : 2016년 개정된 『사법경찰관리의 직무를 수행할 자와 그 직무범위에 관한 법률』에 따르면, 금융위원회에 근무하며 자본시장 불공정거래 조사·단속 등에 관한 사무에 종사하는 국가공무원은 금융위원회 위원장의 제청과 관할 지방검찰청검사장의 지명으로 특별사

법경찰관 또는 특별사법경찰리의 직무를 수행한다. 하지만 금융위원회 소속 공무원이 특별사법경찰관이나 특별사법경찰리로 지명되면 금융위원회 조사에 검사의 수사지휘를 받아야 한다는 껄끄러운 문제가 발생하여 적극적으로 활용되지 못하고 있다.

처리의견서 및 조사결과처리안 작성

금융위원회 자본시장조사단과 금융감독원 자본시장조사국은 불공정거래 조사결과를 토대로 조사의 범위, 조사의 전말, 위법행위자, 위법사실, 처리의견 등을 기재한 처리의견서 및 조사결과처리안을 작성한다.

조치예정 사전통지

금융감독원, 금융위원회는 불공정거래 조사결과 『자본시장조사 업무규정』에 따라 조치할 경우 조치예정일 10일 전까지 당사자에게 조치의 제목, 조치 원인사실과 조치내용 및 법적 근거, 의견 제출에 관한 사항을 통지한다. 다만, 조사한 사안을 수사기관에 고발·통보하거나 공공의 안전 또는 복리를 위하여 긴급히 조치할 필요한 경우에는 사전통지를 아니할 수 있다.

자본시장조사심의위원회 심의

자본시장조사심의위원회(이하 "자조심")는 증권선물위원회의 자문기구로서 금융위원회 자본시장조사단과 금융감독원 자본시장조사국이 작성한 불공정거래행위 처리의견서 및 조사결과처리안을 심의한다.

자조심 위원은 ① 증권선물위원회 상임위원(자조심 의장), ② 금융위원회 자본시장국장 또는 금융위원회 3급 이상 공무원 중에서 금융위원회 위원장이 지명하는 1명, ③ 금융위원회 법률자문관, 감독원 공시·조사 담당 부원장보, ④ 금융관련법령에 전문지식을 보유하거나 증권·선물에 관한 학식과 경험을 보유한 변호사, 교수 등 전문가 중에서 증권선물위원회 위원장이 위촉하는 3인, ⑤ 자본시장조사단 조사담당관으로 구성한다.

자조심 회의는 재적위원 3분의 2 이상의 출석으로 성립하고 출석위원 과반수의 찬성으로 의결한다. 다만, 가부동수인 경우에는 의장이 결정한다.

자본시장조사단 책임자 또는 금융감독원 사건담당부서 책임자는 자조심 회의에 출석하여 위원의 질문에 답변할 수 있으며, 자조심이 필요하다고 인정하는 때에는 조사담당자 기타 참고인을 출석시켜 의견을 진술하게 할 수 있다.

증권선물위원회 심의, 의결

자조심의 심의를 거친 처리의견서 및 조사결과처리안은 증권선물위원회의 심의, 의결을 거쳐 확정된다. 증권선물위원회는 위원장 1명을 포함한 5명의 위원으로 구성하며, 3명 이상의 찬성으로 의결한다.

한편, 증권의 발행 및 유통 규제와 관련한 처리안 중 ① 5억원을 초과하는 과징금의 부과, ② 1개월 이상의 업무 전부 정지, ③ 지점, 영업소 폐쇄조치 등 중요 사안은 금융위원회에서 의결한다.

조치내용 및 불복방법

금융위원회는 확정된 처리의견서 및 조사결과처리안에 따라 수사기관에 고발 또는 통보, 과징금·과태료 부과, 증권발행제한, 시정명령을 할 수 있으며, 금융투자업자 임직원에 대해서도 징계 또는 징계요구, 주의·경고 등의 조치를 할 수 있다.

① **고발 · 수사기관 통보** : 조사결과 형사처벌에 해당하는 불공정거래 사실이 발견되면 원칙적으로 혐의자를 수사기관에 고발 또는 통보하며, 자본시장법 위반사항이 아닌 횡령·배임 등 다른 법규 위반사항이 발견되면 그 내용을 수사기관에 제공한다.

② **과징금 부과** : 조사결과 공시의무 위반 및 시장질서교란행위 금지규정 위반이 인정되면 원칙적으로 다른 조치에 우선하여 과징금을 부과한다. 다만, 공시의무 위반 및 시장질서교란행위 사건에 장내파생상품의 대량보유 보고의무 위반행위, 미공개중요정보 이용행위, 시세조종행위, 부정거래행위 혐의가 있다고 인정하는 경우에는 검찰총장에게 그 내용을 통보하여야 하고, 검찰총장이 혐의자를 소추하기 위하여 관련 정보를 요구하면 해당 정보를 제공할 수 있다.

증권신고서, 공개매수신고서 공시의무 위반의 경우에는 당해 법인뿐만 아니라 당해 법인의 대표이사 등 개인에게도 과징금을 부과할 수 있다.

③ **과태료 부과** : 금융위원회는 조사결과 '자본시장법상 허용되지 아니하는 방법으로 상장증권을 공매도하거나 그 위탁 또는 수탁을 한 경우'나 '차입공매도 순보유잔고를 보고하지 아니하거나 순보유잔고 보고에 관하여 거짓의 기재 또는 표시를 한 경우'에는 과태료를 부과한다.

④ **증권발행 제한** : 금융위원회는 증권신고서, 투자설명서, 사업보고서 관련 공시의무 위반행위에 대하여 특정한 사유(최대주주 및 경영진의 실질적인 교체 후 기업회생절차 진행, 상장폐지 등)가 있으면 과징금 부과 대신 증권발행 제한조치를 할 수 있다.

⑤ **금융투자업자 및 그 임직원에 대한 징계** : 금융위원회는 불공정거래 행위자가 금융투자업자 또는 그 임원인 경우에는 직접 징계를 할 수 있으며, 금융투자업자 직원인 경우에는 금융투자업자에게 징계를 요구할 수 있다.

⑥ **기타 행정조치** : 금융위원회는 조사결과 불공정거래가 인정되나, 위반 정도가 경미하다고 판단되면 시정명령, 경고·주의 조치를 취하고 있다.

금융감독원, 금융위원회는 2016년 총 172건의 불공정거래 사건을 조사·종결하였는데, 172건 중 104건을 검찰에 고발·통보하였고, 45건을 자체적으로 행정조치(과징금 부과 등) 하였다.

〈 금융위원회의 불공정거래 사건 조치현황 〉 (단위 : 건)

구 분	2014년	2015년	2016년
검찰고발 · 통보	135	89	104
행정조치 등	36	36	45
무조치	24	47	23
합 계	195	172	172

출처 : 금융감독원 2017. 1. 25.자 보도자료 "2016년 자본시장 불공정거래 조사현황 및 투자 유의사항"

이러한 금융위원회의 조치에 불복하는 자는 조치를 고지 받은 날로부터 30일 이내에 이의신청을 할 수 있고, 처분성 조치에 대하여는 처분을 안 날로부터 90일 이내에 행정심판, 행정소송을 제기할 수 있다.

◆ 증권범죄합동수사단

□ 정부의 '주가조작 등 불공정거래 근절 종합대책'의 일환으로 2013. 5. 2. 서울중앙지방검찰청에 1기 『증권범죄합동수사단』이 설치되었다.

□ 서울남부지방검찰청 관할에 소재한 금융위원회, 금융감독원, 한국거래소 등 관계기관과의 협업관계를 더욱 확고히 하고자 2014. 2. 5. 서울남부지방검찰청으로 이전, 2기 『증권범죄합동수사단』이 출범하였다.

▶ 2기 증권범죄합동수사단 구성(단위 : 명)

구분	검찰 (검사)	금융 감독원	금융 위원회	한국 거래소	국세청	예보	서울 소방본부	서울 시청	합계
인원	21(6)	7	1	2	2	2	1	1	42

□ 『증권범죄합동수사단』은 증권회사 직원, 기관투자자, 증권방송인, 대주주 등의 주가조작, 상장법인 재무 · 홍보 담당직원이 증권회사 애널리스트에게 미공개중요정보를 제공하는 행위 등 증권시장의 구조적 · 고질적 비리를 중점 수사하고 있다.

□ 『증권범죄합동수사단』은 2015. 3.부터 『증권사범 집중검거반』을 편성, 운영하여 주가조작사범 중 주범에 해당하고 재범 가능성이 높은 실제 사주, 경영진, 시세조종 전문가 등 1차 검거 대상자를 선정하여 집중 추적, 검거하고 있다.

▶ 증권범죄사건 구속기소 비율

<table>
<tr><th>구분</th><th colspan="2">구속 비율(%)</th></tr>
<tr><td>2013년 검찰 인지사건 평균</td><td colspan="2">12.1</td></tr>
<tr><td rowspan="3">증권범죄합동수사단 평균
(2013~2014년)</td><td colspan="2">49.5</td></tr>
<tr><td>1기(2013.5.~2014.2.)</td><td>40.4</td></tr>
<tr><td>2기(2014.2.~2014.12.)</td><td>59.7</td></tr>
</table>

[참고] 불공정거래 적출기준(주식, 파생상품)

우리나라 증권회사들은 불공정거래를 예방하기 위해 아래와 같은 불공정거래 적출기준을 제정하여 자본시장 불공정거래를 감시하고 있다.

〈 현물(주식)시장 불공정거래 적출 기준(2017. 2. 6. 기준) 〉

항목	적출 기준
허수성 매매주문 1	– 허수성 주문 : 매도체결 후 5분내 매수호가 취소 또는 낮은 가격 정정 & 원매수주문 체결률 5% 이하 – 원매수주문 수량 또는 주문금액 : 원매수주문량 5,000주 이상 또는 원매수주문액 1,000만원 이상 – 원매수주문량의 매도량 대비 비율 : 150% 이상 – 매도체결수량 : 1,000주 이상 또는 매도체결금액 300만원 이상 – 허수성 행위횟수 : 종목구분 없이 최근 5일중 15회 이상 – 매수체결률 기준 : 매수체결률 70%(ETF는 15%) 이상인 경우는 제외 – 호가구분 : 조건부(IOC, FOK) 호가는 제외 – 상기 요건 충족하는 허수성행위의 횟수를 종목 구분 없이 산정하고, 허수2와 합산하여 5일중 15회 이상. 다만, 허수성 매매주문 2와 합산하여도 당일 허수성행위 횟수가 없는 날에는 적출 제외
허수성 매매주문 2	– 허수성 주문 : 1,000만원 이상 매수호가 제출 후 취소 & 원매수주문 체결률 5% 이하 – 매도체결 : 원매수주문 취소 후 30초 이내에 원매수주문 가격보다 높은 가격에서 매도체결 – 매도체결금액 비율 : 매도체결 합산금액이 원매수주문 금액의 70% 미만 – 매도체결수량 및 금액 : 매도체결수량 1,000주 이상 또는 매도체결금액 300만원 이상 – 허수성 행위횟수 : 종목구분 없이 최근 5일중 15회 이상 – 매수체결률 기준 : 매수체결률 70%(ETF는 15%) 이상인 경우는 제외 – 호가구분 : 조건부(IOC, FOK) 호가는 제외 – 상기 요건 충족하는 허수성행위 횟수를 종목 구분 없이 산정하고, 허수성 매매주문 1과 합산하여 5일중 15회 이상. 다만, 허수성 매매주문 1과 합산하여도 당일 허수성행위 횟수가 없는 날에는 적출 제외

가장 · 통정성 매매주문	– 매매당사자의 계좌번호 또는 IP주소 또는 고유번호가 동일한 경우 – 매매체결 수량 : 1,000주 이상 또는 매매체결금액 : 1,000만원 이상 – 가장 · 통정성행위 횟수 : 일일 종목당 2회 이상 관여
예상가 관여	– 계좌 주문관여율(매수 · 매도) : 20% 이상 – 계좌 정정/최소 주문관여율(매수 · 매도) : 20% 이상 – 계좌 주문대비 정정 · 취소율(매수 · 매도) : 90% 이상 – 시 · 종가 결정 전 5분간 취소 · 정정 호가량 : 1,000주 이상 – 예상가 관여일수 : 종목 구분 없이 5일중 2일 이상 관여
특정종목 매매집중 주문	① 종가의 5일간 주가상승률 40%이상. 다만, 종류주식의 경우 3일 전 보통주 가격괴리율 100% 이상을 동시에 만족 ② 당일 종목 매수체결관여율 5% 이상 ③ 상기 ① 을 만족하는 일자를 기준으로 5일간 ② 를 충족하는 일수가 2일 이상. 다만, 적출일은 해당종목 주가가 전일 대비 상승해야하며, ② 를 동시에 충족
종가관여 과대주문	**□ 매수종가 상승관여** 종가의 직전가 대비 주가상승률 : 1% 이상 계좌 종가상승 관여율 : 1% 이상 계좌 매수체결 관여율 : 25% 이상 계좌 매수체결량 300주 이상 또는 매수체결금액 500만원 이상 **□ 매도종가 하락관여** 종가의 직전가 대비 주가하락률 : 1% 이상 계좌 종가하락 관여율 : 1% 이상 계좌 매도체결 관여율 : 25% 이상 계좌 매도체결량 300주 이상 또는 매도체결금액 500만원 이상
분할주문	– 상한가 매수주문 건수 : 5회 이상 (거래소 기준 10회, 시장가 주문도 상한가 주문으로 간주) – 상한가주문을 시가시간대에 상한가 가격 미만으로 정정할 경우 주문횟수 산정 제외
유통성 결여 종류주식	– 보통주와 종류주간 괴리율 : 100% 이상 – 3일간 종류주 주가상승률 : 15% 이상 – 계좌 매수체결 관여율 : 10% 이상
미예탁 증권	– 기타매도 표기 호가 계좌 – 동일수량 선 매도후 재매수 계좌

매도주문	– T–10일~T–1일까지 순매수량이 양의 값이며, T일 선매도 수량보다 크거나 같으면 적출 제외
취소 · 정정호가 과다	– 계좌 주문관여율(매수 · 매도) : 20% 이상 – 계좌 정정/최소 주문관여율(매수 · 매도) : 50% 이상(수량 및 횟수 동시 만족) – 계좌 주문대비 정정 · 취소율(매수 · 매도) : 99% 이상 – 계좌 정정 · 취소 주문금액 : 5억원 이상 – 계좌 체결률 : 0.1% 미만 – 상기 요건에서 해당 계좌내 조건부(IOC, FOK)호가 제외
연속 상한가 관여과대	– 종가기준 2 영업일 이상 연속 상한가를 기록한 종목 – 주문관여율 5% 이상 – 체결관여율 : 5% 이상

〈 파생상품시장 불공정거래 적출 기준(2017. 2. 6. 기준) 〉

항목	적출 기준
허수성 주문	□ 지수선물, 주식선물, 선물스프레드, 지수옵션, 주식옵션 ① 주문관여율 : 2% 이상 ② 정정 · 취소주문 관여율 : 2% 이상 ③ 정정 · 취소율 : 70% 이상 ④ 주문수량 : 300계약 이상. 단, 코스피200선물 · 옵션, 미니코스피200선물 · 옵션, 코스피200변동성 지수선물의 경우는 600계약 이상 ⑤ 가중평균호가 스프레드(최우선호가대비) – 최근원물 : 10틱 이상 – 최근월물 이외의 종목 : 15틱 이상 □ 국채선물 ① 주문관여율 : 2% 이상 ② 정정 · 취소주문 관여율 : 2% 이상 ③ 정정 · 취소율 : 70% 이상 ④ 주문수량 : 300계약 이상 ⑤ 가중평균호가 스프레드 : 최우선호가대비 10틱 이상

	⑥ 계좌의 ⑤가중평균호가 스프레드 초과 호가 비율 : 70% 이상 □ 달러선물 ① 주문관여율 : 2% 이상 ② 정정 · 취소주문 관여율 : 2% 이상 ③ 정정 · 취소율 : 70% 이상 ④ 주문수량 : 300계약 이상 ⑤ 가중평균호가 스프레드 : 최우선호가대비 7틱 이상, 조정선물환 가격대비 7틱 이상 ⑥ 계좌의⑤가중평균호가 스프레드 초과호가 비율 : 70% 이상 – 조건부(IOC, FOK) 주문은 주문 및 취소수량에 미포함 – ①~⑥ 기준을 모두 만족하는 경우 ‘허수성 매매주문’으로 적출 □ CME연계 야간 글로벌시장 ① 주문관여율 : 2% 이상 ② 정정 · 취소주문 관여율 : 2% 이상 ③ 정정 · 취소율 : 70% 이상 ④ 주문수량 : 600계약 이상 ⑤ 가중평균호가 스프레드(직전가대비) – 최근원물 : 10틱 이상 – 최근월물 이외의 종목 : 15틱 이상 계좌의 ⑥ 가중평균호가 스프레드 초과 호가 비율 : 70% 이상 – ①~⑥ 기준을 모두 만족하는 경우 ‘허수성 매매주문’으로 적출
가장 및 통정매매	□ 최근월물 이외 ① 매매당사자의 계좌번호, IP주소, 실명번호 등이 동일한 경우 ② 가장성 매매체결 수량 : 100계약 이상. 단, 코스피200선물 · 옵션, 미니코스피200선물 · 옵션, 코스피200변동성 지수선물의 경우는 200계약 이상 ③ 체결관여율 : 2% 이상 ④ 체결횟수 : 5회 이상

<table>
<tr>
<td></td>
<td>
□ 최근월물
<table>
<tr><th>매매당사자간 IP주소 또는 고유번호 동일</th><th>매매당사자간 계좌번호 동일</th></tr>
<tr>
<td>① 가장성 매매체결 수량 : 500계약 이상(단, 코스피200선물 · 옵션, 미니코스피200선물 · 옵션, 코스피200변동성지수선물의 경우는 1,000계약 이상)
② 체결관여율 : 4% 이상
③ 체결횟수 : 5회 이상
④ 가장성매매 비율이 시장점유율 이상인 경우 적출(단, 가장성매매 비율이 30% 이상이면 시장점유율과 무관하게 적출)</td>
<td>① 가장성 매매체결 수량 : 300계약 이상(단, 코스피200선물 · 옵션, 미니코스피200선물 · 옵션, 코스피200변동성지수선물의 경우는 600계약 이상)
② 체결관여율 : 3% 이상
③ 체결횟수 : 5회 이상</td>
</tr>
</table>
□ CME연계 야간 글로벌시장
① 매매당사자의 계좌번호, IP주소, 실명번호 등이 동일한 경우
② 가장성 매매체결 수량 : 50계약 이상
③ 체결관여율 : 2% 이상
④ 체결횟수 : 2회 이상
</td>
</tr>
<tr>
<td>분할주문 감시</td>
<td>① 시 · 종가 상한가 종목의 상한가 매수주문 건수 : 15회 이상
② 시 · 종가 하한가 종목의 하한가 매도주문 건수 : 15회 이상
③ 상기 ① 또는 ②를 만족하는 경우, 다만, 상(하)한가 주문을 시가 및 종가 결정 전 취소 또는 상(하)한가 미만(초과)으로 정정한 경우 주문 횟수 산정에서 제외</td>
</tr>
<tr>
<td>예상가 관여</td>
<td>– 시 · 종가 종목의 정정, 취소율 : 70% 이상
– 계좌 주문관여율 : 50% 이상
– 계좌 정정 · 취소주문 관여율 : 70% 이상
– 계좌 주문대비 정정 · 취소율 : 99% 이상
– 계좌 주문수량 : 1,000계약 이상
– 예상가 급변주문 제출 : 시, 종가 결정 전 5분간 정정, 취소 주문
– 계좌 매매관여일수 : 5일중 2일 이상 관여</td>
</tr>
</table>

제 2장 불법금융투자업

1. 금융투자업과 불법금융투자업
2. 불법사금융 개요
3. 투자사기 – 유사수신행위와 투자금 모집방법

참고 : P2P 금융(크라우드펀딩과 P2P 대출)

1. 금융투자업과 불법금융투자업

자본시장법은 금융투자업을 기능에 따라 투자매매업, 투자중개업, 집합투자업, 투자자문업, 투자일임업, 신탁업으로 분류하고, 금융투자업을 영위하는 금융회사를 "금융투자업자"라고 정의한다. 실무적으로는 투자매매업이나 투자중개업을 기본으로 나머지 금융투자업의 전부 또는 일부를 수행하는 금융회사를 증권회사로, 집합투자업을 기본으로 투자자문업이나 투자일임업을 수행하는 금융회사를 자산운용회사로, 투자자문업과 투자일임업의 전부 또는 일부를 수행하는 금융회사를 투자자문회사로 부른다. 신탁업은 증권회사는 물론 은행이나 보험회사에서도 수행하고, 부동산 및 부동산 관련 권리만을 수탁하는 부동산신탁회사도 활발히 활동하고 있다.

금융투자업 중 투자매매업, 투자중개업, 공모펀드 운용 집합투자업, 신탁업을 영위하기 위해서는 금융위원회의 인가를 받아야 하고, 투자자문업, 투자일임업, 사모펀드 운용 집합투자업을 영위하기 위해서는 금융위원회에 등록하여야 한다. 금융투자업의 개별 영역을 간단하게 설명하면 다음과 같다.

"투자매매업"은 자기의 계산으로 금융투자상품의 매매, 증권의 발행, 인수 또는 금융투자상품의 매매, 증권의 발행, 인수 관련 청약의 권유, 청약, 청약의 승낙을 영업으로 하는 것을 말한다. 자기자본으로 금융투자상품을 계속, 반복적으로 거래하는 업무(Proprietary Trading), 증권 발행업무(ELS, DLS, ETN 등), 증권 인수업무(Under Writing)가 투자매매업에 해당한다.

"투자중개업"은 타인의 계산으로 금융투자상품의 매매와 그 매매 관련 중개, 청약의 권유, 청약, 청약의 승낙 또는 증권의 발행, 인수 관련 청약의 권유, 청약, 청약의 승낙을 영업으로 하는 것을 말한다. 증권회사 영업점에서 수행하는 주식 투자권유, 펀드 판매행위가 대표적인 투자중개업에 해당한다.

"집합투자업"은 집합투자를 영업으로 하는 것을 말한다. "집합투자"는 2인 이상의 투자자로부터 받은 금전을 투자자의 일상적인 운용지시를 받지 아니하면서 재산적 가치가 있는 투자대상자산으로 운용하고 그 결과를 투자자에게 배분하는 것을 말한다.

투자자로부터 받은 금전을 모아서 운용하는 집합투자기구를 "펀드"라고 한다. 펀드에는 50인 이상의 투자자에게 청약을 권유하는 공모펀드와 50인 미만의 투자자에게 청약을 권유하는 사모펀드가 있다. 사모펀드에는 헤지펀드라고 불리는 전문투자형 사모집합투자기구와 PEF(Private Equity Fund)로 불리는 경영참여형 사모집합투자기구가 있다.

"투자자문업"은 금융투자상품의 가치 또는 금융투자상품 투자 판단에 관한 자문에 응하는 업무다.

"투자일임업"은 투자자로부터 금융투자상품에 대한 투자 판단의 전부 또는 일부를 일임받아 투자자별로 재산 상태나 투자목적 등을 고려하여 금융투자상품을 운용하는 업무다. 투자일임업은 금융투자업자인 증권회사, 자산운용회사, 투자자문회사가 수행하고, 은행도 2016년 3

월부터 개인종합자산관리계좌(Individual savings account, ISA) 관련 투자일임업을 수행한다.

"신탁업"은 금전, 증권, 부동산 등 재산의 관리와 처분을 위해 투자자로부터 소유권을 이전 받는 신탁을 영업으로 하는 업무를 말한다. 신탁업은 증권회사는 물론 은행이나 보험회사에서도 수행하고 있다.

자본시장법에서는 정책적인 이유로 금융투자업으로 분류하지는 않았지만 투자자문업과 유사한 유사투자자문업과 크라우드펀딩 관련한 온라인소액투자중개업도 다루고 있다.

"유사투자자문업"은 투자자문업에 "유사(類似)"라는 부정적인 용어가 붙어 불법적인 것으로 오해할 수 있으나, 자본시장법에서 합법적으로 인정한 영역이다. 유사투자자문업은 불특정 다수인이 수신할 수 있는 간행물·출판물·통신물 또는 방송 등을 통하여 일정한 대가를 받고 금융투자상품에 대한 투자판단 또는 금융투자상품의 가치에 관한 투자조언을 하는 업무를 말한다. 유사투자자문업을 수행하기 위해서는 금융위원회에 신고하여야 한다. 2016년 말 기준으로 금융위원회에 유사투자자문업 신고를 한 개인사업자가 908개 업체, 법인사업자가 310개 업체다. 매출액 상위 10개 업체 중 6개 업체는 방송플랫폼 사업자이며, 이 중 4개 업체가 언론사의 계열사다.

"온라인소액투자중개업"은 온라인상에서 타인의 계산으로 발행하는 소액 채무증권, 지분증권, 투자계약증권의 거래를 중개하는 업무로 '크라우드펀딩 플랫폼'의 역할을 한다. 온라인소액투자중개업도 그 성격상 투자중개업에 해당하여 금융위원회의 인가를 받아야 하지만, 자본시장법은 크라우드펀딩 활성화를 위해 온라인소액투자중개업자가 되고자 하는 자가 금융위원회에 등록하는 경우 투자중개업 인가를 받은 것으로 간주하고 있다.

지금까지 금융투자업의 영역을 간단히 살펴보았다. 이제부터는 실질적으로 금융투자업을 수행하면서도 금융위원회의 인가를 받지 아니하거나 금융위원회에 등록, 신고하지 않은 불법금융투자업을 살펴본다.

금융감독원은 2016년 인터넷 홈페이지, 카페, 블로그 등을 집중 모니터링한 결과 209개 불법 금융투자업체를 적발하였다. 2015년 501개 업체가 불법금융투자업으로 적발되었다는 점을 감안하면 상당 수준 감소하였지만 여전히 불법 금융투자업체의 활동이 활발하다는 것을 보여주는 결과다.

〈 불법 금융투자업체 적발현황 〉 (단위 : 건)

유형/건수	무인가 투자중개	무인가 집합투자	무인가 투자매매	미등록 투자자문	미등록 투자일임	미신고 유사 투자자문	합계
2015년	486	5	0	3	0	7	501
2016년	189	1	2	5	2	10	209

출처 : 금융감독원 2017. 3. 31.자 보도자료 "2016년 불법 금융투자업체 적발·조치현황 및 소비자 유의사항"

무인가 투자중개업 – 선물·옵션계좌 대여

앞에서 본 바와 같이 투자중개업을 수행하기 위해서는 일정한 자본금, 전문인력 등 법적 요건을 갖추고 금융위원회 인가를 받아야 하지만 금융위원회 인가를 받지 않고 투자중개업을 불법적으로 수행하는 사례가 많다. 특히 "선물·옵션계좌 대여"가 가장 문제된다. 선물·옵션계좌 대여는 개인투자자에게 선물·옵션 거래를 할 수 있도록 계좌를 대여하고, 그 계좌에서 이루어지는 선물·옵션 거래를 중개하는 행위를 말한다. 선물·옵션계좌 대여는 적격개인투자자 제도와 밀접한 관련이 있다.

한국거래소는 개인투자자 보호와 파생상품시장의 건전성 유지를 위해 일정 수준의 위험감수능력과 투자능력을 보유한 개인투자자에게 단계적으로 선물·옵션 거래를 허용하는 "적격개인투자자 제도"를 시행하고 있다.

적격개인투자자 제도의 1단계로서 개인투자자가 선물 및 옵션 '매수' 거래를 하려면 기본 예탁금 3천만원, 20시간 이상의 사전교육 이수 및 50시간 이상의 모의거래 수행 등의 요건을 충족하여야 한다. 적격개인투자자 제도의 2단계로서 개인투자자가 모든 선물·옵션 거래를 하려면 기본 예탁금 5,000만원, 1단계 거래경험과 10시간 이상의 교육 이수, 파생상품계좌개설 후 1년 경과, 선물·옵션 거래일수 10일 이상 등 일정한 요건을 충족하여야 한다.

적격개인투자자 요건이 엄격하다 보니 시장에서는 적격개인투자자 제도를 회피하려는 움직임이 발생했다. 선물·옵션계좌 대여업체는 적격개인투자자 요건을 갖추지 못하여 적법하게 선물거래를 할 수 없는 개인투자자에게 증권회사 홈트레이딩 시스템(HTS) 또는 선물·옵션계좌 대여업체 자체적으로 만든 홈트레이딩 시스템(HTS)에서 선물·옵션 거래가 가능한 아이디와 비밀번호를 알려주는 방식으로 선물·옵션계좌를 대여한다. 선물·옵션계좌 대여업체는 투자자로부터 50만원에서 100만원 상당의 소액 보증금과 대여계좌에서 이루어지는 선물·옵션거래에 대한 중개수수료를 수취한다. 선물·옵션계좌 대여 거래의 기본구조는 다음과 같다.

〈 선물 · 옵션계좌 대여 거래의 기본구조 〉

선물·옵션계좌 대여 거래는 기본적으로 증권회사를 통해 한국거래소에 주문을 내는 방식으로 실행방법에 따라 다음과 같이 구분한다.

① 단순 대여형

② 초기 HTS형

③ 서브계좌 생성 HTS형

단순 대여형은 계좌 대여업체가 선물·옵션 거래 가능 계좌를 유치 또는 개설한 후 투자자에게 대여하고 투자자는 증권회사의 HTS를 이용하여 선물·옵션 거래를 하는 방법이다.

〈 단순 대여형 선물 · 옵션계좌 대여 주문 흐름도 〉

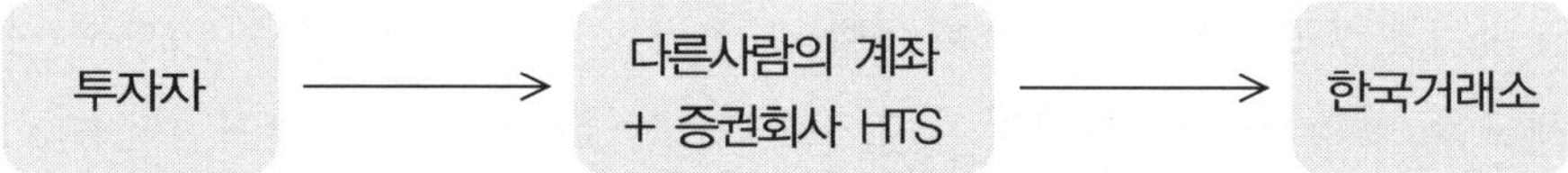

초기 HTS형은 정상적인 선물·옵션계좌를 개설하고 증권회사를 통해 한국거래소에 주문을 내는 방식은 단순 대여형과 같으나, 투자자가 직접 증권회사의 HTS를 이용하여 선물거래를 하는 방식이 아니라 대여업체가 직접 개발하거나 외부에서 구입한 자체 HTS를 이용하여 주문을 낸다는 점에서 단순 대여형과 차이가 있다.

〈 초기 HTS형 선물 · 옵션계좌 대여 주문 흐름도 〉

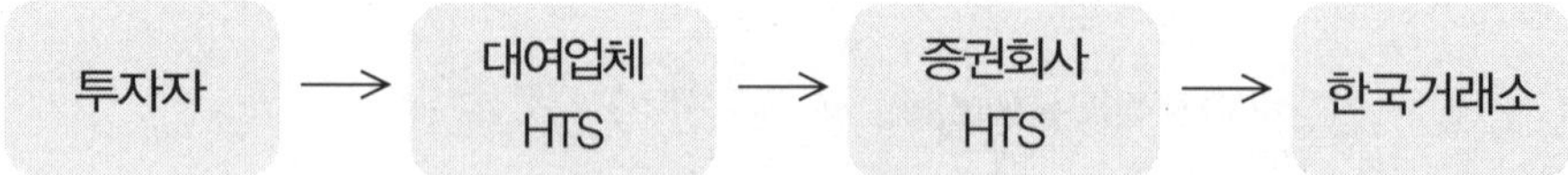

서브계좌 생성 HTS형은 초기 HTS형에서 발전한 유형으로 정상적으

로 개설한 선물·옵션 계좌를 대표계좌로 하여 다수의 서브계좌를 생성하고 자체 HTS를 이용하여 대표계좌와 서브계좌를 연계시키는 형태다.

〈 서브계좌 생성 HTS형 선물 · 옵션계좌 대여 주문 흐름도 〉

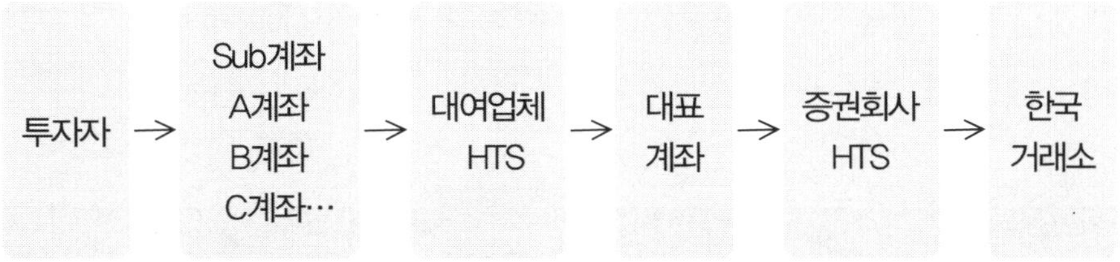

투자자	→	Sub계좌 A계좌 B계좌 C계좌…	→	대여업체 HTS	→	대표 계좌	→	증권회사 HTS	→	한국 거래소

대법원은 사설 선물거래 사이트를 개설하여 투자자를 모집한 다음 투자자에게 선물계좌를 대여하고 한국거래소를 통한 선물거래를 중개한 후 투자자로부터 일정액의 수수료를 수취하는 선물계좌 대여행위를 무인가 투자중개업에 해당한다고 보고 선물거래 중개업자를 자본시장법 위반죄(무인가 투자중개업)로 처벌하였다. 자본시장법은 무인가 투자중개업을 5년 이하의 징역 또는 2억원 이하의 벌금으로 처벌한다.

참고로 증권회사 직원이 개인투자자에게 선물·옵션계좌 대여업체를 알선하는 경우가 종종 있는데, 증권회사 직원은 선물·옵션계좌 대여행위 가담 정도에 따라 자본시장법 위반죄(무인가 투자중개업)의 공범으로 처벌될 수 있다.

또한 증권회사 직원이 투자자에게 선물·옵션계좌 대여업체를 알선해 주는 과정에서 선물·옵션계좌의 카드, 아이디, 비밀번호, 공인인증서 등을 명의인이 아닌 다른 투자자가 이용하도록 알선하였다면 『전자금융거래법』에서 금지하는 접근매체의 전달, 유통에 해당하여 3년 이하의 징역 또는 2천만원 이하의 벌금으로 처벌될 수 있으며, 『금융실명거래 및 비밀보장에 관한 법률』에서 금지하는 비실명거래 또는 차명금융거래 알선, 중개행위에도 해당하여 3천만원 이하의 과태료가 부과될 수 있다.

최근에는 선물·옵션뿐만 아니라 주식거래도 증권거래세 부담이 없고 투자금의 몇 배에 해당하는 금액을 대출받을 수 있다며 투자자를 유인하는 무인가 주식 중개업체도 증가하고 있다. 이러한 무인가 주식 중개업체의 영업행위도 선물·옵션계좌 대여와 유사한 불법성과 위험성이 있으니 투자자들은 현혹되지 않도록 유의해야 한다.

무인가 투자중개업 사례

▶ **소액증거금을 미끼로 투자자를 유인한 사례**

2016년 12월 ○○에셋은 소액증거금 50만원으로 선물 · 옵션 거래가 가능하다고 광고하면서 회원을 모집한 후 회원들을 대상으로 ○○에셋 명의의 증권계좌를 대여하고 자체 HTS프로그램을 제공하였다.

▶ **고액대출을 미끼로 투자자를 유인한 사례**

2016년 5월 갑은 무인가 투자중개업체 △△스탁으로부터 "주식에 투자하는 경우 투자금의 10배까지 자금을 빌려주겠다"는 전화를 받고, 본인 자금 249만원 및 △△스탁으로부터 빌린 2,000만원을 가지고 △△스탁이 제공한 대여계좌 및 HTS를 통해 주식을 매수하였다. 그런데 갑이 매수한 주식의 가격이 하락하자 △△스탁은 일방적으로 갑의 주식을 매도한 후 HTS를 차단하였다.

무인가 투자매매업? – 미니형 · 도박형 선물거래

무인가 투자매매업 관련하여 가장 큰 문제는 선물계좌 대여업체가 기업형으로 진화한 미니형·도박형 선물업체다.

'미니형 선물'은 선물계좌 대여업체가 사설 선물거래소 역할을 하는 방식이다. 즉, 한국거래소의 KOSPI200지수선물 등 선물 시세정보를 무단으로 자체 HTS에 탑재하여 투자자에게 제공하고, 선물 시세정보를 기초로 한 투자자의 선물거래 주문을 한국거래소로 보내지 않고 자체적으로 체결시켜 매매손익을 직접 정산한다. 미니형 선물의 계약체결 방식은 미니형 선물업체 스스로 선물 투자자의 거래상대방이 되는 '자기매매'가 대부분이며, 미니형 선물업체 이외의 제3자가 거래상대방이 되는 '위탁매매'를 하는 경우에도 한국거래소와 관계없이 자체로 확보한 투자자간 계약을 체결시키는 형태가 일반적이다.

도박형 선물업체는 한국거래소의 KOSPI200지수선물 등 선물 시세정보를 가공하여 투자자에게 제공하고, 시세의 변화에 배팅하게 한 다음 정해진 규칙에 따라 승패를 결정짓는 방식으로 운영하고 있다. '도박형 선물'은 선물계좌 대여업체가 한국거래소의 선물 시세정보를 이용하여 사실상 도박장 운영을 하는 것이다.

미니형 · 도박형 선물업체는 증권회사와는 달리 공신력 있는 외부기관의 감독을 받지 않음은 물론 적절한 내부통제도 기대하기 어려우므로 자체 HTS의 시세정보를 조작하여 투자자에게 부당한 손해를 입히거나, 투자자로부터 받은 보증금이나 투자금을 횡령할 가능성이 매우 많다.

한편, 미니형 · 도박형 선물업체의 위법행위에 대비하여 우량한 미니형·도박형 선물업체를 선별하고, 종합적으로 관리하여 투자자 피해를 원천적으로 방지한다고 선전하는 업체(소위 "에스크로 업체")도 등장하였다. 이러한 미니형 · 도박형 선물 관련 에스크로 업체의 영업행위 역시 불법이므로 투자자들은 현혹되지 않도록 주의해야 한다.

< 미니형·도박형 선물의 거래구조 >

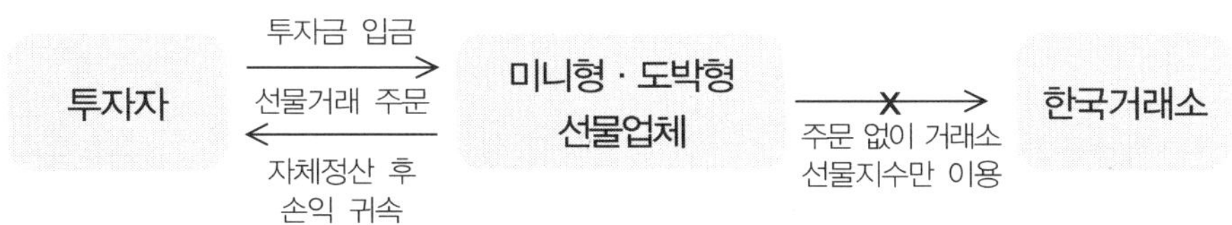

이러한 미니형·도박형 선물거래가 미니형·도박형 선물업체의 계산으로 이루어지는 경우 무인가 투자매매업에 해당하는지 문제되었으나, 대법원은 미니형·도박형 선물업체가 투자자에게 한국거래소 파생상품 시장에서 이루어지는 선물거래를 할 수 있게 한 것이 아니라 단지 실제 선물지수를 기준으로 가상의 투자 서비스를 제공하고, 가상의 투자 결과에 따라 정산이나 환전을 해 준 행위에 불과하다고 보아 투자자를 상대로 직접 금융투자상품을 매도·매수하는 투자매매업에 해당하지 않는다고 판단하였다.

한편, 금융감독원의 보도자료에 따르면, 금융감독원은 미니형·도박형 선물업체의 영업행위를 위탁매매 형태로서 '무인가 투자중개업'의 일종으로 파악하는 것으로 보이나, 위 대법원 판례에 따르면, 미니형·도박형 선물거래는 금융투자상품 중개가 아니라 가상의 투자 서비스를 제공하고 가상의 투자 결과에 따라 정산이나 환전을 해 준 행위에 불과하므로 '무인가 투자중개업'에도 해당하지 않는다.

그렇다고 미니형·도박형 선물업체를 형사적으로 처벌할 수 없는 것은 아니다. 대법원은 사설 선물거래 사이트를 개설하여 투자자들을 모집한 다음 투자자들로 하여금 코스피200 지수와 연계하여 가상의 선물거래를 하게 한 미니형 선물은 무허가 금융투자상품시장 개설·운영을 금지한 자본시장법(자본시장법 제444조 제27호, 제373조) 위반죄로 처벌하였고, 도박형 선물은 형법상 도박장 개설죄로 처벌하였다.[7)]

---

7) 속칭 'FX마진거래'라고 불리는 '유사해외통화선물거래'는 유로/달러 등 원화를 제외한 이종 통화간의 환율변동에 따라 손익이 결정되도록 설계된 일종의 환차익 거래로서 투자자는 특정 통화를 매수하는 동시에 특정 통화를 매도하게 되며, 매매한 통화의 가치변동에 따라 손익이 결정된다. 『금융투자회사의 영업 및 업무에 관한 규정』에 따르면, 달러 FX마진거래를 하려면 10,000달러 이상의 증거금을 위탁해야 하고, 최소 5,000달러 이상의 증거금을 유지해야 한다. 이러한 투자자의 증거금 부담을 이용하여 투자자에게 10만원 정도의 소액 증거금만 받고 미리 확보한 FX마진거래 포지션 중 한 가지를 선택하게 한 후 환율 변동으로 발생한 손익

결국 미니형·도박형 선물업체의 영업행위는 자본시장법상 투자매매업이나 투자중개업에 해당하지 아니하여 무인가 투자매매업, 무인가 투자중개업 처벌규정을 적용할 수는 없지만, 무허가 금융투자상품시장 개설, 운영죄 또는 형법상 도박장 개설죄로 처벌할 수 있다. 무허가 금융투자상품시장 개설, 운영죄는 5년 이하의 징역 또는 2억원 이하의 벌금으로, 형법상 도박장 개설죄는 5년 이하의 징역 또는 3천만원 이하의 벌금으로 처벌된다.

무인가, 미등록 집합투자업

앞에서 본 바와 같이 집합투자업자가 운용하는 펀드에는 50인 이상의 투자자에게 청약을 권유할 수 있는 공모펀드와 50인 미만의 투자자에게 청약을 권유하는 사모펀드가 있다. 50인 이상의 투자자에게 청약을 권유할 수 있는 공모펀드를 운용하려는 자는 금융위원회의 집합투자업 인가를 받아야 하며, 50인 미만의 투자자에게만 청약을 권유할 수 있는 사모펀드(헤지펀드와 PEF)를 운용하려는 자는 금융위원회에 등록을 하여야 한다.

따라서 금융위원의 인가를 받지 않거나 금융위원회에 등록을 하지 않은 상태에서 다수의 투자자로부터 모은 금전을 운용하고 그 결과를 투자자에게 배분하는 행위는 무인가, 미등록 집합투자업에 해당하여 자본시장법 위반죄로 처벌된다. 금융위원회의 인가를 받지 않고 공모펀드를 운용한 자는 5년 이하의 징역 또는 2억원 이하의 벌금으로 처

이 상하 10만원에 이르면 자동적으로 거래가 종료되는 방식으로 영업행위를 한 사설 FX마진거래 업체가 적발된 적이 있었다. 대법원은 이러한 사설 FX마진거래는 도박형 선물과 같이 도박에 해당할 뿐 금융투자상품(파생상품) 거래에 해당하지 않는다고 판단하였다(대법원 2015. 9. 10. 선고 2012 도 9660 판결).

벌되고, 금융위원회에 등록을 하지 않고 사모펀드를 운용한 자는 3년 이하의 징역 또는 1억원 이하의 벌금으로 처벌된다.

무인가, 미등록 집합투자업자는 정식으로 인가, 등록된 것처럼 소개하면서 인터넷 카페, 블로그, 게시판 등에 고수익을 보장한다는 광고를 게재하는 등의 방식으로 투자자를 유치한다. 이러한 무인가, 미등록 집합투자업체의 영업행위는 『유사수신행위의 규제에 관한 법률』에서 금지하는 유사수신행위에 해당될 가능성이 매우 높으므로 투자자들의 각별한 주의가 요구된다. 유사수신행위는 제 2장 불법금융투자업 3. 『투자사기』부분에서 자세히 살펴본다.

미등록 투자일임업

미등록 투자일임업은 금융위원회에 등록하지 않고 투자자에게 금융투자상품에 대한 투자판단의 전부 또는 일부를 일임받아 운용하는 것이다. FX마진거래를 통해 고정수익을 제공한다거나, 선물·옵션 거래로 고수익을 보장한다고 광고하는 방법으로 투자자를 모집하고 광고를 믿고 찾아온 투자자의 증권계좌 또는 파생상품계좌를 운용하는 방식이 대표적인 미등록 투자일임업자의 영업 행태다.

금융위원회에 등록하지 않고 투자일임업을 한 자는 3년 이하의 징역 또는 1억원 이하의 벌금으로 처벌된다.

미등록 투자자문업, 미등록 온라인소액투자중개업

금융위원회에 등록하지 않고 투자자문업과 온라인소액투자중개업(크라우드펀딩 플랫폼 사업)을 영위한 자는 각 3년 이하의 징역 또는 1억원 이하의 벌금으로 처벌된다.

미신고 유사투자자문업

미신고 유사투자자문업은 3천만원 이하의 과태료 부과 대상이다. 미신고 유사투자자문업자는 유사투자자문업의 한계 내에 머무르지 않고 미등록 투자자문업까지 불법영업의 영역을 넓히는 경우가 많다.

금융위원회에 투자자문업 등록을 하지 아니하고 인터넷 카페, 블로그, 게시판 등에 '매매기법 배우기', '트레이더 상담'과 유사한 광고를 게재하여 광고에 유인된 투자자로부터 일정한 금원을 받고 투자대상 종목 및 매매시점을 조언하는 방식이 대표적인 미등록 투자자문업자의 영업 행태다.

[참고] 투자자문업과 유사투자자문업 비교

구 분	투자자문업자	유사투자자문업자
진입요건	자기자본, 대주주, 운용전문인력 요건 등을 갖춰 금융위원회 등록	금융위원회(금융감독원) 신고
영업방법	일대일(1:1) 방식 투자자문으로 투자자별로 자문서비스 제공	불특정 다수에게 동질적인 자문서비스 제공
감독·검사	금융감독원 검사대상에 해당	금융감독원 검사대상 아님
금지행위	① 부당권유금지, 투자광고규제 적용 ② 투자자문업자 영업행위규제 및 금융투자회사 공통 영업행위규제 모두 적용	① 투자자문업자 영업행위규제 중 일부 준용 ② 금전·증권 등의 보관·예탁 금지, 금전·증권 등의 대여 금지, 선행매매 금지 등
공시, 보고	주요 경영사항 공시 및 업무보고서 등 제출 의무	업무 폐지, 명칭·소재지·대표자 변경 시 보고 의무
등록(신고) 여부 확인 방법	금감원 홈페이지 '파인' → 제도권금융회사조회	금감원 홈페이지 '파인' → 금융소비자보호처 → 금융회사길라잡이

출처 : 금융감독원 2017. 2. 27.자 보도자료 "유사투자자문업 제도개선 방안"

2. 불법사금융 개요

사금융(私金融)은 공인된 금융기관을 통하지 않고 금전의 대부, 금융 중개, 주선 등이 이루어지는 것을 말한다. 금융기관으로부터 자금을 조달하기 어려운 서민 또는 중소기업의 수요 때문에 사금융이 발생하는 현상은 자연스러운 일이다. 문제는 불법사금융이다.

불법사금융은 사금융 과정에서 서민 또는 중소기업 등 금융소비자의 권익을 침해하는 채권자, 기타 관여자의 위법행위를 말한다. 금융감독원은 고금리, 채권추심, 미등록대부, 대출사기, 불법대부광고, 불법사금융 중개, 유사수신, 보이스피싱을 불법사금융으로 규정하고, 불법사금융 피해 예방을 위해 집중단속을 실시하고, 불법사금융 피해자 지원을 위해 불법사금융 피해신고센터를 운영하고 있다.

사금융 이용자를 보호하기 위한 대표적인 법률로서 「대부업 등의 등록 및 금융이용자 보호에 관한 법률」, 「채권의 공정한 추심에 관한 법률」, 「이자제한법」, 「유사수신행위의 규제에 관한 법률」이 있다. 이러한 법률에서는 ① 대부업, 대부중개업을 수행하려는 자에게 지방자치단체나 금융위원회에 등록하여야 할 의무를 부과하고, 대부계약 체결시 계약서 작성, 교부 등 적법절차를 거치도록 하고(**대부업법**), ② 금전 차용자로부터 받을 수 있는 최고이자율을 설정하고, 그러한 제한 초과이자의 징수행위를 금지하며(**대부업법, 이자제한법**), ③ 채권추심 과정에서 채무자 또는 채무자의 관계인에게 폭행·협박·위력의 행사·신용정보의 누설 등 위법한 채권추심행위를 금지하고(**채권의 공정한 추심에 관한 법률**), ④ 사금융 이용자에게 피해를 줄 수 있는 특정한 방법의 사금융을 금지하고, 위반할 경우 형사처벌하고 있다(**유사수신행위의 규제에 관한 법률**).

사금융 이용자 보호법령을 위반할 경우에는 법령상 제한 초과이자 약정과 같이 그 행위가 사법상 무효로 취급될 수 있으며, 과태료 등 행정상 제재는 물론 형사처벌까지 받을 수 있다.

예를 들어 지방자치단체 또는 금융위원회에 등록하지 않고 대부업이나 대부중개업을 한 자와 대부업자 또는 대부중개업자가 아니면서 대부업이나 대부중개업에 관한 광고를 한 자는 5년 이하의 징역 또는 5천만원 이하의 벌금으로 처벌되고, 「대부업 등의 등록 및 금융이용자 보호에 관한 법률」 또는 「이자제한법」에서 규정하는 최고이자율을 초과한 이자를 받은 자는 3년 이하의 징역 또는 3천만원 이하의 벌금으로 처벌된다. 또한 채무자 또는 관계인을 폭행, 협박, 체포 또는 감금하거나 그에게 위계나 위력을 사용한 자는 5년 이하 징역 또는 5천만원 이하 벌금으로 처벌된다.

한편, 전기통신을 이용하여 타인을 기망·공갈함으로써 자금을 송금·이체하도록 하여 재산상의 이익을 취하거나 제3자에게 재산상의 이익을 취하게 하는 행위(보이스피싱 등) 또는 대출알선이나 중개를 미끼로 수수료·보증료 등의 명목으로 금전을 편취하는 대출사기 등은 자금의 중개라는 금융행위가 없다는 점에서 엄밀한 의미에서는 사금융에 포함되지 않지만, 피해자 보호차원에서 불법사금융의 영역에 포함시켜 논의하고 있다(『전기통신금융사기 피해 방지 및 피해금 환급에 관한 특별법』 참조)

〈 유형별 불법사금융 신고 현황 〉 (단위 : 건, %)

구분	금융감독원 불법사금융 신고 현황									計
	고금리	채권 추심	미등록 대부	대출 사기	불법 대부 광고	불법사 금융 중개	유사 수신	보이스 피싱	기타	
2015년	1,102	3,197	1,220	26,098	3,393	96	253	26,402	73,733	135,494
2016년	1,016	2,465	2,306	27,204	2,172	85	514	10,945	71,489	118,196

출처 : 금융감독원 2017. 2. 3.자 보도자료 “2016년 금감원 불법사금융 피해신고센터 운영실적”

3. 투자사기 – 유사수신행위와 투자금 모집방법

최근 저성장, 저금리 환경이 지속되면서 자금의 운용방법을 고민하는 투자자가 많다. 특히 은퇴자를 비롯한 금리생활자에게는 저성장, 저금리 경제 환경이 생존의 위협으로 다가올 수밖에 없어 조금이라도 높은 수익을 내는 투자처 발굴이 항상 절실하다. 문제는 이러한 투자자의 절박한 상황을 이용하여 투자자의 돈을 가로채는 투자사기가 성행한다는 점이다. 우리나라에서 최근 발생한 투자사기 중 사회적 이슈가 되었던 사건만 해도 이숨투자자문 사건, 청담동 주식부자 이희진 사건, 위리치에셋 사건, IDS 홀딩스 사건, 한독투자자문 사건 등 일일이 다 헤아리기 어려울 정도로 많다.

사기꾼들은 투자자를 유인하는 방법으로 비상장주식, 선물·옵션 등 금융투자상품을 비롯하여 부동산, 부실채권(NPL), 자원개발, 사행성 사업, 신기술 개발, 소자본 창업 등 고위험 투자 아이템을 이용한다. 비상장주식, 선물, 옵션 등 금융투자상품은 그 자체로 손실가능성을 내포하고 있으므로 금융투자상품에 투자하여 고수익을 보장하겠다며 투자를 권유하는 행위는 100% 투자사기로 간주해도 무방하며, 나머지 부동산, 부실채권(NPL)등 투자 아이템도 정상적인 상황에서 고수익이 현실화되기는 매우 어려운 것이라는 사실을 유의해야 한다.

투자사기는 유형이 매우 다양하고 수법도 섬세하여 개인투자자가 알아차리기 쉽지 않다. 개인투자자가 참고할 만한 최근 투자사기의 특징은 다음과 같다.

① 투자방법 및 투자대상회사의 내용에 대해 철저한 보안 유지

② 원금보장을 포함하여 고금리, 고배당금 약속(최근 경제 환경을 감안하면 연 10% 이상의 확정이자 또는 배당은 투자사기일 가능성이 매우 높다.)

③ 가정주부, 학생 등을 대상으로 다단계 방식을 통한 자금 모집

④ 투자대상 영업행위 인허가, 등록과 관련이 없는 사업자등록, 대부업 등록, 다단계업체 등록, 증권발행인 등록을 내세워 정부 "등록업체" 또는 "허가업체"인 것처럼 주장, 광고하면서 자금을 모집

⑤ 유명 연예인, 정·관계 인사와의 친분 과시

⑥ 해외사업 관련하여 진실성을 확인하기 어려운 외국정부와 체결한 MOU(양해각서) 강조

⑦ 은행, 보험회사, 상호저축은행 등 제도권 금융회사가 지급보증한다고 광고하며 투자자 모집

⑧ 조만간 상장될 우량회사라고 주장하여 자금을 모집하면서 법적 근거가 없는 주권교환증을 교부하거나 또는 향후 통일규격유가증권을 교부할 예정이라며 정식 주권의 발행, 교부 연기

⑨ 투자 초기에 수익금 배분 후 재투자 유도

[용어 해설] 폰지 사기(Ponzi Scheme)

"폰지 사기"는 신규 투자자의 투자금으로 기존 투자자에게 수익을 지급하는 다단계 금융사기를 일컫는 말로, 1920년 미국에서 대규모 투자사기를 벌인 찰스 폰지(Charles Ponzi)라는 사람으로부터 유래했다.

찰스 폰지는 국제우편쿠폰 사업으로 45일 후 원금의 50%, 90일 후 원금의 100%를 지급한다고 약속하고 투자자를 모집하였다. 초기 투자자들은 약정한 수익금이 지급되자 대부분 투자규모를 확대하여 재투자를 함은 물론 자신의 지인들까지 끌어들여 투자 총액이 몇 달 만에 막대한 규모로 불어났다. 그러나 이 사업의 실상은 신규투자자의 투자금으로 기존 투자자에게 수익을 지급하는 금융피라미드였다.

사업을 시작한지 얼마 후 보스턴우체국에서 폰지가 운영하는 방식의 국제우편 사업을 허용한 전례가 없으며, 그러한 사업에서 막대한 수익이 발생할 수 있는지 의문이라며 의혹을 제기하였다.

불안해진 투자자들이 투자금을 회수하기 시작하자 폰지의 사기는 막을 내렸고 결국 사기혐의로 구속되었다. 이후 폰지는 1925년 플로리다에 부동산 거품이 일 때 유령회사를 차려놓고 같은 방식의 사기 행각을 벌이다가 다시 체포되어 징역 9년형을 선고받았다. 이때부터 폰지는 금융피라미드의 원조로 언급되었으며, '폰지사기'는 다단계 금융사기를 가리키는 말로 통용되게 되었다.

최근 폰지사기로 가장 유명한 사건은 나스닥증권거래소 회장을 지낸 버나드 매도프(Bernard Madoff)가 벌인 사기 행각이다. 매도프는 1970년대부터 자신의 이름을 딴 금융회사를 설립한 뒤 30년 가까이 신규 투자자의 돈으로 기존 투자자에게 수익금을 지급하는 방식으로 미국 역사상 최대 규모인 650억 달러 규모의 폰지사기를 치다 2008년 미국연방수사국(FBI)에 체포되었다. 미국 법원은 매도프에게 징역 150년형을 선고하였다.

투자자를 기망하여 재물의 교부를 받거나 재산상의 이익을 취득하는 투자사기는 기본적으로 형법상 사기죄에 해당하여 10년 이하의 징

역 또는 2천만원 이하의 벌금으로 처벌하고, 『특정 경제범죄 가중처벌 등에 관한 법률』에 따라 투자사기로 취득한 이득액이 5억원 이상 50억원 미만이면 3년 이상의 유기징역, 이득액이 50억원 이상이면 무기 또는 5년 이상의 징역으로 가중 처벌한다. 『특정 경제범죄 가중처벌 등에 관한 법률』이 적용되는 경우에는 이득액 이하에 상당하는 벌금을 징역형에 병과할 수 있다.

투자사기와 한 묶음으로 이해해야 할 불법행위가 "유사수신행위"다. "유사수신행위"는 불특정 다수인으로부터 자금을 조달하는 행위로서, 실질적으로 은행업, 집합투자업, 투자매매업 등 금융업에 해당함에도 불구하고 금융감독당국의 관리, 감독을 받지 아니하는 불법사금융을 말한다.

유사수신행위는 투자자들에게 피해를 입힐 가능성이 매우 높기 때문에 『유사수신행위의 규제에 관한 법률』에서는 유사수신행위 및 유사수신행위에 관한 영업의 표시, 광고를 엄격히 금지한다.

『유사수신행위의 규제에 관한 법률』에서 금지하는 유사수신행위는 법령에 따른 인가·허가를 받지 아니하거나 등록·신고 등을 하지 아니하고 불특정 다수인으로부터 자금을 조달하는 행위로서 다음 어느 하나에 해당하는 행위를 말한다.

① 장래에 출자금의 전액 또는 이를 초과하는 금액을 지급할 것을 약정하고 출자금을 받는 행위
② 장래에 원금의 전액 또는 이를 초과하는 금액을 지급할 것을 약정하고 예금·적금·부금·예탁금 등의 명목으로 금전을 받는 행위
③ 장래에 발행가액 또는 매출가액 이상으로 재매입할 것을 약정하고 사채를 발행하거나 매출하는 행위
④ 장래의 경제적 손실을 금전이나 유가증권으로 보전하여 줄 것을 약정하고 회비 등의 명목으로 금전을 받는 행위

금융감독원의 발표에 따르면, 유사수신업체들은 FX마진거래, 핀테크, 해외선물옵션, 비상장 주식, 비트코인 등 가상화폐, 종합금융컨설팅, 협동조합 사업 등 일반 투자자에게 다소 생소한 분야에 투자하는 것처럼 선전하고, 자금 모집방법도 소액공모, 크라우드펀딩, P2P 대출을 비롯한 합법적인 방법을 사용한다고 주장하는 등 사기수법이 점점 교묘해지는 추세라고 한다. 최근 금융감독원에 적발된 유사수신업체의 사기수법을 유형별로 분류하면 아래와 같다.

〈 유사수신업체의 사기수법 유형 〉 (단위 : 개, %)

유사수신업체의 사기수법 유형	2015년	2016년
종합금융 컨설팅, FX마진거래, 핀테크, 비상장주식 및 증권투자 매매, 예 · 적금 등 금융업 가장	27	39
가상화폐, 전자금융, 크라우드펀딩 등 투자사업 가장	13	27
부동산 경매, 임야 공동구매, 펜션 · 고급빌라 개발, 명품매장, 해외카지노, 상가, 건설 등 부동산 관련 사업 가장	14	4
전기 오토바이, 전기 특허품, 바이오, 의료기기, 외국완구, 게임기, 특허기술 개발 등 제조 · 조립 · 판매사업 가장	13	13
영농조합, 협동조합, 계조직, 상조회 등 투자사업 가장	15	5
▸ 기 타 – 쇼핑몰, 상품권 판매, 보석광산 개발, 수목장, 골드바 유통, 납골당 분양, 골동품 거래 등 사업 가장 – 커피 사업, 특수작물 재배, 해외여행, 스크린 경마장, 자동차 대여, 국산담배 매집, 스크린골프 등 사업 가장	28	63
합 계	110	151

출처 : 금융감독원 2017. 2. 7.자 보도자료 "2016년 유사수신 혐의업체의 특징과 소비자 유의사항"

유사수신행위를 한 자는 5년 이하의 징역 또는 5천만원 이하의 벌금으로 처벌받고, 유사수신행위에 관한 영업의 표시 또는 광고를 한 자는 2년 이하의 징역 또는 2천만원 이하의 벌금으로 처벌받는다.

투자자는 투자사기 피해를 입지 않기 위해 위에서 살펴본 투자사기의 특징과 유사수신행위 해당 여부 이외에 사업자의 투자금 모집방법도 자본시장법 등 관련법령을 준수하는지 주의 깊게 확인해야 한다. 관련법령을 위반한 투자금 모집은 그 자체로 위법한 행위로서 문제가 될 수 있을 뿐만 아니라 투자사기에 해당할 가능성이 매우 높기 때문이다.

증권발행을 통한 투자금 모집방법은 투자자 수를 기준으로 공모와 사모로 나눌 수 있다. 공모에는 50인 이상의 투자자에게 청약을 권유하여 새로 발행되는 증권을 취득하게 하는 "모집"과, 50인 이상의 투자자에게 청약을 권유하여 이미 발행된 증권을 취득하게 하는 "매출"이 있다. 모집과 매출 모두 투자자 보호를 위해 모집이나 매출의 구체적인 내용을 기재한 증권신고서를 금융감독원 전자공시시스템에 일정기간 동안 공시하여야 하고, 일정기간이 지난 후 증권신고서의 효력이 발생하면 투자설명서를 통해 투자금 모집행위를 하여야 한다. 만일 발행인이 증권을 공모하면서 증권신고서를 제출하지 않으면 5년 이하의 징역 또는 2억원 이하의 벌금으로 처벌된다.

"사모"는 50인 미만의 투자자에게 청약을 권유하여 새로 발행되는 증권을 취득하게 하는 방법이다. 사모는 투자자 수가 적어 투자자가 증권 발행회사로부터 충분한 투자정보를 수령할 가능성이 많다고 보아 증권신고서, 투자설명서 제도를 적용하지 않는다.

투자금 모집방법 관련하여 공모에 해당하지만 예외적으로 증권신고서, 투자설명서를 제출, 공시하지 않고 자금을 모집하는 제도가 있다. 소액공모와 크라우드펀딩이다. 당연히 투자 사기꾼들은 사업의 구체적인 내용이 드러나는 증권신고서를 금융위원회에 제출, 공시하지 않고도 일반 대중으로부터 자금을 조달할 수 있는 소액공모나 크라우드펀딩을 내세워 투자자를 모집하는 것을 선호한다.

소액공모는 모집, 매출금액이 과거 1년간 10억원 미만의 소액이어서 투자자보호의 필요성이 적다고 보아 증권신고서, 투자설명서 제도를 적용하지 않는다. 크라우드펀딩은 군중을 의미하는 크라우드(Crowd)와 자금조달을 뜻하는 펀딩(Funding)을 조합한 용어로, 창업자를 비롯한 자금수요자가 온라인상에서 자금모집을 중개하는 온라인소액투자중개업자를 통하여 불특정 다수의 투자자로부터 자금을 조달하는 행위를 의미한다. 자본시장법은 창업, 중소기업에 대한 투자 활성화를 위해 크라우드펀딩을 공모의 예외로 취급하여 증권신고서, 투자설명서 제출, 공시의무를 면제하고 있다.

하지만 투자자 보호를 위하여 소액공모와 크라우드펀딩의 주체도 일정한 보고, 게재의무를 이행하여야 한다. 소액공모 발행인은 자신의 재무상태와 영업실적을 기재한 서류를 금융위원회에 제출하여야 하고, 증권의 모집 또는 매출이 끝나면 지체 없이 모집 또는 매출 실적에 관한 결과를 금융위원회에 보고하여야 한다. 크라우드펀딩의 주체인 온라인소액증권발행인도 증권의 발행조건과 재무상태, 사업계획서, 모집실적 등을 온라인소액투자중개업자가 개설한 홈페이지에 게재하여야 한다. 이러한 보고, 게재의무를 이행하지 않은 소액공모 발행인과 온라인소액증권발행인에게는 1억원 이하의 과태료가 부과된다.

소액공모는 금융감독원 전자공시시스템(http://dart.fss.or.kr/)에서, 크라우드펀딩은 크라우드넷(www.crowdnet.or.kr)에서 자세한 내용을 확인할 수 있다. 소액공모와 크라우드펀딩의 구체적인 내용을 비교해 보면 다음과 같다.

〈 소액공모와 크라우드펀딩의 비교 〉

구분	소액공모	크라우드펀딩(증권형)
발행기업의 자격	제한 없음	– 원칙적으로 업력 7년 이하 창업, 중소기업 단, 중소기업이 프로젝트 사업을 분리하여 운영하는 경우에는 업력 제한 없음 – 상장회사와 일부 업종(금융, 보험업, 골프장, 겜블링 등)은 제외
모집금액	1년간 10억원 미만	1년간 7억원 이하
증권신고서 제도	증권신고서 제도 부적용	증권신고서 제도 부적용
투자 가능금액	모집금액 내에서 무제한	개인투자자는 1기업당 200만원, 연간 500만원, 전문투자자는 제한 없음
투자자의 증권매각제한	제한 없음	증권 취득 후 지체 없이 한국예탁결제원에 예탁하거나 보호예수 하여야 하며, 예탁일 또는 보호예수일로부터 1년간 해당 증권 매도 금지(예외 있음)
대주주 등의 증권매각제한	제한 없음	크라우드펀딩 증권 발행기업, 대주주는 증권을 발행한 후 1년 동안 보유한 "지분" 매도 금지
공모 시 제출서류	소액공모 공시서류(약 17종), 소액공모 실적보고서	발행조건과 재무상태 등을 기재한 서류 사업계획서 등
결산서류 제출, 게재의무	비상장법인은 증권의 상환 또는 소각 완료 시까지 사업년도 경과 후 90일 이내에 결산서류 제출(상장회사는 사업보고서 제출)	사업연도 경과 후 90일 이내에 온라인소액투자중개업자의 홈페이지에 결산서류 게재
발행인 등의 손해배상책임	민법의 불법행위 규정 적용	사업계획서 등에 부실기재가 있는 경우 발행인, 대표자 등은 증권의 취득자에게 손해배상책임 부담(자본시장법)

[참고] P2P 금융(크라우드펀딩과 P2P 대출)

P2P 금융의 개요

P2P 금융은 P2P(peer to peer) 온라인 플랫폼을 통해 투자자와 자금이 필요한 사업자를 연결해 주는 형태를 총칭하는 용어다. P2P 금융은 보상을 조건으로 하지 않고 순수 기부의 목적으로 지원하는 "기부형", 금전 보상 이외의 형태로 일부 보상을 받는 "후원형", 원금과 확정이자를 받는 "대출형" 및 회사가 발행하는 증권(지분증권, 채무증권, 투자계약증권만 해당함)에 투자하는 "증권형"으로 구분한다. 가장 주목 받는 P2P 금융 방식은 대출형과 증권형이다.

〈 P2P 금융의 분류 〉

방식	내용	목적	사례
후원형	주로 예술(공연, 음악, 영화), 복지 분야 후원	비금전적 보상	공연 지원
기부형	보상을 전제로 하지 않는 단순 기부	무상 지원	캠페인 지원
대출형 (P2P 대출)	비대면 대출	이자 수취	렌딩클럽 루프펀딩
증권형 (크라우드펀딩)	지분증권, 채무증권, 투자계약증권 취득	평가 차익	와디즈 오픈트레이드

군중을 의미하는 크라우드(Crowd)와 자금조달을 뜻하는 펀딩(Funding)을 조합한 용어인 크라우드펀딩을 P2P 금융과 같은 의미로 사용하기도 한다. 하지만 2016년 1월 자본시장법에 도입된 증권형 P2P 금융에 크라우드펀딩이라는 명칭을 붙인 이후 증권형 P2P 금융

을 "크라우드펀딩"으로, 대출형 P2P 금융을 "P2P 대출"이라고 부르는 것이 일반화됐다. 이 책에서도 크라우드펀딩을 증권형 P2P 금융에 한정하여 사용한다.

이제 대출형 P2P 금융인 P2P 대출과 증권형 P2P 금융인 크라우드펀딩의 내용을 좀 더 구체적으로 살펴보자.

금융감독원이 발표한 『P2P 대출 가이드라인』에서는 P2P 대출을 "투자자의 자금을 기초로 온라인 플랫폼을 통해 대출을 받으려는 자(차입자)에게 지급된 대출"로 정의하면서 P2P 대출방식으로 원리금수취권매입형과 현금담보제공형을 인정하고 있다. 자세한 내용은 뒤에서 설명한다.

우리나라에서 P2P 대출은 2015년 시작되어 누적 대출금액이 2016년 6월 1,525억원, 2016년 12월 6,289억원, 2017년 4월 1조 1,298억원으로 매우 빠른 증가세를 보이고 있다. P2P 대출의 65% 정도가 부동산 관련 대출이며, 부동산 관련 대출의 대부분이 건축자금 대출(PF 대출) 이라고 한다.

〈 P2P 업체 수 및 대출취급 동향 〉 (단위 : 社, 억원)

구분	2015년 말	2016년 말	2017년 2월말	2017년 4월말
P2P업체 수 (P2P 협회 회원사)	27	125(34)	130(34)	148(45)
누적 대출액	373	6,289	8,173	11,298

출처 : 금융감독원 2017. 5. 29.자 보도자료 "P2P 대출상품, 투자 前 가이드라인 준수 업체인지 확인하세요"

크라우드펀딩은 온라인소액투자중개업자가 자신의 인터넷 홈페이지에서 온라인소액증권발행인(기업)과 투자자간, 투자자 상호간에 의견교환이 이루어질 수 있도록 한 후에 기업이 발행한 채무증권, 지분증권 또는 투자계약증권을 투자자가 취득할 수 있도록 하는 것을 말한다. 2016년 1월 도입 이후 2017년 4월까지 153개 회사가 총 224억원을 투자 받았다고 한다.

P2P 금융의 구조

먼저 P2P 대출의 금융구조부터 살펴본다. 2017년 5월 기준으로 한국 P2P금융협회에는 47개 P2P업체(대출 플랫폼)가 가입되어 있다. 차입자나 투자자는 이 중 한 업체를 선택하여 P2P 대출을 이용할 수 있다. P2P 대출 이자율은 연 8%~25% 정도라고 한다.

P2P 대출의 구조는 P2P 업체(대출 플랫폼)의 100% 자회사인 대부업체와 연계된 원리금수취권매입형과 저축은행, 지방은행 등 여신금융기관과 연계된 현금담보제공형으로 구분된다. P2P 대출의 주류인 원리금수취권매입형부터 살펴본다.

◆ **원리금수취권매입형(대부업체 연계)** : P2P업체(대출 플랫폼)가 대출실행을 위해 대부업체를 자회사로 설립하는 형태

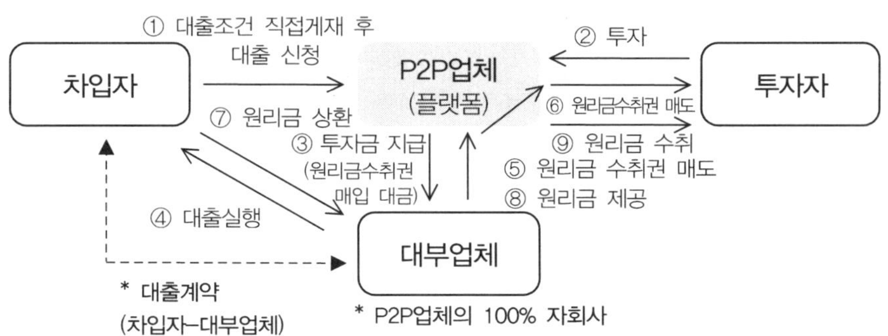

① 차입자는 P2P업체(대부업법상 온라인대출정보중개업자)의 온라

인 플랫폼에서 대출신청

② 투자자는 차입자가 신청한 대출조건을 토대로 온라인 플랫폼에서 자금 투자

③ P2P업체는 모집된 자금을 자회사인 대부업체(온라인대출정보연계대부업자)로 지급

④ 대부업체 대출 실행

⑤~⑥ 대부업체는 대출채권의 원금·이자를 수취할 권리를 투자자에게 매도

⑦~⑨ 차입자 원리금 상환 및 투자자 수익 수취

◆ **현금담보제공형(저축은행 등 여신금융기관 연계)** : P2P업체(대출 플랫폼)가 대출 실행을 위해 기존 저축은행, 지방은행 등 여신금융기관과 연계하는 형태

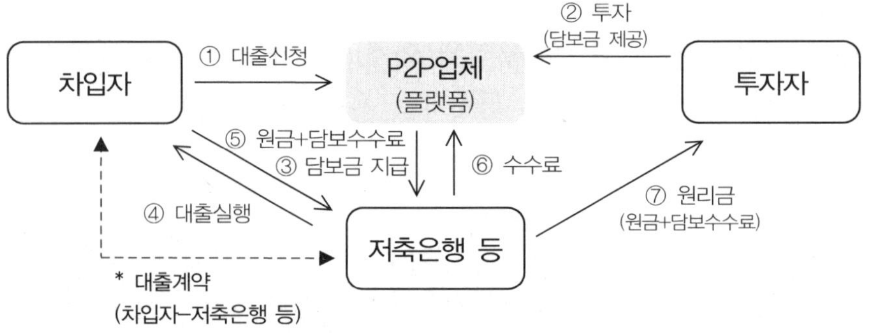

① 차입자는 P2P업체의 온라인 플랫폼에서 대출신청

② 투자자는 차입자가 제시한 대출조건을 토대로 온라인 플랫폼에서 담보금 제공

③ P2P업체는 담보금을 대부업체에 지급

④ 대부업체 대출 실행

⑤~⑦ 대부업체는 대출채권의 원리금·수수료를 수취한 후 P2P업체에게 수수료를 지급하고 투자자에게는 원리금(담보금 원금 및 담보수수료)을 지급

크라우드펀딩은 크라우드펀딩 중개업체의 홈페이지에서 투자절차가 진행된다. 구체적인 크라우드펀딩 투자절차는 ① 크라우드펀딩 중개업체 홈페이지 접속 → ② 회원가입[8] → ③ 투자한도 조회 → ④ 청약 및 실시간 계좌이체[9] → ⑤ 청약결과 및 배정내역 통보로 이루어진다.

P2P 금융업 감독

P2P대출은 『대부업 등의 등록 및 금융이용자 보호에 관한 법률』(이하 "대부업법")과 금융감독원의 금융행정지도인 『P2P 대출 가이드라인』에 따라 운용된다.

대부분의 P2P업체(대출 플랫폼)는 실질적인 금융업을 수행하면서도 『전자상거래 등에서의 소비자보호에 관한 법률』상 '통신판매업' 신고만으로 영업하므로 금융감독원의 검사·감독권이 미치지 않는다는 문제가 있었다. 이에 금융감독당국은 대부업법 시행령을 개정하여 원리금수취권매입형 연계 대부업체에게 "금융위원회" 등록을 강제하고(원리금수취권매입형 연계 대부업체는 3억원 이상의 자기자본 필요), P2P업체(대출 플랫폼)와 연계된 대부업자 또는 여신금융기관에게

8) 회원가입 필수정보 : (청약 시) 성명, 주민번호, 주소, 연락처, E-mail주소 → (청약 성공 시까지) 실명확인증표 사본 및 투자자 본인 증권계좌 입력(비대면 실명확인)

9) 투자자가 청약 확정 후 금융결제원 Bankpay 서비스를 이용하여 투자자 본인의 기존 은행계좌에서 청약증거금 예치기관(증권금융이나 은행)으로 실시간 계좌이체

P2P업체(대출 플랫폼)에 대한 확인의무를 부과하고 있다.

P2P 대출 가이드라인에 따라 P2P업체(대출 플랫폼)와 연계된 대부업자 또는 여신금융기관이 확인하여야 할 P2P업체(대출 플랫폼)에 관한 사항은 다음과 같다.

i) P2P 대출의 구조, 전월말 기준으로 누적 대출금액, 대출잔액, 연체율 등의 사업정보를 매월 홈페이지에 게재하는지

ii) 차입자에게 대출 이용에 도움을 줄 수 있는 이자, 수수료, 상환방식 등에 관한 정보를 쉽게 이해할 수 있도록 제공하는지

iii) 거짓 또는 과장된 내용을 알리는 행위를 하지 아니할 것 등 P2P 대출 광고방법을 준수하는지

iv) 투자자의 투자판단에 도움을 줄 수 있는 투자위험, 차입자에 관한 사항 등을 쉽게 이해할 수 있도록 홈페이지에 게재하는지

v) P2P 대출에 투자자로서 참여하는 행위를 하지 아니할 것 등 영업행위 방법을 준수하는지

vi) 투자자로부터 받은 자산을 P2P 업체(대출 플랫폼)의 자산과 명확히 분리·관리하는지

vii) 법령에 규정된 투자자의 투자한도를 설정하고 있는지

viii) P2P 대출 가이드라인 준수 여부를 확인할 수 있는 자료를 연계금융회사에 충분히 제공하는지

크라우드펀딩은 자본시장법의 규율을 받는다. 크라우드펀딩 중개업무를 수행하기 위해서는 5억원 이상의 자기자본을 갖추고 금융위원회에 온라인소액투자중개업 등록을 하여야 한다.

크라우드펀딩 중개업무를 수행하는 온라인소액투자중개업자는 크라우드펀딩 증권을 자기의 계산으로 취득하거나, 증권의 발행 또는 청약을 주선 또는 대리하여서는 아니 된다. 또한 증권을 발행하는 자의 신

용 또는 투자 여부에 대한 투자자의 판단에 영향을 미칠 수 있는 자문이나 온라인소액증권 발행인(기업)의 경영 관련 자문에 응하여서는 아니 된다.

투자대상

P2P 대출의 차입자 자격에는 특별한 제한이 없다. 법인은 물론 개인사업자도 가능하며, 신용대출, 담보대출 모두 가능하다.

반면, 크라우드펀딩의 투자대상은 원칙적으로 업력 7년 이하의 창업·중소기업에 한정된다. 다만 기술개발에 시간이 필요한 벤처기업·기술혁신형 중소기업과 중소기업이 신기술개발·문화사업 등 프로젝트 사업을 하는 경우(비상장, 중소기업이 기존 사업과 회계를 분리하여 운영하는 경우 포함)에는 업력에 관계없이 투자대상이 된다. 주권상장법인과 금융·보험업(핀테크 기업 제외), 골프장, 겜블링 등 일부 업종은 투자대상에서 제외된다.

투자자의 투자한도

〈 P2P 대출(P2P 대출 가이드라인) 〉

구 분	동일 차입자 기준(연)	P2P업체 기준(연)
개인투자자	500만원	1,000만원
- 금융소득종합과세자 - 직전 과세기간 소득이 1억원 이상인 개인 투자자	2,000만원	4,000만원
법인 투자자 및 자본시장법상 전문투자자(개인)	제한 없음	제한 없음

〈 크라우드펀딩 (자본시장법) 〉

구 분	동일기업(연)	총 투자한도(연)
일반투자자	200만원	500만원
- 소득적격 투자자 - 투자관련 자격증 보유한 금융 투자회사 근무 경력자	1,000만원	2,000만원
전문투자자 등	제한 없음	제한 없음

※ 크라우드펀딩으로 1개 법인은 1년간 7억원 이내 투자유치 가능

증권 매각 제한

P2P 대출과 달리 크라우드펀딩에서는 후속 투자자나 소수주주 보호를 위해 크라우드펀딩 투자자, 법인, 대주주의 증권 매각을 제한한다.

먼저 투자자는 크라우드펀딩으로 증권을 취득한 후 지체 없이 한국예탁결제원에 증권을 예탁하거나 보호예수 하여야 하며, 예탁일 또는 보호예수일부터 1년간 매도가 금지된다. 크라우드펀딩 종결 이후 투자하려는 자를 보호하기 위한 제도라고 한다. 단, 크라우드펀딩 증권의 투자위험성을 충분히 인지한 발행기업, 대주주, 전문투자자 등에게는 예탁일 또는 보호예수일부터 1년 이내라도 매도가 가능하며, 한국거래소가 운영하는 스타트업 전용 거래 플랫폼(KSM, http://ksm.krx.co.kr/main/contents)에서는 증권취득 후 즉시 매도 가능하다.

한편, 발행 기업이나 대주주가 크라우드펀딩을 통해 투자자를 유인한 후 보유물량을 매도할 경우 다수의 소액투자자들이 피해를 볼 우려가 있기 때문에 자본시장법은 크라우드펀딩증권 발행 기업과 그 대주주에게 증권 발행 후 1년 동안 보유한 "지분"의 매도를 금지한다.

제 3장 대포통장과 전자금융범죄

1. 대포통장의 의미와 거래자의 책임
2. 전자금융범죄 – 피싱, 파밍, 스미싱, 해킹

참고 : 형벌의 종류

1. 대포통장의 의미와 거래자의 책임

대포통장은 명의자와 실제 사용자가 다른 통장으로 불법적인 목적에 사용되는 것을 의미한다. 대포통장은 불법행위에 관련된 자금의 추적을 피할 수 있어 보이스피싱, 파밍 등 각종 금융사기 범죄에서 광범위하게 이용되고 있다.

대포통장에서 '대포'는 막무가내, 무모함을 뜻하는 일본말 '무데뽀(無鐵砲)'에서 유래되었다고 보는 견해도 있지만, 허풍이나 거짓말 또는 그것을 잘하는 사람을 빗대어 이르는 '대포(大砲)'에서 유래되었다고 보는 견해가 통설이다. 또한 대포통장에서 '통장'은 금융 기관이 예금자에게 출납의 상태를 적어 주는 장부라는 사전적인 의미를 넘어 거래의 진실성과 정확성을 확보하기 위해 본인 확인 가능한 현금카드, 공인인증서와 같은 접근매체를 포함하는 넓은 의미로 사용되고 있다.

대포통장은 포털사이트 블로그, 카페 등에 '통장 매매합니다', '통장 사드립니다' 등 통장을 구입한다는 글을 올린 후 글을 보고 연락한 자로부터 양수하거나, 저금리 대출이나 취업 등을 빙자하여 편취하거나, 개인정보를 매입하여 불법으로 계좌를 개설하는 방법으로 만들어진다.

금융감독원 보도자료에 따르면, 최근 정부의 대포통장 근절대책 및 금융회사의 의심거래 모니터링 강화, 신규 계좌 개설 시 심사 강화에 힘입어 2016년 대포통장(피싱 범죄에 이용되어 지급 정지된 계좌에 한함)은 46,351개로, 2015년 대비 19.1% 감소하였다. 대포통장 발생현황을 금융 권역별로 나누어 살펴보면 다음과 같다.

〈 대포통장 발생현황 〉

구 분	2015년		2016년	
	건수	비중	건수	비중
은 행	44,385	77.5%	33,430	72.1%
상호금융(저축은행)	6,814	11.9%	6,896	14.9%
새마을금고	3,383	5.9%	3,161	6.8%
우체국·증권·저축은행 등	2,701	4.7%	2,864	6.2%
합 계	57,283	100.0%	46,351	100.0%

출처 : 금융감독원 2017. 2. 17.자 보도자료 “2016년 보이스피싱 및 대포통장 큰 폭 감소”

대포통장 거래자는 기본적으로 형사처벌 대상이며, 민사상 손해배상 책임을 부담함은 물론 금융거래에서 불이익까지 받을 수 있다. 구체적인 내용은 다음과 같다.

형사책임

① 전자금융거래법 위반죄

『전자금융거래법』에서는 대포통장과 관련한 다음 행위를 3년 이하의 징역 또는 2천만원 이하의 벌금으로 처벌하고 있다.

i) 전자금융에 필요한 아이디, 비밀번호, 카드, 공인인증서 등 접근매체를 양도하거나 양수하는 행위
ii) 대가를 수수(授受) · 요구 또는 약속하면서 접근매체를 대여 받거나 대여하는 행위 또는 보관·전달·유통하는 행위
iii) 범죄에 이용할 목적으로 또는 범죄에 이용될 것을 알면서 접근매체를 대여 받거나 대여하는 행위 또는 보관·전달·유통하는 행위
iv) 접근매체를 대상으로 질권을 설정하는 행위(질권자와 질권 설정자 모두 처벌)
v) 위 i)에서 iv)까지의 행위를 알선하거나 광고하는 행위

위 전자금융거래법 규정에 따르면, 대포통장 명의인이 대포통장을 '양도'하였다면 상대방에게 대가를 수수, 요구, 약속하지 않았을 뿐만 아니라 대포통장이 보이스피싱 등 범죄에 사용될 것을 인식하지 못했다 하더라도 처벌이 가능하다. 즉, 대가와 무관하고 불법적인 용도로 사용될 것을 인식하지 못한 대포통장의 양도도 처벌된다.

또한 대포통장을 '대여'하면서 대가를 수수, 요구, 약속한 경우에는 대포통장이 범죄에 이용될 것을 인식하지 못했다 하더라도 처벌되며, 범죄에 이용될 것을 인식한 경우에는 대여 대가를 수수, 요구, 약속하지 아니하여도 처벌된다.

대포통장 거래는 대부분 인터넷뱅킹이나 폰뱅킹에 필요한 아이디, 비밀번호, 전자식 카드, 공인인증서 등 접근매체의 양도, 양수 또는 대여에 해당하므로 대포통장 거래자는 위 전자금융거래법 규정에 따라 처벌된다. 다만, 대법원은 전자금융거래법에 따른 처벌대상인 "접근매체의 거래"에 해당하기 위해서는 거래의 대상에 전자금융거래 기능이 포함되어야 하므로 금융기관의 창구에서 입출금 및 통장정리만 가능

하고 현금자동지급기, 컴퓨터 등 전자적 방법으로 정보를 전송하거나 처리하는 장치를 통한 거래를 할 수 없는 '예금통장과 비밀번호'는 전자금융거래법에서 규정하는 "접근매체"가 아니라고 판단하였다.

② 금융실명거래 및 비밀보장에 관한 법률 위반죄

불법재산의 은닉, 자금세탁행위, 공중협박자금조달행위, 강제집행의 면탈 및 그 밖에 탈법행위를 목적으로 타인의 실명으로 금융거래를 하여서는 아니 된다. 이를 위반한 자는 『금융실명거래 및 비밀보장에 관한 법률』 위반죄로 5년 이하의 징역 또는 5천만원 이하의 벌금으로 처벌된다.

또한 탈법행위에 활용된다는 것을 인식하고도 대포통장을 양도 또는 대여한 자는 『금융실명거래 및 비밀보장에 관한 법률』 위반죄의 공범으로 처벌될 수 있다.

③ 전자서명법 위반죄

다른 사람에게 공인인증서를 양도 또는 대여하거나, 다른 사람의 공인인증서를 양도 또는 대여 받은 자는 『전자서명법』위반죄로 1년 이하의 징역 또는 1천만원 이하의 벌금으로 처벌된다.

④ 불공정거래, 금융사기

대포통장을 이용하여 불공정거래, 금융사기 등의 범죄를 저지른 자는 당연히 해당 불공정거래, 금융사기 금지, 처벌 규정에 따라 처벌되고, 대포통장 명의인도 양도 또는 대여한 대포통장이 불공정거래, 금융사기 등의 범죄행위에 활용된다는 사실을 인식하고 있었다면 해당 불공정거래, 금융사기의 공범으로 처벌될 수 있다.

⑤ 조세범처벌법 위반죄

대포통장을 활용하여 재산을 분산 운용한 자에게 재산의 은닉, 소득·수익의 조작 또는 은폐 의도가 인정되면 『조세범처벌법』 위반죄(조세포탈)로 처벌되고, 조세포탈에 활용된다는 것을 인식하고도 대포통장을 양도 또는 대여한 자는 『조세범처벌법』 위반죄(조세포탈)의 공범으로 처벌될 수 있다.

민사책임

자신이 양도, 대여한 대포통장이 불공정거래행위, 금융사기에 이용된다는 사정을 알았거나 알 수 있었다면 대포통장 명의인과 불공정거래자, 금융사기범은 공범관계가 성립하므로 당연히 대포통장 명의인은 피해자에 대하여 손해배상책임을 부담하여야 한다.

한편, 대포통장 명의인은 불공정거래자, 금융사기범과 공범 관계가 성립하지 않는 경우에도 불법행위 피해자에게 손해배상책임을 부담할 가능성이 있다. 법원은 보이스피싱 피해자가 범죄에 사용된 대포통장의 명의인에게 손해배상을 청구한 사건에서 대포통장 명의인은 보이스피싱 범죄를 인식하지 못하였다 하더라도 통장을 양도함으로써 보이스피싱을 용이하게 하였으므로 민법상 공동불법행위자로서 보이스피싱 피해 금액의 70%를 배상할 책임이 있다고 판결하였다.

금융거래 불이익

통장, 현금카드, 공인인증서 등을 양도, 대여한 대포통장 명의자는 개인이든 법인이든 대포통장 적발 후 1년간 모든 금융회사에서 입출금이 자유로운 예금계좌를 개설할 수 없다. 또한 범죄행위에 이용된 대포통장은 발견 즉시 지급정지 되며, 대포통장 명의인은 전자금융거래 제한 대상자로 지정되어 해당 명의자의 다른 계좌도 금융회사 창구거래만 가능하고 ATM 거래, 인터넷뱅킹 등 비대면 채널을 통한 거래가 제한된다.

또한 2016년 3월부터 시행된 금융질서문란행위자 등록제도에 따르면, 통장, 현금카드 등을 양도·양수하거나 대가를 받고 거래한 자는 "금융질서문란행위자"로 금융회사에 등록되며, 등록된 정보는 금융회사 간 공유된다. 금융질서문란행위자로 금융회사에 등록되면 신용평가에 반영, 참고 되어 신규 대출이 거절되거나, 신용카드 이용 한도가 축소되거나 이용이 정지될 수 있고, 신규 계좌 개설 및 보험가입이 거절되는 불이익을 받을 수 있다. 금융질서문란행위자 정보는 7년간 유효하고, 7년이 경과한 후 5년간 신용평가에 참고 되기 때문에, 대포통장 거래자는 최장 12년간 금융거래에서 불이익을 받을 수 있다.

2. 전자금융범죄 - 피싱, 파밍, 스미싱, 해킹

인터넷, 휴대전화 등 전기통신장치를 이용한 전자금융의 발달과 더불어 전자금융범죄(피싱, 스미싱, 파밍, 해킹)가 빈번하게 발생하고 있고, 그 수법은 일반인이 예측할 수 없을 정도로 나날이 진화하고 있다. 이에 따라 엄격한 전자금융범죄 처벌과 전자금융범죄 피해자 구제방안이 사회적으로 주목 받을 수밖에 없는 상황이 되었다. 여기에서는 전자금융범죄의 유형, 처벌 및 전자금융범죄 피해자의 대응방법을 살펴본다.

전자금융범죄의 유형

① 피싱(phishing) - 보이스피싱과 메신저피싱

보이스피싱(voice phishing)은 음성(voice)+개인정보(private data)+낚시(fishing)를 합성한 신조어로 피해자를 기망 또는 협박하여 개인정보와 금융거래정보를 요구하거나 금전을 이체하도록 하여 피해자의 재산을 가로채는 사기 범죄로 2,000년대 초반 대만에서 시작되어 중국,

일본, 우리나라 등 주로 아시아 지역으로 확산되었다. 보이스피싱은 혼자서 저지르는 단독 범죄가 아니라 대개 전화 유인팀, 인출팀, 환전·송금팀, 계좌 모집팀 등의 네트워크를 이루어 움직이는 조직형 범죄다.

보이스피싱에는 다양한 유형이 있지만 크게 정부기관 사칭형과 대출빙자형으로 구분한다.

정부기관 사칭형은 경찰, 검찰, 금융감독원 등 정부기관 직원을 사칭하여 '피해자의 개인정보가 유출되었다'거나 '금융범죄 피해를 입었다'는 등의 명목으로 금융거래정보를 요구하거나 대포통장으로 송금을 유도하는 방식이고, 대출빙자형은 금융회사 직원을 사칭하여 대출을 받게 해 주겠다고 속여 대출 진행을 위한 대출수수료, 보증료, 신용등급 상향비 명목으로 돈을 편취하거나, 고금리대출을 먼저 받으면 저금리대출로 전환해주겠다고 속이고 고금리대출을 먼저 받게 하고 그 돈을 가로채는 방식이다.

금융감독원의 보도자료에 따르면, 2016년 발생한 보이스피싱 피해건수는 45,748건이고, 피해금액은 1,919억원이라고 한다. 최근 보이스피싱의 특징은 검찰, 경찰, 금융감독원 등 정부기관을 사칭하는 수법에 국민들의 경각심이 강화되어 고전적인 정부기관 사칭형 범죄가 줄고 대출빙자형 범죄의 비중이 늘어났다는 점이다. 보이스피싱의 유형별 구체적인 피해 현황은 다음과 같다.

〈 보이스피싱 피해 현황 〉 (단위: 억원, 건)

구 분		2015년		2016년	
		건수/금액	비중	건수/금액	비중
피해 건수	정부기관 사칭형	20,890	36.2%	8,643	18.9%
	대출빙자형	36,805	63.8%	37,105	81.1%
	합 계	57,695	100%	45,748	100%

구 분		2015년		2016년	
		건수/금액	비중	건수/금액	비중
피해 금액	정부기관 사칭형	1,399	57.3%	579	30.2%
	대출빙자형	1,045	42.7%	1,340	69.8%
	합 계	2,444	100.0%	1,919	100%

출처 : 금융감독원 2017. 2. 17.자 보도자료 “2016년 보이스피싱 및 대포통장 큰 폭 감소”

메신저피싱은 다른 사람의 인터넷 메신저, SNS의 아이디와 비밀번호를 도용하여 로그인 후 등록된 가족, 친구에게 대화나 쪽지를 통해 치료비, 교통사고 합의금 등 긴급자금을 요청하고, 이러한 요청에 속아 보내온 돈을 가로채는 사기 범죄다.

보이스피싱이 전화를 이용하는 금융사기인 반면 메신저피싱은 네이트, 카카오톡 등 메신저, SNS를 이용하는 금융사기라는 점에서 차이가 있다.

② 파밍

파밍(pharming)은 피싱(phishing)과 조작(farming)의 합성어로 사기범이 피해자의 컴퓨터를 악성코드에 감염시켜 피해자가 즐겨찾기나 포털사이트 검색을 통해 금융회사, 쇼핑몰에 접속을 시도하면 사기범이 미리 만들어 놓은 가짜 금융회사, 쇼핑몰 사이트인 피싱사이트로 연결되도록 조작한 후 피싱사이트에서 피해자가 입력한 금융거래정보를 가로채는 사기 범죄다.

파밍은 피싱사이트 화면이나 팝업 창을 통해 금융사기 범죄에 긴장감과 공포감을 조성하여 현금 인출에 필요한 아이디, 비밀번호는 물론 보안카드번호 전체를 입력하도록 요구하는 등 과도한 금융거래정보를 요구하는 것이 특징이다.

③ 스미싱

스미싱(smishing)은 문자메시지(SMS)와 피싱(phishing)의 합성어로 휴대전화 문자메시지를 이용한 전자금융범죄다. 피해자에게 문자메시지를 보내 악성 앱이나 악성코드를 피해자의 휴대전화에 유포한 후 휴대전화 소액결제 정보를 가로채 게임 아이템을 구매하는 형태가 전형적인 스미싱 수법이다.

스미싱과 유사한 큐싱(QR+phishing)도 종종 발생하는 전자금융범죄의 유형이다. 큐싱은 문자메시지 대신 QR코드를 통해 악성 링크로 접속을 유도하거나 직접 악성 코드를 심는 방식이다.

④ 해킹

전자금융범죄로서 해킹은 첨단 기법을 동원하여 취약한 네트워크 보안망에 불법적으로 접근하여 피해자의 컴퓨터, 휴대전화에 저장된 금융거래정보를 가로채거나, 피해자의 컴퓨터, 휴대전화에 악성코드, 악성프로그램을 이식하여 금융거래정보를 가로챈 후 피해자의 자금을 탈취하는 범죄행위다.

해킹은 컴퓨터 운영체계(OS)의 취약점을 공격하여 컴퓨터에 저장된 금융거래정보를 직접 탈취하는 **컴퓨터 해킹**, 전자 우편 등으로 악성코드, 악성프로그램을 컴퓨터 메모리에 주입해 메모리상의 데이터를 위조, 변조해 금융거래정보를 탈취하거나 임의로 금융거래를 조작하여 금전을 인출하는 **메모리 해킹**, 모바일 기기의 운영체계(OS)나 앱의 보안 취약점을 공격하여 모바일에 저장된 금융거래정보를 탈취하는 **모바일 해킹** 등으로 구분된다. 메모리해킹 금융피해 사례를 살펴보면 다음과 같다.

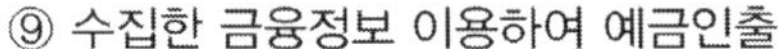

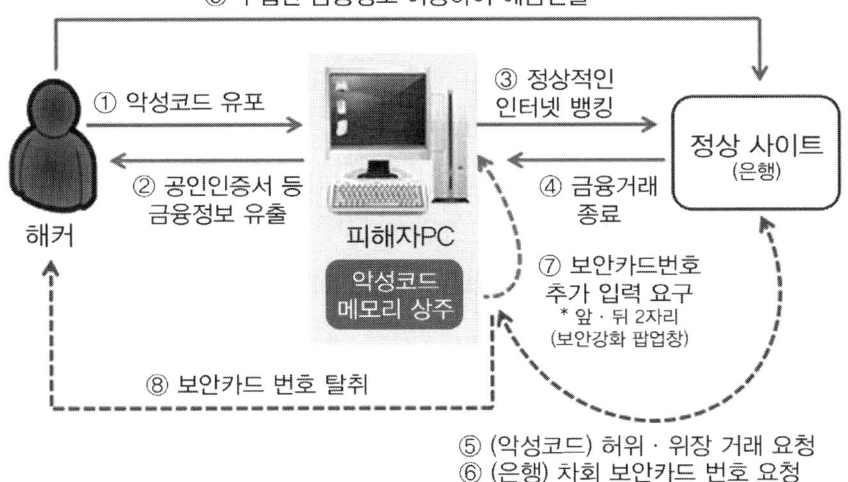

① 사용자 PC가 악성프로그램에 감염됨
② 금융거래정보 유출
③, ④ 정상적인 인터넷 뱅킹
⑤ 사용자 PC 메모리에 상주한 악성프로그램이 은행을 상대로 허위·위장 거래 요청
⑥ 은행사이트에서는 정상 요청으로 오인하고 다시 보안카드번호 추가 요청
⑦ 악성프로그램 작동으로 피해자 PC에서 보안카드번호 입력 요구 (계속된 오류표시 창 또는 보안강화 팝업창 이용)
⑧, ⑨ 보안카드번호 탈취 후 예금 부당 인출

최근에는 해킹을 통해 금융거래정보를 탈취거나 임의로 금전을 인출하는 전통적인 방식과 달리 인터넷 사용자의 컴퓨터에 잠입해 내부 문서나 스프레드시트, 그림파일 등을 암호화 해 열지 못하도록 만든

후 해독용 프로그램을 전송해 주는 대가로 금품을 요구하는 랜섬웨어(Ransom ware)가 유행하고 있다.

전자금융범죄 처벌

① 피싱(phishing) – 보이스피싱과 메신저피싱

가족, 친구를 사칭하여 교통사고 합의금을 요구하는 등 피해자를 기망하여 금전을 이체하도록 하는 행위는 형법상 사기죄로, "자녀를 납치했다"거나 "개인정보가 유출됐다"는 등의 말로 피해자에게 공포를 느끼게 하여 개인정보와 금융거래정보를 요구하거나 금전을 이체하도록 하는 행위는 형법상 공갈죄로 처벌된다. 형법상 사기죄와 공갈죄는 모두 10년 이하의 징역 또는 2천만원 이하의 벌금으로 처벌되고, 범죄이득액이 5억원 이상일 때에는 3년 이상의 유기징역 및 이득액 이하에 상당하는 벌금을 병과할 수 있다.

앞에서 본 바와 같이 대개 피싱은 조직적으로 이루어지는데, 실제 피싱 행위까지 나아가지 아니하였다 하더라도 피싱을 목적으로 하는 조직에 가입한 조직원은 형법상 범죄단체조직죄로 처벌될 수 있다. 범죄단체조직죄는 범죄를 목적으로 하는 단체 또는 집단을 조직하거나 이에 가입 또는 구성원으로 활동한 사람에게 적용되며 그 목적(예 : 피싱)한 죄에 정한 형으로 처벌된다.

또한 피싱을 위한 대포통장(현금카드 등 포함) 구입은 접근매체의 거래를 금지하는 전자금융거래법을 위반하는 행위로 3년 이하의 징역 또는 2천만원 이하의 벌금으로 처벌된다. 한편, 통장, 현금카드 등 접근매체가 피싱에 사용될 것을 알고도 통장, 현금카드 등을 양도한 경우에는 위 전자금융거래법 위반죄 및 형법상 사기 방조죄로 처벌된다.

② 파밍

파밍은 형법상 컴퓨터 등 사용 사기죄로 처벌할 수 있다. 컴퓨터 등 사용 사기죄는 컴퓨터 등 정보처리장치에 허위의 정보 또는 부정한 명령을 입력하거나 권한 없이 정보를 입력·변경하여 정보처리를 하게 함으로써 재산상의 이익을 취득하거나 제3자로 하여금 취득하게 하는 범죄다. 컴퓨터 등 사용 사기죄는 10년 이하의 징역 또는 2천만원 이하의 벌금으로 처벌된다.

또한 파밍은 『전기통신금융사기 피해 방지 및 피해금 환급에 관한 특별법』(이하 "전기통신금융사기 특별법") 위반죄에도 해당한다. 전기통신금융사기 특별법은 전기통신금융사기를 목적으로 타인으로 하여금 컴퓨터 등 정보처리장치에 정보 또는 명령을 입력하게 하는 행위를 10년 이하의 징역 또는 1억원 이하의 벌금으로 처벌한다.

③ 스미싱

스미싱도 파밍과 같이 형법상 컴퓨터 등 사용 사기죄로 처벌할 수 있다.

또한 스미싱은 악성프로그램 유포를 금지하는 『정보통신망 이용촉진 및 정보보호 등에 관한 법률』위반죄로도 처벌할 수 있다. 『정보통신망 이용촉진 및 정보보호 등에 관한 법률』은 누구든지 정당한 사유 없이 정보통신시스템, 데이터 또는 프로그램을 훼손·멸실·변경·위조하거나 그 운용을 방해할 수 있는 프로그램을 전달 또는 유포하는 행위를 7년 이하의 징역 또는 7천만원 이하의 벌금으로 처벌한다.

④ 해킹

해킹을 통해 재산상 이익을 취하였다면 파밍이나 스미싱과 마찬가지로 형법상 컴퓨터 등 사용 사기죄로 처벌할 수 있다.

또한 해킹은 접근매체의 부정한 사용을 금지하는 『전자금융거래법』 위반죄로도 처벌할 수 있다. 『전자금융거래법』은 전자금융기반시설 또는 전자금융거래를 위한 전자적 장치에 침입하여 거짓이나 그 밖의 부정한 방법으로 접근매체를 획득하거나 획득한 접근매체를 이용하여 전자금융거래를 하는 것을 금지하고, 위반행위를 7년 이하의 징역 또는 5천만원 이하의 벌금으로 처벌한다.

한편, 『정보통신망 이용촉진 및 정보보호 등에 관한 법률』은 해킹 등 접근권한 없는 정보통신망 침입을 금지하고, 위반행위를 5년 이하의 징역 또는 5천만원 이하의 벌금으로 처벌한다.

전자금융범죄 피해자의 대응방법

① 지급정지 신청

전자금융범죄 피해자는 전자금융범죄 피해 확인 즉시 경찰서나 금융회사 콜 센터에 본인 계좌와 자금이 이체된 계좌의 지급정지를 요청하여야 한다.

② 피해금 환급 신청, 부당이득 반환

전자금융범죄 피해금이 이체된 계좌에 남아 있다면 피해자는 『전기통신금융사기 특별법』에 따라 피해금이 이체된 계좌를 관리하는 금융회사에 피해금 환급을 신청할 수 있다. 『전기통신금융사기 특별법』은 전자금융범죄 피해금이 이체된 계좌에 남아 있는 경우 단기 채권소멸 절차를 통하여 계좌 명의인의 피해금에 대한 권리를 소멸시키고 피해자에게 피해금을 신속하게 환급하는 내용을 규정하고 있다.

다만, 『전기통신금융사기 특별법』이 적용되는 "전기통신금융사기"

는 전기통신을 이용하여 타인을 기망·공갈함으로써 재산상의 이익을 취하거나 제 3자에게 재산상의 이익을 취하게 하는 행위로서 자금을 송금·이체하도록 하는 행위와 개인정보를 알아내어 자금을 송금·이체하는 행위만을 의미하고, 재화의 공급 또는 용역의 제공 등을 가장한 행위는 포함하지 않는다(대출의 제공·알선·중개를 가장한 행위는 포함). 따라서 전자금융범죄 중 기망·공갈행위가 개입된 보이스피싱, 메신저피싱, 파밍의 피해자는 전기통신금융사기 특별법에 따라 피해금 환급신청을 할 수 있으나, 기망·공갈행위가 개입되지 않은 스미싱, 해킹의 피해자는 『전기통신금융사기 특별법』에 따라 피해금 환급을 신청할 수 없다.

『전기통신금융사기 특별법』에 따라 금융회사에 피해금 환급을 신청할 때에는 ① 피해자의 계좌 현황, 사기이용계좌로 이체한 내역 등을 기재한 피해구제신청서, ② 경찰이 발급하는 '사건사고 사실 확인원' 및 ③ 피해자의 신분증 사본을 제출하여야 한다. 피해자가 피해구제신청서를 제출한 때부터 실제 피해금을 환급 받을 때까지 걸리는 기간은 통상 3개월 정도라고 한다.

전자금융범죄에 이용된 계좌에 피해금이 남아 있음에도 『전기통신금융사기 특별법』에 따라 피해금 환급을 신청할 수 없는 피해자는 계좌 명의인에게 부당이득 반환청구를 하여 피해금을 회수할 수 있다. 하지만 피해금이 모두 인출되어 전자금융범죄에 이용된 계좌에 남아있지 않다면 계좌 명의인이 이득을 취했다고 볼 수 없으므로 계좌 명의인에게 부당이득 반환을 청구할 수 없다.

③ 손해배상청구

『전기통신금융사기 특별법』에 따른 피해금 환급 신청 또는 계좌 명의인에 대한 부당이득반환청구로 피해금을 전부 회수하지 못하였다면 피해자는 가해자를 상대로 손해배상을 청구할 수밖에는 없다. 따라서 피해자 입장에서는 누가 민사상 배상책임을 부담하는 가해자에 해당하는지 반드시 확인해야 한다.

대포통장 명의인이 통장을 양도, 대여하면서 그 통장이 전자금융범죄에 이용된다는 사정을 알았다면 대포통장 명의인과 전자금융범죄 행위자 사이에 공범 관계가 성립하므로 전자금융범죄 피해자는 대포통장 명의인에게 손해배상청구를 할 수 있다.

하급심 법원의 판결 중에는 대포통장 명의인이 보이스피싱 범죄를 인식하지 못하였다 하더라도 적어도 통장을 양도함으로써 보이스피싱을 용이하게 하였으므로 대포통장 명의인은 보이스피싱 행위자와 함께 민법상 공동불법행위가 성립한다고 인정한 사례도 있다. 다만, 저금리 대출을 받게 해 주겠다는 감언이설에 속아 보이스피싱 사기범에게 통장을 제공한 행위와 같이 계좌 명의인에게 통장의 양도, 대여의 인식이나 인식가능성이 없는 경우에는 계좌 명의인이 제공한 통장이 보이스피싱에 사용되었다 하더라도 계좌 명의인은 손해배상책임을 부담하지 않는다.

전자금융범죄 피해자의 손해배상청구는 가해자를 특정하기 어려울 뿐만 아니라 가해자가 특정된다 하더라도 배상능력이 없는 경우가 대부분이어서 전자금융범죄 피해자 구제수단으로 충분하지 않다. 이러한 피해자 구제 문제를 해결하기 위해 전자금융거래법이 제정되었다. 전자금융거래법은 일정한 유형의 전자금융범죄 발생 시 전자금융범죄 피해자가 자력이 충분한 금융회사에게 손해배상을 청구할 수 있도록 하였다.

즉, 전자금융거래법에서는 다음 사고로 이용자에게 손해가 발생하면 금융회사가 손해를 배상하여야 한다고 규정한다.

i) 전자금융거래에 필요한 접근매체(현금카드, 공인인증서와 같

이 전자금융 거래의 진실성과 정확성을 확보하기 위해 사용되는 본인 확인 수단 또는 정보를 말함)의 위조나 변조로 발생한 사고

ii) 계약체결 또는 거래지시의 전자적 전송이나 처리 과정에서 발생한 사고

iii) 전자적 장치 또는 정보통신망에 침입하여 거짓이나 그 밖의 부정한 방법으로 획득한 접근매체의 이용으로 발생한 사고

이러한 전자금융거래법상 금융회사의 손해배상책임은 금융회사의 고의, 과실 여부를 따지지 않는 무과실책임이다. 다만, 이용자가 전자금융사고 발생에 고의나 중대한 과실이 있는 경우와 법인(중소기업기본법상 소기업 제외) 이용자에게 손해가 발생한 것과 관련하여 금융회사가 사고를 방지하기 위하여 보안 절차를 수립하고, 철저히 준수하는 등 합리적으로 요구되는 주의의무를 다한 경우에는 금융회사의 책임이 감면될 수 있다.

한편, 전자금융사고에서 금융회사의 책임이 감면되는 이용자의 고의, 중대한 과실은 금융회사의 전자금융거래약관에 기재된 내용으로 한정된다. 대부분 금융회사의 전자금융거래약관에서는 다음 내용을 이용자의 고의, 중대한 과실로 기재하고 있다.

전자금융거래약관에 기재된 이용자의 고의, 중대한 과실

① 이용자가 전자금융거래에 필요한 접근매체를 제 3자에게 대여하거나 그 사용을 위임하거나 양도나 담보의 목적으로 제공한 경우

② 제 3자가 권한 없이 이용자의 접근매체를 이용하여 전자금융거래를 할 수 있음을 알았거나 쉽게 알 수 있었음에도 불구하고 접근

매체를 누설하거나 노출 또는 방치한 경우

③ 금융회사가 보안강화를 위하여 전자금융거래 시 요구하는 추가적인 보안조치를 이용자가 정당한 사유 없이 거부하여 사고가 발생한 경우

④ 이용자가 금융회사의 추가적인 보안조치에 사용되는 매체 · 수단 또는 정보를 누설 · 노출 또는 방치하거나 제 3자에게 대여하거나 그 사용을 위임하거나 양도나 담보의 목적으로 제공하여 사고가 발생한 경우

[참고] 형벌의 종류

형법에서는 형벌의 종류로 ① 사형, ② 징역, ③ 금고, ④ 자격상실, ⑤ 자격정지, ⑥ 벌금, ⑦ 구류, ⑧ 과료, ⑨ 몰수 9가지를 규정하고 있다. 한편, 형벌은 아니나 형벌인 벌금과 잘못 혼용되는 것으로 과태료, 범칙금, 과징금이 있다. 과태료, 범칙금, 과징금은 벌금을 설명하면서 같이 살펴본다.

사형

사형은 범죄자의 생명을 박탈하는 생명형이며, 가장 중한 형벌이다. 사형의 집행방법은 교수형이 원칙이나 군인인 경우 총살형에 처할 수도 있다. 현행 형법상 사형을 선고할 수 있는 범죄로는 내란죄, 외환죄, 간첩죄, 살인죄, 강도살인·치사죄, 해상강도살인·치사·강간죄 등이 있다. 근대 이후 형벌로서 사형의 존폐 논쟁은 시간과 장소를 막론하고 항상 치열하게 전개되었다. 사형을 폐지한 국가로는 포르투갈, 스위스, 독일, 오스트리아, 영국, 스페인, 프랑스, 남미의 여러 나라 등이 있으며, 미국의 일부 주에서도 사형을 폐지하였다.

징역

징역은 수형자를 형무소 내에 구치하여 정역(강제노동)에 복무하게 하는 형벌이다. 수형자의 신체적 자유를 박탈한다는 점에서 금고 및 구류와 같이 자유형에 해당한다. 징역에는 무기징역과 유기징역이 있다. 무기징역은 종신형을 말하며, 유기징역은 1월 이상 15년 이하이고, 유기징역에 형을 가중하는 때에는 최고 25년까지 선고할 수 있다.

금고

수형자를 형무소에 구치하고 자유를 박탈하는 점에서는 징역과 같으나, 정역에 복무하지 않는다는 점에서 징역과 다르다. 다만, 금고 수형자도 신청하면 작업을 할 수 있다. 금고도 징역과 같이 무기금고와 유기금고가 있으며, 기간도 징역과 같다. 금고는 주로 과실범, 정치범과 같은 비파렴치성 범죄자에게 선고하고 있다. 수형자에게 정역을 부과하지 않는 금고는 노동경시사상에 근거한 제도로 폐지되어야 한다는 주장도 유력하다.

자격상실

자격상실은 수형자에게 일정한 형의 선고가 있으면 그 형의 효력으로서 당연히 일정한 자격이 상실되는 형벌이다. 범죄인의 일정한 자격을 박탈한다는 의미에서 자격정지형과 더불어 명예형이다. 형법상 사형, 무기징역 또는 무기금고의 판결을 받으면 ① 공무원이 되는 자격, ② 공법상의 선거권과 피선거권, ③ 법률로 요건을 정한 공법상의 업무에 관한 자격, ④ 법인의 이사, 감사 또는 지배인 기타 법인의 업무에 관한 검사역이나 재산관리인이 되는 자격을 상실한다.

자격정지

자격정지는 수형자의 일정한 자격을 일정한 기간 정지시키는 형벌이다. 형법상 자격정지는 범죄에 따라 단독으로 선고하거나 다른 형과 같이 선고할 수 있다. 유기징역 또는 유기금고의 판결을 받은 자는 형의 집행이 종료하거나 면제될 때까지 위 자격상실형에서 상실되는 자격 중 ①, ②, ③이 당연 정지된다. 자격정지기간은 1년 이상 15년 이하다. 자격정지 기산점은 유기징역 또는 유기금고에 자격정지를 병과하였을 경우 징역 또는 금고의 집행을 종료하거나 면제된 날이고, 자격정지를 단독으로 선고할 경우 판결이 확정된 날이다.

벌금

벌금은 범죄인게 일정액의 금전을 박탈하는 형벌로 과료 및 몰수와 더불어 재산형이다. 벌금은 50,000원 이상으로 하고, 감경하는 경우에는 50,000원 미만으로 할 수 있다.

벌금은 판결 확정일부터 30일 이내에 납입하여야 하며, 벌금을 납입하지 아니하면 1일 이상 3년 이하의 기간 동안 노역장에 유치하여 작업에 복무하게 한다. 이를 노역장유치라고 한다. 선고하는 벌금이 1억원 이상 5억원 미만이면 300일 이상, 5억원 이상 50억원 미만이면 500일 이상, 50억원 이상이면 1,000일 이상의 유치기간을 정하여야 한다. 소위 "황제노역"을 방지하기 위해 2014년 신설된 규정이다.

과태료, 범칙금, 과징금

형벌인 벌금과 구별하여야 할 용어로 과태료, 범칙금, 과징금이 있다.

과태료는 행정법상 의무위반에 따르는 제재로서 부과 · 징수되는 금전으로 형벌이 아니라 행정질서벌이다. 따라서 과태료 납부 내역은 전과기록에 해당하지 않아 범죄경력조회에 나타나지 않는다.

범칙금은 「도로교통법」 등에서 규정한 형사처벌 조항을 위반한 자가 경찰서장의 통고처분에 따라 국고에 납부해야 할 금전을 말한다. 범칙금제도는 위반행위자가 정해진 기간 내에 통고 받은 범칙금을 납부한 때에는 공소를 제기하지 않지만(납부내역은 관리된다), 위반행위자가 범칙금을 납부하지 않을 때에는 즉결심판에 회부되어 벌금, 구류, 과료 처벌을 받게 된다.

과징금은 행정법상 의무위반에 대한 제재로서 과하는 금전적 부담을 말한다. 주로 위반행위로 인한 경제적 이익을 박탈하기 위해 부과한다. 예를 들어 시장지배적 사업자가 지배력 남용행위를 한 경우 공정거래위원회는 당해 사업자에 대하여 매출액에 100분의 3을 곱한 금액을 초과하지 아니하는 범위 안에서 과징금을 부과할 수 있다(「독점규제 및 공정거래에 관한 법률」 제6조).

구류

수형자를 형무소에 구치하고 자유를 박탈하는 점 및 정역에 복무하지 않는다는 점은 금고와 같으나, 기간이 1일 이상 30일 미만이라는 점이 금고와 다르다. 형법에서는 공연음란죄, 과실상해죄 등 소수 범죄에서만 구류를 형벌로 규정하나, 경범죄처벌법에서는 모든 경범죄에 구류형을 선고할 수 있도록 규정하고 있다. 구류는 교도소 구치가 원칙이나 실제로는 경찰서 유치장에 구금하는 경우가 많다.

과료

과료의 내용은 벌금과 같다. 다만, 금액이 2천원 이상 5만원 미만이라는 점이 벌금과 다르다. 판결확정일로부터 30일 이내에 납입하여야 하며, 납입하지 아니한 자는 1일 이상 30일 미만의 기간 노역장에 유치하여 작업에 복무하게 한다.

몰수

몰수는 범죄행위와 관련된 물건의 소유권을 박탈하여 국고에 귀속시키는 처분이다. 몰수에는 아편이나 모르핀, 뇌물과 같이 법령상 반드시 몰수형을 선고하여야 하는 '필요적 몰수'와 법관의 재량에 따라 몰수 여부가 결정되는 임의적 몰수가 있다. 임의적 몰수의 대상이 되는 물건은 다음과 같다. 몰수하기 불가능한 경우에는 그 가액을 추징한다.

① 범죄행위에 제공하였거나 제공하려고 한 물건

② 범죄행위로 생(生)하였거나 이로 인하여 취득한 물건

③ ① 또는 ②의 대가로 취득한 물건으로서 범인 이외의 자의 소유에 속하지 아니하거나 범죄 후 범인 이외의 자가 정을 알면서 취득한 물건의 전부 또는 일부

몰수는 원칙적으로 다른 형에 부가하여 선고하는 형벌이지만, 예외적으로 행위자에게 유죄의 재판을 아니 할 때에도 몰수의 요건이 충족되면 몰수만을 선고할 수 있다.

제 4장 금융회사 영업행위 관련 범죄

1. 투자권유 규제와 형사처벌
2. 손실보전 및 이익보장 약정
3. 임의매매와 포괄적 일임매매
4. 금융실명거래 및 비밀보장에 관한 법률 위반
5. 담합(부당한 공동행위)
6. 금융기관 임직원의 수재죄 등

1. 투자권유 규제와 형사처벌

"투자권유"는 특정 투자자에게 금융투자상품의 매매 또는 투자자문계약·투자일임계약·신탁계약의 체결을 권유하는 것이다. 투자권유는 특정 투자자에게 실시간 통신수단을 이용하는 권유라는 점에서 불특정 다수 투자자에게 비실시간 통신수단을 이용하는 권유인 "투자광고"나 단순히 증권의 발행 또는 매도사실을 알리거나 증권의 취득절차를 안내하는 "청약의 권유"와 구분된다.

증권회사의 투자권유에 따라 실제 투자자가 투자를 한 경우 증권회사는 투자자의 손익 여부와 관계없이 중개수수료를 취득하지만, 투자자는 막대한 손실을 입을 수도 있다. 즉, 투자권유는 증권회사와 투자자간 이해상충의 여지가 다분한 영역이다.

이러한 증권회사와 투자자의 이해상충 가능성 때문에 자본시장법에서는 투자자 보호를 위하여 적합성 원칙, 적정성 원칙, 설명의무, 부당권유금지, 투자권유자 제한 등 투자권유 규제를 마련하고 있다. 여기에서는 투자권유 규제의 주요 내용과 벌칙조항을 차례대로 살펴 본 후 투자광고 규제의 내용도 살펴본다.

적합성 원칙

적합성 원칙은 전문투자자가 아닌 일반투자자에게 투자권유를 하는 경우 투자목적, 재산상황 및 투자경험에 비추어 적합한 투자권유를 하여야 한다는 원칙이다.

적합성 원칙 때문에 금융회사는 고객 파악의무(Know Your Customer)를 부담하므로 투자권유 전에 해당 투자자가 투자권유를 희망하는지 여부와 투자자의 투자성향을 파악하여야 한다. 투자자가 투자권유를 희망하지 않으면 투자권유를 하여서는 안 되며, 투자권유를 희망하더라도 투자자의 투자성향보다 투자위험도가 높은 금융투자상품을 권유하여서는 안 된다.

적합성 원칙과 관련하여 최근 고령투자자에 대한 투자권유가 중요한 문제로 다뤄지고 있다. 증권회사들이 제정하여 운영하는 『투자권유 준칙』에서는 70세 이상 고령투자자 보호를 위해 ① 전담창구 마련, ② 전담부서와 전담인력 지정, ③ 파생상품, 파생결합증권 등 "투자권유 유의상품" 권유 시 강화된 판매절차 적용 등을 규정하고 있으며, 추가적으로 80세 이상 초 고령투자자를 위해 ① 파생상품, 파생결합증권 등 "투자권유 유의상품" 판매 자제, ② 투자권유 유의상품 판매 시 조력자와의 상담, ③ 투자숙려기간 부여 등을 규정하고 있다.

자본시장법은 적합성 원칙 위반행위에 형벌이나 과태료 부과 조항을 두지 않았다. 실효성 확보 차원에서 적합성 원칙 위반행위에 과태료를 부과할 수 있는 조항이라도 마련하는 것이 바람직하다.

적정성 원칙

적정성 원칙은 금융투자업자가 일반투자자에게 투자권유를 하지 아니하고 아래 금융투자상품을 판매하려는 경우 일반투자자의 투자목적,

재산상황 및 투자경험을 파악하여야 하고, 파악한 정보에 비추어 해당 금융투자상품이 일반투자자에게 적정하지 아니하다고 판단되면 그 사실을 알리고, 일반투자자에게 서명, 기명날인, 녹취 등으로 확인을 받아야 한다는 원칙이다.

i) 파생상품

ii) 파생결합증권

iii) 조건부자본증권

iv) 파생상품이나 파생결합증권에 투자하는 펀드

v) i)부터 iv)까지의 금융투자상품에 운용하는 신탁 수익증권

적정성 원칙은 손실 위험이 크고 이해하기 어려운 상품 판매에 적합하지 않은 투자자를 선별하고, 선별된 투자자에게 투자의 위험성을 인식시키기 위한 제도다.

적합성 원칙 위반과 마찬가지로 자본시장법은 적정성 원칙 위반에 형벌이나 과태료 부과 조항을 두고 있지 않다.

설명의무

설명의무도 적합성 원칙이나 적정성 원칙과 같이 금융투자업자가 일반투자자에게 투자권유를 할 때 적용된다.

설명의무는 투자권유 시 ① 금융투자상품의 내용, 투자에 따르는 위험, 금융투자상품의 투자성에 관한 구조와 성격, 수수료에 관한 사항, 조기상환 조건, 계약의 해제·해지 관련 사항을 일반투자자가 이해할 수 있도록 설명하여야 할 의무, ② 투자자의 합리적인 투자판단 또는 해당 금융투자상품의 가치에 중대한 영향을 미칠 수 있는 중요사항을 투자자가 이해할 수 있도록 거짓, 왜곡, 누락하여 설명하여서는 아니

될 의무를 말한다.

자본시장법은 설명의무의 이행 담보장치로 금융투자업자가 투자권유를 하는 경우 설명한 내용에 대해 일반투자자가 이해하였음을 서명, 기명날인, 녹취, 전자우편, 전자통신, 우편, 전화자동응답시스템 중 하나 이상의 방법으로 확인을 받아야 한다고 규정한다. 금융투자업자가 이를 위반할 경우 1억원 이하의 과태료가 부과된다.

부당권유행위 금지

자본시장법은 투자권유 과정에서 발생할 수 있는 금융투자업자의 부당권유행위를 예방하기 위해 다음과 같은 행위를 부당권유행위로 규정하고 이를 금지한다.

i) 투자자에게 거짓의 내용을 알리는 행위

ii) 불확실한 사항에 대하여 단정적 판단을 제공하거나 확실하다고 오인하게 할 수 있는 내용을 알리는 행위

iii) 투자자에게 투자권유 요청을 받지 아니하고 방문·전화 등 실시간 대화의 방법을 이용하는 행위

iv) 투자권유를 받은 투자자가 투자권유를 거부하는 취지의 의사를 표시하였음에도 불구하고 투자권유를 계속하는 행위

v) 투자자(전문투자자와 증권회사에게 신용공여를 받아 투자를 한 경험이 있는 일반투자자는 제외)에게 금전의 대여나 그 중개·주선 또는 대리를 요청 받지 아니하고, 금전의 대여나 그 중개·주선 또는 대리를 조건으로 투자권유를 하는 행위

위 부당권유행위는 내용상 앞에서 본 설명의무에 포함된다. 그러나 설명의무는 일반투자자에 대한 투자권유의 경우에만 적용되는 반면,

부당권유행위 금지는 전문투자자에 대한 투자권유에서도 적용된다는 점에서 부당권유행위 금지 규정의 독자적인 의미가 있다.

부당권유행위 중에서 i) 투자자에게 거짓의 내용을 알리는 행위, ii) 불확실한 사항에 대하여 단정적 판단을 제공하거나 확실하다고 오인하게 할 수 있는 내용을 알리는 행위는 3년 이하의 징역 또는 1억원 이하의 벌금으로 처벌되고, 나머지 부당권유행위에는 1억원 이하의 과태료가 부과된다.

투자권유자 제한

투자매매업자, 투자중개업자는 투자권유대행인, 투자권유자문인력이 아닌 자에게 투자권유를 하게 하여서는 아니 된다. 이를 위반하면 5년 이하의 징역 또는 2억원 이하의 벌금으로 처벌된다.

투자광고 제한

금융투자업자가 아닌 자는 금융투자업자의 영위업무 또는 금융투자상품에 관한 광고를 하여서는 아니 된다. 다만, 예외적으로 다음의 자에게는 해당 기관이나 행위의 성격을 감안하여 투자광고를 허용한다.

i) 금융투자협회
ii) 금융투자업자를 자회사 또는 손자회사로 하는 금융지주회사
iii) 증권의 발행인 또는 매출인(발행 또는 매출하는 증권 투자광고에 한함)

투자광고를 할 수 없는 자가 투자광고를 한 때에는 1년 이하의 징역 또는 3천만원 이하의 벌금으로 처벌된다.

2. 손실보전 및 이익보장 약정

금융시장에서 “투자”라는 용어는 단순히 자금의 투입이라는 의미뿐만 아니라 손실위험이라는 의미도 갖는다. 따라서 ‘투자’라는 단어가 포함된 금융투자상품에는 손실위험이 그림자처럼 항상 동행한다. 금융투자상품은 주식, 채권을 비롯한 증권과, 선물, 옵션을 비롯한 파생상품으로 구성되어 있는데 증권에는 투자원금까지, 파생상품에는 투자원금을 초과하여 손실이 발생할 위험이 내재되어 있다. 따라서 투자자는 투자대상 금융투자상품의 손실위험을 명확하게 인식하고 철저한 준비를 통해 대응하여야 한다.

금융투자상품에 내재하는 손실위험에도 불구하고 일부 투자자는 금융회사나 금융회사 직원에게 금융투자상품 거래에서 발생하였거나 향후 발생할 손실의 보전이나 일정한 이익의 보장을 요구하고 있으며, 금융회사나 금융회사 직원도 투자권유 과정에서 적극적으로 손실을 보전하거나 일정한 이익을 보장하겠다고 약속하는 경우도 있다. 특히 금융회사 직원이 투자권유 과정에서 투자자와 손실보전, 이익보장 약정을 체결하는 경우에는 불확실한 사항에 대하여 단정적 판단을 제공하거나 확실하다고 오인하게 할 수 있는 내용을 알리는 부당권유행위에 이를 가능성이 많다.

손실보전약정이 수반되는 부당권유행위 사례

증권회사 직원 : 시장 분위기도 좋은데 A회사 주식에 3천만원만 투자해 보시죠?

투자자 : A회사 주식에 투자했다가 손실이 나면 어떻게 하죠?

증권회사 직원 : 걱정 마세요. A회사 주식은 … 때문에 무조건 오릅니다. 만약 손실이 나면 제가 모두 책임지겠습니다.

투자자 : 그럼 차장님만 믿고 투자하겠습니다.

투자자에 대한 손실보전, 이익보장 행위는 투자자의 자기책임원칙에 반하고, 안이한 투자판단을 초래하여 금융투자상품의 공정한 가격 형성을 방해하기 때문에 자본시장법에서는 금융투자업자 및 금융투자업자 임직원의 손실보전, 이익보장 행위를 엄격하게 금지하고 있다. 자본시장법에서 금지하는 손실보전, 이익보장의 유형은 다음과 같다.

① 투자자가 입을 손실의 전부 또는 일부를 보전하여 줄 것을 사전에 약속하는 행위
② 투자자가 입은 손실의 전부 또는 일부를 사후에 보전하여 주는 행위
③ 투자자에게 일정한 이익을 보장할 것을 사전에 약속하는 행위
④ 투자자에게 일정한 이익을 사후에 제공하는 행위

한편, 자본시장법에서는 손실보전, 이익보장 행위와 유사하지만, 투

자자의 자기책임원칙에 반하지 아니하여 손실보전이나 이익보장으로 보지 않는 행위를 다음과 같이 규정한다.

① 위법행위 여부가 불명확한 경우 사적 화해의 수단으로 손실을 보상하는 행위
② 위법행위로 발생한 손해를 배상하는 행위
③ 분쟁조정 또는 재판상의 화해절차에 따라 손실을 보상하거나 손해를 배상하는 행위

금융회사나 금융회사 직원이 투자자에게 손실보전, 이익보장 약속을 한 경우 법원은 손실보전, 이익보장 금지 규정의 취지를 존중하여 손실보전, 이익보장 행위의 사법상 효력을 부정한다. 따라서 금융회사나 금융회사 직원의 손실보전, 이익보장 약속을 믿고 투자하였다가 손해를 본 투자자가 금융회사나 금융회사 직원에게 손실보전, 이익보장을 청구하는 것은 인정되지 않는다. 손실보전, 이익보장 약속을 서면으로 작성하더라도 마찬가지다.

한편 무효인 손실보전, 이익보장 약속에 따라 금융회사 직원이 투자자에게 손실금 또는 이익금을 지급한 경우 손실보전, 이익보장 약정이 무효라는 이유로 금융회사 직원이 투자자에게 지급한 손실금 또는 이익금의 반환을 청구할 수 있는지 문제된다. 금융회사 직원의 반환청구를 긍정하는 견해도 있지만, 손실보전, 이익보장 약정에 따라 투자자에게 제공된 금원은 민법상 불법원인급여에 해당하여 금융회사 직원은 투자자에게 반환을 청구할 수 없다. 다만, 예외적으로 손실보전, 이익보장 약정의 체결, 이행 과정에서 나타난 투자자의 불법성이 금융회사 직원의 불법성보다 현저히 큰 경우에는 투자자에게 반환청구를 할 수 있다.

금융회사 직원이 투자자에게 손실보전, 이익보장 약속을 한 경우 금융회사 직원은 손실보전, 이익보장 약속을 무효로 보는 법원의 입장 때문에 민사책임은 면할 수 있으나, 형사책임은 면할 수 없다.

자본시장법은 금융회사 및 금융회사 직원이 투자자와 손실보전, 이익보장 약정을 체결한 경우 3년 이하의 징역 또는 1억원 이하의 벌금으로 처벌하고 있다. 참고로 증권회사 직원이 동일한 투자자와 4건 합계 3억 5천만원의 손실보전 약정을 체결한 사건에서 법원은 증권회사 직원에게 벌금 2천만원을 선고하였다.

3. 임의매매와 포괄적 일임매매

임의매매는 증권회사나 증권회사 직원이 투자자로부터 금융투자상품 매매의 청약 또는 주문을 받지 아니하고 투자자의 위탁재산으로 금융투자상품 매매를 하는 것을 말한다.

임의매매가 발생한 경우 거래 상대방 보호 때문에 거래 자체를 무효로 되돌릴 수는 없지만 투자자가 거래를 추인하지 않는 이상 투자자에게 거래의 결과를 귀속시키는 것은 부당하다. 따라서 투자자는 증권회사에 임의매매가 자신에 대하여는 무효라고 주장하며 위탁재산의 반환을 청구하거나 손해배상을 청구할 수 있다. 물론 투자자는 임의매매를 추인하여 거래 결과를 자신에게 귀속시킬 수도 있다. 투자자가 임의매매를 추인하면 임의매매로 발생한 손해에 대한 배상을 청구할 수 없다.

임의매매는 투자자의 신뢰를 생명으로 하는 금융투자업의 근간을 해치는 행위이므로 자본시장법에서는 임의매매를 명문으로 금지하고, 임의매매를 한 증권회사 직원에게 5년 이하의 징역 또는 2억원 이하의 벌금으로 처벌한다. 직원 감독의무를 게을리 한 해당 증권회사도 2억원 이하의 벌금으로 처벌된다.

임의매매를 한 증권회사 직원을 자본시장법 위반죄 이외에 업무상 배임죄로 처벌할 수 있는지 문제된다. 업무상 배임죄가 성립하기 위해서는 타인의 사무를 처리하는 자가 배임행위를 하여 본인에게 재산상 손해가 발생하거나 발생할 가능성이 있어야 하며, 자기 또는 제 3자가 재산상 이득을 얻어야 한다. 증권회사 직원이 투자자의 주문을 받지 않고 투자자의 금융투자상품을 매매한 경우에는 금융투자상품의 시세변동으로 투자자에게 손해가 발생할 가능성 있고, 임의매매로 수수료가 발생하여 증권회사나 자기에게 재산상 이익이 발생하므로 증권회사 직원의 임의매매는 특별한 사정이 없는 한 업무상 배임죄도 성립한다. 업무상 배임죄는 형법상 10년 이하의 징역 또는 3천만원 이하의 벌금으로 처벌되고, 배임행위로 취득한 이득액이 5억원 이상일 때에는 『특정경제범죄 가중처벌 등에 관한 법률』에 따라 3년 이상의 유기징역으로 가중 처벌된다.

임의매매는 불법성이 명백하여 임의매매를 저지른 증권회사 직원은 소속 증권회사의 중징계를 피할 수 없음은 물론 형사처벌까지 받을 수 있으므로 임의매매 여부가 문제되면 증권회사 직원은 해당 거래가 임의매매가 아니고 매매와 관련하여 투자자의 포괄적인 위임을 받은 "포괄적 일임매매"라고 주장하는 경우가 많다. 일반적으로 포괄적 일임매매는 임의매매보다 가벼운 형으로 처벌될 뿐만 아니라 임의매매와 달리 포괄적 일임매매로 발생한 투자자의 손해에 대해 민사상 배상책임을 부담하지 않기 때문이다.

포괄적 일임매매는 투자자가 증권회사 직원에게 투자대상 금융투자상품의 종류, 종목, 가격, 수량, 매매 방법을 명시하지 않고 자산의 운용을 전적으로 맡기는 투자방식이다. 포괄적 일임매매는 투자자와 증권회사 직원 간 명시적 계약은 물론 묵시적 합의로도 성립할 수 있다.

투자대상 선정 능력과 매매방법 등 투자에 전문성이 부족한 투자자가 시간과 노력을 절약하기 위해 자산운용 전문가처럼 보이는 증권회사 직원에게 자산의 운용을 포괄적으로 일임하는 것은 충분히 이해할 수 있다. 하지만 포괄적 일임매매는 증권회사 직원에게 광범위한 권한이 주어지기 때문에 투자자와 증권회사 직원 사이에 이해상충이 발생할 가능성이 많다. 예를 들어 증권회사 직원이 매매수수료 수입을 위해 투자자의 이익을 고려하지 않고 투자자의 자산을 대규모로 빈번하게 거래할 수 있고, 심지어 투자자의 계좌를 시세조종 등 불법행위에 이용할 수도 있다.

투자자와 증권회사 직원 사이에 발생하는 이해상충과 불법행위 가능성 때문에 자본시장법에서는 포괄적 일임매매를 증권회사의 불건전한 영업행위로 규정하여 원칙적으로 금지하고 있으며, 예외적으로 일정한 요건을 갖춘 경우에 한하여 인정하고 있다. 자본시장법상 투자자가 증권회사에게 포괄적 일임을 할 수 있는 경우는 다음과 같다.

① 증권회사가 투자일임업 수행을 위하여 포괄적 일임을 받은 경우
② 투자자가 금융투자상품의 매매거래일(하루에 한정)과 총 매매수량이나 총 매매금액을 지정한 경우로서 지정 범위에서 금융투자상품의 수량·가격 및 시기 관련 투자판단을 투자자에게 일임 받은 경우
③ 투자자가 여행·질병 등으로 일시적으로 부재하는 중에 금융투자상품의 가격 폭락 등 불가피한 사유가 있는 경우로서 투자자에게 약관 등에 따라 미리 금융투자상품의 매도 권한을 일임 받은 경우
④ 투자자가 금융투자상품의 거래에 따른 결제나 증거금의 추가 예탁 또는 신용공여와 관련한 담보비율 유지의무나 상환의무를 이행하지 아니한 경우로서 투자자에게 약관 등에 따라 금융투자상

품의 매도권한을 일임 받은 경우(반대매매)

⑤ 투자자에게 단기금융집합투자기구(MMF)의 집합투자증권 매매와 관련하여 일임 받은 경우

증권회사 직원이 자본시장법에서 금지된 포괄적 일임매매를 한 때에는 5년 이하의 징역 또는 2억원 이하의 벌금으로 처벌되고, 직원 감독의무를 게을리 한 해당 증권회사도 2억원 이하의 벌금으로 처벌된다. 이러한 포괄적 일임매매의 법정형은 임의매매의 법정형과 동일하다. 다만, 포괄적 일임매매는 거래 당사자의 명시적 또는 묵시적 합의에 따라 이루어지는 것으로 당사자들의 의사에 부합한다는 점 및 포괄적 일임매매 계약의 상대방인 투자자를 처벌하는 규정이 없다는 점 등이 고려되어 형사절차에서 중요 범죄행위로 다루어지지 않고 있다. 즉, 검찰은 포괄적 일임매매에 대해 적극적인 수사 의지를 나타내지 않고, 법원도 중한 형량을 선고하지 않고 있다. 참고로 포괄적 일임매매 규모가 127억원 상당이고 포괄적 일임매매로 발생한 손해가 23억원 상당인 사건에서 법원은 포괄적 일임매매 금지 규정을 위반한 증권회사 직원에게 벌금 2천만원을 선고하였다.

자본시장법의 포괄적 일임매매 금지 및 처벌규정에도 불구하고 포괄적 일임매매 약정 및 그러한 약정에 따른 매매가 당사자 사이에서 유효한지 여부가 논의되고 있다. 이는 포괄적 일임매매를 금지한 자본시장법 규정을 사법상 행위에 영향을 미치는 효력규정으로 보아 당사자 사이에서도 포괄적 일임매매를 무효로 취급할지, 아니면 사법상 행위에 영향을 미치지 않는 단속규정으로 보아 당사자 사이에서는 포괄적 일임매매를 유효로 취급할지에 관한 문제다. 또한 이러한 논의의 연장선에서 투자자가 포괄적 일임매매로 발생한 손해에 대해 증권회사나 증

권회사 직원에게 손해배상청구를 할 수 있는지도 논의되고 있다.

법원은 포괄적 일임매매를 금지한 자본시장법 규정을 사법적 효력과는 관계없는 단순한 단속규정으로 해석하여 포괄적 일임매매 계약과 그에 따른 매매는 사적자치의 원칙에 따라 유효한 것으로 인정할 뿐만 아니라 포괄적 일임매매로 투자자에게 손해가 발생하였다 하더라도 투자자는 증권회사나 증권회사 직원에게 손해배상청구를 할 수 없다고 판단하고 있다.

다만, 포괄적 일임매매 약정이 있다고 하더라도 투자자가 모든 거래를 증권회사 직원에게 일임한 것으로는 볼 수 없으므로 포괄적 일임매매 계약에 따라 유효하게 인정되는 거래는 통상적인 거래에 한정되는 것으로 보아야 한다. 법원도 증권회사 직원이 투자자에게 증권거래에 관한 포괄적인 일임을 받았다 하더라도 별도의 권한을 위임 받지 않고 실행한 주식담보대출은 위법한 것으로 주식담보대출로 발생한 손해에 대해 투자자는 해당 증권회사와 그 직원에게 손해배상을 청구할 수 있다고 판단하였다.

4. 금융실명거래 및 비밀보장에 관한 법률 위반

『금융실명거래 및 비밀보장에 관한 법률』(이하 금융실명법)의 목적은 "실지명의에 의한 금융거래를 실시하고 그 비밀을 보장하여 금융거래의 정상화를 꾀함으로써 경제정의를 실현하고 국민경제의 건전한 발전을 도모하기 위함"이다. 법률의 목적이 좀 거창해도 이해해 주자. 현재 금융실명제는 상식적인 사회라면 당연히 갖추어야 할 기본적인 제도로 간주되지만, 최초 도입된 1993년만 해도 정치, 경제, 사회, 문화 모든 영역에 엄청난 변화를 몰고 온 혁명적인 제도였기 때문이다.

금융실명법의 핵심 내용은 금융실명거래와 금융기관의 금융거래 비밀보장이다. 금융실명법은 금융실명거래와 금융기관의 금융거래 비밀보장의 확립을 위해 불법목적 차명거래와 금융기관의 금융거래 비밀보장의무 위반을 형벌로 처벌하고 있으며, 금융회사의 금융실명거래 확인의무, 금융거래정보의 제공사실 통보의무 및 금융거래정보 제공내용의 기록·관리의무 위반에 대해서는 과태료를 부과하고 있다. 아래에서 차례대로 살펴본다.

불법목적 차명거래 금지

일반적으로 차명거래는 아래와 같이 3가지 유형으로 분류되지만 현재는 3번째 유형이 주로 이용된다.

〈 차명거래 유형 〉

유형	내용	예시
1	가명을 사용하여 금융 거래를 하는 경우	실명번호가 존재하지 않는 가공의 인물 명의로 계좌를 개설한 후 거래
2	거래자가 타인의 명의를 사용하여 금융거래를 하는 경우	A가 친구 B의 신분증을 제시하여 B의 명의로 계좌를 개설한 후 동 계좌를 통해 자신(A)의 자금을 거래
3	자신의 명의를 사용하여 금융거래를 하고 있으나, 실제 권리자는 타인인 경우	C가 노숙자 D에게 계좌를 개설하게 한 후 동 계좌를 받아 거래

금융실명법은 모든 차명거래를 금지하는 것이 아니라 불법재산의 은닉, 자금세탁행위, 공중협박자금조달행위, 강제집행의 면탈 및 그 밖에 탈법행위를 목적으로 하는 차명거래(이하 "불법목적 차명거래")를 금지한다. 여기에서 '그 밖에 탈법행위'는 법령상 금지규정을 위반한 위법행위 중에서 불법재산의 은닉, 자금세탁행위, 강제집행의 면탈 등과 유사한 정도의 위법성이 있는 것을 의미한다.

불법목적 차명거래 사례

① 채권자들의 강제집행을 회피하기 위해 타인 명의 계좌에 본인 소유자금을 예금하는 행위(강제집행 면탈)
② 불법도박자금을 은닉하기 위하여 타인 명의 계좌에 예금하는 행위(불법재산 은닉)
③ 금융소득종합과세를 회피하기 위해 가족 명의 계좌에 본인 소유자금을 예금하는 행위(조세포탈행위)
④ 생계형저축 등 세금우대 금융상품의 가입한도 제한을 회피하기 위하여 타인 명의 계좌에 본인 소유 자금을 분산 예금하는 행위(조세포탈행위)

불법목적 차명거래 규제 조항은 문구의 형식상 금융거래자를 대상으로 하나, 금융회사에 종사하는 자에게도 불법목적 차명거래를 알선하거나 중개하여서는 아니 될 의무를 부과한 의미로 해석된다. 여기에서 알선은 어떤 일이 이루어지도록 힘을 쓰는 행위이며, 중개는 당사자 사이에 매매 등 법률행위가 용이하게 성립될 수 있도록 조력하고 주선하는 행위를 말한다. 따라서 금융회사 종사자가 단순히 차명금융거래 성립에만 관여하고 고객에게 불법목적 차명거래를 소개, 권유, 주선하는 등의 행위를 하지 않았다면 불법목적 차명거래 알선, 중개로 처벌할 수 없다.

불법목적 차명거래를 예방하기 위해 금융회사는 계좌를 개설하려는 자에게 불법목적 차명거래가 금지됨을 문서 또는 구두로 설명하여야 하며, 설명한 내용에 대해 거래자가 이해하였음을 서명, 기명날인, 녹취 등의 방법으로 확인 받아야 한다. 은행에서 증권계좌를 개설하는 경우와 같이 업무 위탁 관계에서는 실제 계좌를 개설하는 수탁기관(은행)의 담당직원이 설명의무를 이행하여야 한다.

불법목적으로 차명거래를 한 자와 불법목적 차명거래를 알선하거나 중개한 금융회사 임직원은 5년 이하의 징역 또는 5천만원 이하의 벌금으로 처벌되고, 계좌 개설 시 불법목적 차명거래가 금지된다는 내용을 제대로 설명하지 않은 금융회사 임직원에게는 3천만원 이하의 과태료가 부과된다. 대포통장 대여와 같이 명백하게 불법적인 목적으로 차명거래가 이루어진다는 사실을 알면서도 명의를 빌려 주었다면 명의대여자도 불법목적 차명거래행위의 공범으로 처벌될 수 있다.

한편, 차명거래이나 불법재산의 은닉, 자금세탁행위, 공중협박자금조달행위, 강제집행의 면탈 등 불법적인 목적이 없다면 금융실명법 위반으로 취급하지 않는다. 금융실명법 위반으로 취급하지 않는 차명거래 사례는 다음과 같다.

불법목적 차명거래로 처벌되지 않는 차명거래

① 계, 부녀회, 동창회 등 친목모임 회비를 관리하기 위하여 대표자(회장, 총무, 간사) 명의의 계좌를 개설하는 행위
② 문중, 교회 등 임의단체 금융자산을 관리하기 위해 대표자(회장, 총무, 간사) 명의 계좌를 개설하는 행위
③ 미성년 자녀의 금융자산을 관리하기 위해 부모명의 계좌에 예금하는 행위
④ 가족 명의 계좌에 예금하여 보관하였으나 세금에 변화가 없는 경우

금융거래의 비밀보장의무

금융회사에 종사하는 자는 명의인의 서면상의 요구나 동의를 받지 아니하고는 금융거래정보를 타인에게 제공하거나 누설하여서는 아니되며, 누구든지 금융회사에 종사하는 자에게 타인의 금융거래정보 제공을 요구하여서는 아니 된다. 또한 위법하게 제공 또는 누설된 금융

거래정보를 취득한 자가 그 위법 사실을 알게 된 경우 금융거래정보를 타인에게 제공 또는 누설하여서는 아니 된다.

금융거래의 비밀보장의무를 위반한 자는 5년 이하의 징역 또는 5천만원 이하의 벌금으로 처벌된다.

다만, 다음 어느 하나에 해당하는 경우에는 명의인이 아닌 자에게 금융거래정보 제공이 허용된다.

명의인이 아닌 자에게 금융거래정보 제공이 허용되는 경우

① 법원의 제출명령 또는 법관이 발부한 영장에 따른 금융거래정보 제공
② 조세에 관한 법률에 따라 제출의무가 있는 과세자료 등의 제공과 소관 관서의 장이 상속 · 증여 재산의 확인, 조세탈루의 혐의를 인정할 만한 명백한 자료의 확인, 체납자의 재산조회, 조세에 관한 법률에 따른 질문 · 조사를 위하여 필요로 하는 거래정보 제공
③ 국정조사에 필요한 자료로서 해당 조사위원회의 의결에 따른 금융감독원장 및 예금보험공사사장의 거래정보 제공
④ 내부자거래 및 불공정거래행위 조사에 필요한 경우 등으로서 금융위원회, 금융감독원장 및 예금보험공사사장이 금융회사에 대한 감독 · 검사를 위하여 필요로 하는 거래정보 제공
⑤ 동일한 금융회사의 내부 또는 금융회사 상호간에 업무상 필요한 거래정보 제공
⑥ 금융회사 및 금융회사의 해외지점 · 현지법인 등에 대한 감독 · 검사, 자본시장법에 따른 정보교환 및 조사 등의 협조를 위하여 그에 상응하는 업무를 수행하는 외국 금융감독기관에 금융위원회, 금융감독원장의 거래정보 제공
⑦ 한국거래소의 이상거래(異常去來) 심리 또는 회원 감리를 위해 투자매매업자 · 투자중개업자가 보유한 거래정보 제공
⑧ 그 밖에 법률에 따라 불특정 다수인에게 의무적으로 공개하여야 하는 것으로서 해당 법률에 따른 거래정보 제공

금융거래의 비밀보장의무와 관련하여 수사기관이 수사에 필요하다는 이유를 들어 특정인의 금융거래정보를 요구하는 경우가 종종 발생하고 있다. 하지만 이러한 수사기관의 금융거래정보 요구는 금융실명법에서 규정하는 예외 사유에 해당하지 않으므로 적법한 것이 아님을 유의해야 한다.

금융회사의 금융실명거래 확인의무

금융회사는 거래자가 실지명의로 금융거래를 하는지 확인하여야 한다. 거래자가 개인이라면 주민등록증, 운전면허증, 청소년증, 노인복지카드, 장애인복지카드, 여권, 외국인등록증, 학생증(사진과 주민등록번호가 표시된 경우에 한함, 다만, 주민등록번호 뒷자리가 없는 학생증도 주민등록초본 또는 가족관계증명서와 함께라면 실명확인증표로 사용 가능)으로 실명확인을 하여야 한다.

법인의 대표자가 금융거래를 하는 경우에는 사업자등록증 원본(또는 고유번호증 원본, 사업자등록증명원 원본)과 대표자의 실명확인증표로 실명확인을 하고, 법인의 대리인이 금융거래를 하는 경우에는 사업자등록증 원본(또는 고유번호증 원본, 사업자등록증명원 원본), 대리인의 실명확인증표 및 위임장 등 위임관계서류로 실명확인을 한다. 참고로 개인사업자는 법인이 아니므로 사업자등록증이 아닌 개인의 실명확인증표로 실명확인을 하여야 한다.

한편, 금융위원회는 우리나라 가족관계의 특수성을 반영하여 명의인과 일정 범위내의 가족이 명의인의 금융거래를 하는 경우에는 특별한 실명확인 방법을 인정하다. 이를 가족대리라고 한다. 가족대리는 대리인이 배우자, 직계존비속(외조부모와 외손자 포함), 배우자의 부모인 경우 대리인의 실명확인증표와 명의인과 대리인의 가족관계가 표시된 주민등록등본 또는 가족관계증명서만으로 명의인의 실명확인을 하는 방법이다. 단, 가족대리가 허용되지 않은 형제자매, 삼촌, 외삼촌, 고모, 이모 간에는 위와 같은 특별한 실명확인 방법이 인정되지 않는다.

금융회사의 금융실명거래 확인의무 관련하여 거래명의인과 실소유주가 상이한 차명거래의 경우 금융회사의 책임이 문제된다. 금융회사라 하더라도 당사자 간의 차명거래를 파악하는 것은 불가능하므로 금융회사는 원칙적으로 차명거래에 책임을 부담하지 않는다. 다만, 금융회사 임직원이 차명거래에 직접 개입하거나 알선·중개한 경우에는 금융실명거래 확인의무를 위반한 것으로 차명거래에 책임을 부담하여야 한다.

금융회사 임직원이 금융실명거래 확인의무를 위반한 경우에는 3천만원 이하의 과태료가 부과된다.

다만, 다음 거래는 거래자의 실명을 확인하지 아니할 수 있다.

i) 실명이 확인된 계좌에서 이루어진 계속거래(계속거래는 '실명확인'이 아닌 금융회사 자체적으로 정하는 '본인확인' 절차를 따라야 한다)

ii) 각종 공과금 수납

iii) 100만원 이하의 송금

iv) 100만원 이하에 상당하는 외국통화의 매입, 매각

v) 보험·공제거래, 여신거래, 골드바 거래, 상품권 거래

참고로 외국통화 '송금'의 경우에는 금액에 관계없이 거래자의 실명을 확인하여야 한다.

금융거래정보 제공사실 통보의무

금융회사는 명의인 이외의 자에게 금융거래정보를 합법적으로 제공한 경우 금융거래정보를 제공한 날부터 10일 이내에 제공한 정보의 주요 내용, 사용 목적, 제공받은 자 및 제공일 등을 명의인에게 서면으로 통보하여야 한다.

금융회사 임직원이 금융거래정보 제공사실 통보의무를 위반한 경우에는 3천만원 이하의 과태료가 부과된다.

금융거래정보 제공 내용의 기록 · 관리의무

금융회사는 명의인 이외의 자에게 금융거래정보를 합법적으로 제공한 경우에는 다음 사항을 기록·관리하여야 한다. 관련서류의 보관기간은 금융거래정보 제공일부터 5년간이다.

i) 금융거래정보를 요구한 자의 인적 사항, 요구하는 내용 및 요구일
ii) 제공자의 인적 사항 및 제공일
iii) 제공된 금융거래정보의 내용
iv) 제공의 법적 근거
v) 명의인에게 통보한 날
vi) 통보를 유예한 경우 통보유예를 한 날, 사유, 기간 및 횟수

명의인 이외의 자에게 제공한 금융거래정보 내용을 금융회사가 기록·관리하도록 하는 취지는 금융거래정보 제공에 책임관계를 명확히 하여 부당한 정보 제공이나 유출을 방지하기 위함이다. 따라서 부당한 정보 제공이나 유출 우려가 없는 조세에 관한 법률에 따라 과세자료를

제공한 경우, 동일한 금융회사의 내부 또는 금융회사 상호간에 업무상 필요한 금융거래정보를 제공한 경우 금융회사는 기록·관리의무를 부담하지 아니한다.

금융회사 임직원이 금융거래정보 제공 내용의 기록·관리의무를 위반한 때에는 3천만원 이하의 과태료가 부과된다.

5. 담합(부당한 공동행위)

담합이란 동일한 종류의 물품을 생산하거나 용역을 제공하는 사업자들이 서로 짜고 가격이나 생산량을 조정해 다른 경쟁 업체를 따돌리거나 부당한 이익을 챙기는 행위를 말한다. 순 우리말로는 '짬짜미'라고 하고, 영어로는 'Sweetheart deal 또는 Sweetheart contract'라고 한다. 담합에 관한 영어 단어는 담합이 아주 친밀한 사이에서 이루어지고 그 결과가 무척 달콤하다는 것을 암시하고 있다.

최초 담합에 관한 기록은 기원전 3000년쯤 고대 이집트의 양털 상인들이 모의하여 양털 가격을 터무니없이 올린 일이다.[10] 이처럼 담합은 오래된 인류의 습성이라고 할 수 있다. 보이지 않는 손에 의해 시장에서 적정가격과 이윤이 결정된다는 생각으로 시장규제에 소극적인 아담 스미스조차도 "동일 업종에 종사하는 상인들은 일단 모였다 하면 소비자들을 우롱할 술수나 가격상승 결의 따위로 대화를 끝맺는다"고

---

10) 사실 고대 이집트는 날씨가 덥고, 종교적으로도 양을 신성하지 않다고 믿었기 때문에 양털을 거의 사용하지 않았다고 한다. 따라서 '고대 이집트에서 양털가격 담합이 이루어졌다'는 기록의 신빙성을 의심스러워하는 학자들도 있다.

개탄하면서 만성화된 담합을 규제하여야 한다고 주장하였다.

한편, 담합은 인류의 역사에서 부정적인 것으로만 취급되지는 않았다. 1920년대 말 미국의 대공황 이전까지만 해도 상당수의 경제학자들은 독점과 담합이 시장의 오작동을 교정하고 거래를 안정화하는 역할을 수행할 수 있다고 생각했다. 하지만 대공황과 제 2차 세계대전을 거치면서 독점과 담합이 부정적이라는 인식이 확산되고, 독점과 담합을 반사회적인 불법행위로 간주하기 시작했다. 이러한 독점과 담합에 대한 법적 평가의 전환에는 정치 민주화 및 그에 따른 소비자의 권익 향상이 중요한 요인으로 작동하였다고 한다.

우리나라에서는 1963년 밀가루, 설탕, 시멘트를 제조 · 판매하는 대기업들이 가격을 담합하여 폭리를 취한 사건이 발생하였는데[소위 삼분(三粉) 담합 사건], 당시 제일제당, 삼양사 등 담합을 주도한 대기업들이 담합으로 벌어들인 막대한 이익 중 일부를 음성적인 정치자금으로 제공하여 커다란 사회문제가 되었다. 삼분 담합 사건을 계기로 독점, 담합 등 불공정거래를 엄격히 규제할 필요성이 대두하여 『물가안정 및 공정거래에 관한 법률』을 거쳐 1980년 『독점규제 및 공정거래에 관한 법률』(이하 "공정거래법")이 제정되었다.

현행 공정거래법에서는 "사업자는 계약 · 협정 · 결의 기타 어떠한 방법으로도 다른 사업자와 공동으로 부당하게 경쟁을 제한하는 결과를 가져오는 가격의 결정·유지 또는 변경행위를 합의하거나 다른 사업자로 하여금 행하도록 하여서는 아니 된다"고 규정하고 있으며, 이를 위반할 경우 3년 이하의 징역 또는 2억원 이하의 벌금으로 처벌한다. 또한 공정거래법은 공정거래위원회로 하여금 담합행위로 적발된 기업에 대하여 담합행위의 중지, 시정명령을 받은 사실의 공표 기타 시정을 위해 필요한 조치를 할 수 있는 권한과 매출액의 100분의 10 범위 내에서 과징금을 부과할 수 있는 권한도 부여하고 있다.

과거 우리나라 금융회사가 저지른 담합행위에는 은행들의 수출환어음 매입수수료 신설 담합, 뱅커스 유산스 인수수수료 신설 담합, 지로수수료 인상 담합, 증권회사들의 채권인수수수료 담합, 신용카드 회사들의 현금서비스수수료율, 할부수수료율 및 연체수수료율 인상 담합 등이 있었으나, 모두 사회적으로 큰 주목을 받지는 못하였다.

하지만 최근 금융회사의 담합행위가 사회적으로 큰 주목을 받은 적이 있었다. 그 계기는 2012년 영국에서 발생한 '리보(LIBOR) 금리 조작 사건'이었다.

LIBOR는 'London Inter-Bank Offered Rates'의 약자로 '런던 은행간 제공금리' 정도로 풀이된다. 영국 내 18개 대형은행이 매 영업일 오전에 '자기 은행이 다른 은행에게 단기로 자금을 조달할 경우 어느 수준의 금리가 적용될 것인지'를 통화별, 기간별로 영국은행협회에 제공하면, 영국은행협회는 상위 및 하위 4개 은행이 제공한 금리를 제외한 나머지 10개 은행이 제공한 금리를 단순 평균하여 발표하는데, 이를 리보(LIBOR) 금리라고 한다.

리보 금리는 세계 각국의 국제금융거래에 기준금리로 활용되고 있었고, 당연히 영국 은행들의 조달금리에도 영향을 미쳤다. 바클레이즈, UBS 등 5개 대형 은행은 자금의 조달 비용을 낮추기 위해 2005년부터 2008년까지 영국은행협회에 고의적으로 낮은 금리를 제시하는 방식으로 리보 금리를 조작하다가 덜미를 잡혔다. 이 사건으로 바클레이즈, UBS 등 5개 대형 은행은 총 35억달러의 과징금을 부과당했다.

전 세계적으로 공신력을 인정받고 있던 리보 금리가 금융회사에 의해 조작되었다는 사실이 밝혀지자 자연스럽게 의혹의 시선은 우리나라 금융회사들이 관여하는 금리에 쏠렸다. 우선 아파트 등기나 자동차 등록 시 의무적으로 매입하는 소액채권(제1종 국민주책채권, 제2종 국민주택채권, 서울도시철도채권, 지역개발채권)의 매매가격을 정하는 채권수익률이 의심의 대상이 되었고, 금리 산출방법이 리보 금리와 유사한 데다 2012년 당시 시장금리와 동떨어진 움직임을 보인 CD금리도 담합 의혹의 핵심으로 떠올랐다.

특히 당시 CD금리는 주택담보대출 등 우리나라 은행에서 활용하는 변동금리부 대출의 중요한 기준이었다. 2012년 5월말 CD금리에 연동된 변동금리부 대출 규모는 289조원이나 되었다. CD금리를 0.1%만 조작해도 은행들은 연 2,890억원의 이자 수익을 얻고 서민 대출자들은 그만큼 손해를 본다는 단순한 계산이 나오자 여론이 동요했고 언론과 정치권이 칼춤을 추기 시작했다. 공정거래위원회가 움직일 수밖에 없는 상황이 되었다.

공정거래위원회는 금융회사들이 소액채권의 매매가격을 정하는 채권수익률 결정 과정에서 담합하였다고 인정하여 20개 증권회사에 시정명령 및 과징금 192억원을 부과했고, 위반 정도가 중한 삼성증권 등 6개 증권회사를 검찰에 고발하였다. 하지만 CD금리 담합에 대해서는 4년 넘게 조사한 후 결정적 증거를 찾지 못했다는 이유로 '심의절차종료'를 의결했다. 사실상 '무혐의' 처리였다.

여기서 한 가지 짚고 넘어가야 할 문제가 있다. 공정거래위원회와 법원은 일관되게 정부기관의 행정지도로 사업자들의 공동행위가 발생하게 된 경우에도 사업자간 합의가 있으면 공정거래법상 담합에 해당된다는 입장을 보이고 있다. 하지만 우리나라는 금융감독당국을 비롯한 정부의 행정지도로 금융회사들이 동일한 행위를 하는 경우가 많은데 이때에도 공동행위에 금융회사 간 합의가 있다고 하여 담합으로 판단하면 금융회사들에게는 너무나 가혹한 결과가 된다.

앞에서 본 소액채권 수익률 담합 사건에서 공정거래위원회와 법원은 증권회사들의 소액채권 수익률 협의를 가격 담합으로 간주하였지만, 당시 증권회사들은 제1종 국민주택채권의 수익률을 실제 거래금리가 아닌 국고채 대비 10bp 내외로 축소하여 신고하라는 건설교통부의 권고를 이행하기 위해 소액채권 수익률을 협의하였을 뿐이므로 억울한 감정을 가질 수밖에 없었다.

담합은 행위자들의 자유로운 의사결정을 전제로 하므로 관치금융의 성격이 강하게 남아있는 우리나라에서 금융회사들의 업무처리를 담합으로 규제하는 것이 옳은지 의문이다. 금융회사들이 정부의 눈치를 보면서 불가피하게 수행하는 획일적 업무처리에 담합이라는 잣대를 들이대기 보다는 금융회사들이 자유로운 의사결정을 할 수 있는 환경을 마련해주는 작업이 선행되어야 한다.

Leniency(리니언시)와 Amnesty plus(엠네스티플러스)

1. Leniency(리니언시/자진신고감면제도)

자진신고감면제도(Leniency)는 부당한 공동행위(담합)에 참여한 기업이 그 사실을 자진 신고하거나 조사에 협조하는 경우 시정조치나 과징금 등 제재의 수준을 다음과 같이 감면하는 제도다(공정거래법 시행령 제 35조 제 1항 1호, 2호, 3호).

① 공정거래위원회가 조사를 시작하기 전에 첫 번째 자진 신고한 자로서 일정한 요건을 갖춘 경우에는 과징금 및 시정조치를 면제한다.

② 공정거래위원회가 조사를 시작한 후에 첫 번째 조사에 협조한 자로서 일정한 요건을 갖춘 경우에는 과징금을 면제하고, 시정조치를 감면한다.

③ 공정거래위원회가 조사를 시작하기 전 또는 조사를 시작한 후에 부당한 공동행위임을 입증하는데 필요한 증거를 단독으로 제공한 두 번째의 자는 일정한 요건을 갖춘 경우 과징금의 100분의 50을 감경하고, 시정조치를 감경할 수 있다.

2. Amnesty plus(엠네스티플러스/다른 부당공동행위 자진신고 감면제도)

다른 부당공동행위 자진신고 감면제도(Amnesty plus)는 부당한 공동행위로 과징금 부과 또는 시정조치의 대상이 된 자가 그 부당한 공동행위 외에 자신이 관련된 다른 부당한 공동행위에 대하여 첫 번째로 자진신고 하거나 증거를 제출하면 과징금 부과 또는 시정조치의 대상이 된 부당한 공동행위에 대하여 다시 과징금을 감면하고, 시정조치를 감경할 수 있는 제도다(공정거래법 시행령 제 35조 제 1항 4호).

6. 금융기관 임직원의 수재죄 등

금융기관 임직원의 수재죄 위헌 여부

갑은 ○○투자증권 인프라금융부 과장으로서 성남시 판교 생활대책용지 개발 사업을 진행하기 위해 설립된 특수목적법인(PFV) 관련 업무와 기타 부동산 개발사업 자문업무를 담당하였다. 갑은 업무와 관련된 시행사로부터 신축될 상가의 분양대행 계약 주선 명목으로 5,500만원을 수수하였다는 이유로 『특정경제범죄 가중처벌 등에 관한 법률』 위반(수재죄)으로 기소되었다.

갑은 위 재판 중 금융기관 임직원의 수재죄를 처벌하고, 금품 수수액이 5천만원 이상 1억원 미만인 때 7년 이상의 유기징역으로 가중처벌하는 『특정경제범죄 가중처벌 등에 관한 법률』 규정이 헌법에 위배된다고 주장하며 헌법소원을 제기하였다.

한편, 갑은 헌법소원심판 진행 중 형사재판에서 징역 3년 6월 및 벌금 5,500만원을 선고 받았다.

위 사례에서 갑은 무엇이 억울하여 헌법소원심판까지 청구하였을까? 먼저 갑의 주장을 구체적으로 살펴보고 헌법재판소의 결정을 확인해 보자.

갑은 첫 번째로 자신에게 『특정경제범죄 가중처벌 등에 관한 법률』(이하 "특경법")의 '금융기관 임직원의 수재죄'를 적용할 수 없다고 주장하였다. 특경법에서는 금융기관 임직원의 수재죄 적용 대상자로 "자본시장법상 투자매매업자, 투자중개업자(증권회사)의 임직원"을 명시하고 있다. 문제는 갑이 투자매매업자, 투자중개업자 소속 직원이기는 하지만 담당업무가 투자매매업, 투자중개업과는 직접 관련이 없는 부동산개발 자문업무라는 점이다. 이런 이유로 갑은 투자매매업, 투자중개업 수행과 관련한 금품수수에만 적용되는 특경법상 '금융기관 임직원의 수재죄'는 투자매매업, 투자중개업이 아닌 부동산개발 자문업무를 담당하는 자신에게는 적용되어서는 아니 된다고 주장하였다.

두 번째로 갑은 자신에게 특경법상 금융기관 임직원의 수재죄 규정이 적용된다 하더라도 해당 특경법의 처벌 조항은 행위자의 책임과 형벌 간의 비례원칙에 반할 정도로 너무나 과중하여 위헌이라고 주장하였다. 갑은 부동산개발 자문업무 수행 과정에서 5천 5백만원을 수수하였는데, 당시 특경법은 금융기관 임직원이 직무와 관련하여 수수한 금품이 5천만원 이상 1억원 미만인 때에는 7년 이상의 유기징역으로 처벌하고 있었다. 법정형 7년 이상의 유기징역은 법원이 범죄의 정상에 참작할 만한 사유가 있다고 인정하여 작량감경(1/2 감경)을 하더라도 3년 6개월이 하한선이 되므로, 3년 이하의 징역을 선고할 경우에만 가능한 집행유예를 활용할 수 없다.

헌법재판소는 갑의 첫 번째 주장에 대해 헌법재판관 9인의 일치된 의견으로 "특경법이 적용되는 '금융기관 임직원의 직무'는 해당 금융기관 고유업무에 한정된다고 볼 수 없으므로 투자매매업자 또는 투자중개업자의 임직원으로서 금품을 수수한 자가 투자매매업, 투자중개업과 직접적으로 관련이 없지만 투자매매업자 또는 투자중개업자의 임직원 지위에 수반하여 취급하는 부동산개발 자문업무를 수행할 때에도 특경법이 적용된다"고 판단하였다.

갑의 두 번째 주장에 대해서는 헌법재판소 재판관들 사이에 의견이 갈렸다. 헌법재판관 9인 중 4인은 합헌의견으로 "입법자는 금융기관 임직원이 직무에 관하여 5천만원 이상의 금품을 수수한 경우 비난가능성의 정도를 높게 평가하여 법률상의 감경사유가 없는 한 법관이 작량감경은 할 수 있으되 집행유예는 선고하지 못하도록 입법적 결단을 내린 것이고, 이러한 입법자의 결단은 특경법의 입법취지에 비추어 수긍할 만한 합리적인 이유가 있다"고 판단하였다.

반면, 헌법재판관 9인 중 5인은 위헌의견으로 "투자매매업자, 투자중개업자는 인가 받은 투자매매업, 투자중개업과 직접 관련성이 없지만 수익창출이 가능한 다양한 금융업무를 사업영역으로 삼을 수 있는바, 이러한 업무는 국가경제와 국민생활에 중대한 영향을 미친다고 보기 어려워 가중처벌의 필요성이 현저히 떨어짐에도 불구하고 업무와 관련하여 5천만원 이상의 금품을 수수한 경우 법정형을 7년 이상의 유기징역으로 규정하여 집행유예를 선고할 수 없도록 하는 것은 행위자의 죄질과 책임에 상응하지 않는 처벌이 될 가능성이 높다"고 판단하였다.

위 헌법소원심판 사건에서는 헌법재판관 9인 중 과반수인 5인이 처벌조항을 위헌으로 판단하였으나, 위헌결정에 필요한 정족수인 6인에 미치지 못하여 헌법재판소는 합헌결정을 하였고, 결국 갑은 구제받지 못하였다.

이하에서는 위 헌법소원 사건에서 문제된 금융기관 임직원의 수재죄 및 이와 관련된 금융기관 임직원에 대한 증재죄 등의 내용을 간략히 살펴보고자 한다.

먼저 금융기관 임직원의 수재죄에는 단순수재죄, 제3자 금품등공여죄, 알선수재죄가 있다.

단순수재죄는 금융기관 임직원이 직무에 관하여 금품 기타 이익을 수수·요구 또는 약속하는 범죄이고, 제3자 금품등공여죄는 금융기관 임직원이 직무에 관하여 부정한 청탁을 받고 제3자에게 금품 기타 이익을 공여하게 하거나 공여하게 할 것을 요구 또는 약속하는 범죄이고, 알선수재죄는 금융기관 임직원이 지위를 이용하여 소속 금융기관 또는 다른 금융기관 임직원의 직무에 속한 사항의 알선에 관하여 금품 기타 이익을 수수·요구 또는 약속하는 범죄다.

단순수재죄, 제3자 금품등공여죄, 알선수재죄 모두 위반자를 5년 이하의 징역 또는 10년 이하의 자격정지로 처벌하고, 수수·요구 또는 약속한 금품 기타 이익의 가액(이하 "수수액")의 2배 이상 5배 이하의 벌금을 병과한다. 다만, 금융기관 임직원의 수수액이 3천만원 이상인 때에는 다음의 구분에 따라 가중 처벌한다(수수액의 2배 이상 5배 이하의 벌금을 병과).

① 수수액이 1억원 이상인 때에는 무기 또는 10년 이상의 징역
② 수수액이 5천만원 이상 1억원 미만인 때에는 7년 이상의 유기징역
③ 수수액이 3천만원 이상 5천만원 미만인 때에는 5년 이상의 유기징역

한편, 특경법은 금융기관 임직원의 수재죄에 대응하는 금융기관 임직원에 대한 증재죄, 알선수재죄를 규정하고 있으며, 금융기관 임직원과 관련된 범죄로 금융기관 임직원의 사금융 알선죄도 규정하고 있다.

"금융기관 임직원에 대한 증재죄"는 금융기관 임직원의 직무와 관련하여 금융기관 임직원에게 금품이나 이익을 약속, 공여 또는 공여의 의사를 표시한 때 성립하는 범죄로서 5년 이하의 징역 또는 3천만원 이하의 벌금으로 처벌한다.

"금융기관 임직원에 대한 알선수재죄"는 ① 금융기관 임직원의 직무에 속하는 사항의 알선에 관하여 금품이나 이익을 수수, 요구 또는 약속한 때, ② 금융기관 임직원의 직무에 속하는 사항의 알선에 관하여 금품이나 이익을 제3자에게 공여하게 하거나 공여하게 할 것을 요구 또는 약속한 때 성립하는 범죄로서 5년 이하의 징역 또는 5천만원 이하의 벌금으로 처벌한다.

"금융기관 임직원의 사금융 알선죄"는 금융기관 임직원이 지위를 이용하여 자기 또는 제3자의 이익을 위하여 자기 또는 제3자의 계산으로 금전의 대부, 채무의 보증 또는 인수를 하거나 이를 알선하였을 때 성립하는 범죄로서 7년 이하의 징역 또는 7천만원 이하의 벌금으로 처벌한다.

제 5장 횡령과 배임

1. 배임죄와 경영판단의 원칙
2. 증권발행과 회사 경영진의 배임죄(증권의 저가 발행, CB call option, Warrant buy back option)
3. 차입매수(LBO)와 형사책임
4. 착오송금의 법률관계
5. 황금낙하산, 은낙하산, 주석낙하산

참고 : 경영권 방어수단

1. 배임죄와 경영판단의 원칙

배임죄는 타인의 사무를 처리하는 자가 임무에 위배하는 행위로 재산상의 이익을 직접 취득하거나 제3자로 하여금 취득하게 하여 본인에게 손해를 발생시켰을 때 성립하는 범죄다. 현대 사회는 구성원에게 특정한 임무가 부여되는 고용이나 위임관계를 기반으로 한다는 점에서 임무 위배가 요건인 배임죄는 다른 어떤 범죄보다도 발생가능성이 높다고 할 수 있다. 대부분의 사람은 고용이나 위임관계 없이 자신의 일만 하고 싶은 꿈을 꾸지만 사회생활을 하면서 자기의 사무만을 처리하는 사람이 얼마나 될까?

배임죄의 본질은 신임관계의 침해다. 쉬운 말로 "배신"이다. 배신은 당사자 사이의 믿음이나 의리를 저버리는 행위이므로 기본적으로 당사자 사이의 사적 영역에 속하는 문제다. 따라서 배신을 손해배상청구 등 민사적 구제수단 차원을 넘어 범죄로 다루는 것은 사적 자치의 원칙 위배라는 근본적인 문제를 내포하고 있다. 이러한 이유로 배임죄를 폐지하여야 한다거나 배임죄의 성립요건을 강화하여야 한다는 주장이 설득력을 얻고 있고, 특히 기업경영과 관련하여 이익을 추구하려는 경영진의 경영판단이 기업의 손실로 이어진 경우 경영진을 배임죄로 처벌할 것인지 논란이 되고 있다.

아래에서는 배임죄의 구성요건과 경영판단에 따른 행위를 배임죄로 처벌할 수 있는지 살펴보고자 한다.

배임죄의 구성요건

배임죄는 형사범죄 중 가장 불명확한 용어로 규정되어 죄형법정주의 위반이라는 비난을 받을 정도다. 따라서 배임죄는 재판과정에서 범죄 성립여부를 치열하게 다투는 경우가 많고, 무죄가 선고되는 비율도 다른 범죄에 비해 높다. 배임죄의 구성요건이 얼마나 불명확한지 살펴보자. 배임죄의 성립 요건은 다음과 같다.

i) 타인의 사무를 처리하는 자

ii) 임무에 위배하는 행위

iii) 재산상의 이익을 취득하거나 제3자로 하여금 취득하게 하여 본인에게 손해 발행

먼저 타인의 사무로 인정되기 위해서는 근거가 필요하지만, 그 근거는 명시적인 법령, 계약에 제한되지 않는다. 관습이나 사무관리에 의해 타인의 사무를 처리하고 있다 할지라도 신의성실의 원칙에 의하여 신임관계가 인정되면 배임죄의 '타인의 사무'에 해당한다. 또한 배임죄는 기본적으로 재산범죄이므로 배임죄의 요건이 되는 타인의 사무는 본인의 재산보호가 신임관계의 전형적, 본질적 내용이 되는 주된 의무이어야 하며, 단순히 부수적 의무가 되는 것으로는 부족하다.

따라서 단순히 부동산 매매계약을 체결하고 계약금만 수령한 상태

에서 매도인이 매매목적물인 부동산을 제3자에게 이중으로 매도한 행위는 배임죄가 성립되지 않으나, 매도인이 중도금 또는 잔금을 수령한 이후 매매목적물인 부동산을 제 3자에게 이중으로 매도하면 배임죄가 성립한다. 매매계약과 계약금 수령만으로는 매도인에게 매수인의 소유권 취득에 협력하여야 할 신의칙상 신임관계가 인정되지 않지만, 중도금 또는 잔금을 수령한 이후에는 매도인에게 매수인의 소유권 취득에 협력하여야 할 신의칙상 신임관계가 발생하기 때문이다.

대표이사의 신주발행 업무가 주주의 사무인지 여부

신주발행은 주식회사의 자본조달을 목적으로 하는 것으로서, 신주발행과 관련한 대표이사의 업무는 회사의 사무일 뿐이므로 신주발행 과정에서 대표이사가 납입된 주금을 회사를 위하여 사용하도록 관리 · 보관하는 업무 역시 회사의 사무로서 대표이사의 선관주의의무 내지 충실의무의 대상이다.

신주발행에서 대표이사가 일반 주주들에 대하여 그들의 신주인수권과 기존 주식의 가치를 보존하는 임무를 대행한다거나 주주의 재산보전 행위에 협력하는 자로서 타인의 사무를 처리하는 자의 지위에 있다고는 볼 수 없다.

※ 결국 신주발행과 관련하여 대표이사는 회사의 손해에 배임죄의 책임을 부담할 수 있으나, 주주의 손해에 배임죄의 책임을 부담하지 않는다.

임무를 위배하였는지 여부는 사무의 성질 및 내용과 행위 당시의 상황 등을 구체적으로 검토하여 신의성실의 원칙에 따라 판단하여야 한다. 임무 위배행위는 반드시 권한남용, 법률상의 의무위반에 해당할 필요가 없으며, 작위 · 부작위를 불문한다. 금융기관 임직원이 회수가능성이 희박함에도 불구하고 아무런 담보 없이 대출을 해 준 경우가 전형적인 임무 위배행위에 해당한다. 회사의 경영진이 투기적인 모험거래를 한 경우에는 그러한 거래가 통상적인 거래관행을 벗어난 것인지 여부에 따라 임무 위배 여부를 판단해야 한다.

배임죄는 임무 위배행위로 행위자 또는 제3자가 재산상 이익을 취하고 본인에게는 손해가 발생하여야 하므로 행위자 또는 제3자가 재산상 이익을 취하더라도 본인에게 손해가 발생하지 않았다면 배임죄가 성립하지 않는다. 또한 본인의 손해는 행위자 또는 제3자가 취한 재산상 이득 때문에 발생하여야 하며, 기존재산의 감소인 적극적 손해는 물론 당연히 증가할 재산이 증가하지 못한 소극적 손해를 포함한다.

회사의 주주가 1인인 1인회사에서 주주 겸 경영자가 임무에 위배하여 회사 재산을 임의로 소비한 경우 회사에 손해를 가한 것으로 보아 배임죄로 처벌할 수 있는지 논란이 있었다. 법원은 주주와 회사는 법인격이 서로 다르므로 1인회사의 주주 겸 경영자의 임무 위배행위로 회사에 손해가 발생하면 경영자에게 배임죄가 성립한다고 판단하였다.

한편, 배임죄는 고의범이므로 타인의 사무처리자로서 배임행위를 하여 자기 또는 제3자가 재산상 이익을 취하고, 본인에게 손해가 발생한다는 인식이 필요하다. 하지만 행위자가 이득을 취할 목적이나 본인에게 손해를 가할 목적까지는 요구되지 않는다.

경영판단의 원칙

기업경영자의 임무 위배행위는 사적인 기업경영 과정에서 발생하는 문제이므로 이해당사자인 주주의 감독에 맡겨야 하고, 공권력인 형사법이 개입하는 것은 사적 자치의 원리에 위배된다는 논리로 기업경영

관련 업무상배임죄 성립을 제한해야 한다는 의견이 있다. 바로 경영판단의 원칙 도입론이다.

경영판단의 원칙(business judgment rule)은 회사의 경영자가 자신의 권한 내에서 합리적인 근거에 따라 회사에 최상의 이익이 된다고 믿고 성실하게 의사결정을 하였다면 결과적으로 회사에 손해가 발생하였다 할지라도 경영진에게 법적 책임을 묻지 않아야 한다는 이론이다. 사실 기업경영자는 경영판단의 결과에 다양한 책임을 부담한다. 큰 실책은 사직, 면직으로, 그 외 실책은 견책, 감봉, 사내외의 비난 등. 결국 경영판단의 원칙 도입 논의에서 면제 여부가 문제되는 책임은 회사 내부적인 책임이 아닌 민사책임과 형사책임으로 대표되는 "법적 책임"에 한정된다.

회사가 성장하기 위해서는 반드시 어느 정도의 위험을 감수하여야 한다. 만일 경영진의 경영판단이 법적으로 보호받지 못한다면 경영진은 극히 보수적으로만 업무를 수행하게 되어 회사의 발전을 기대할 수 없다. 실제 사내·외로부터 '미친 짓'으로 평가 받은 경영상의 결정이 회사 발전의 중요한 계기가 된 사례는 무수히 많다.

경영판단의 원칙은 미국에서 판례 및 입법을 통해 형성된 이론으로 미국에서는 경영진의 민사책임을 제한하는 원리로 사용되어 왔으나, 우리나라에서는 경영진의 민사책임은 물론 형사책임(업무상배임죄) 제한원리로도 활용되고 있다.

우리 법원은 경영상의 판단을 이유로 회사 경영진에게 업무상배임죄의 성립을 부정할지 여부는 개별적으로 판단하여야 한다고 하면서 배임죄가 성립하지 않는 경영판단의 요건을 다음과 같이 제시하고 있다.

i) 경영진의 행위가 법령에 위반되지 않아야 한다.

ii) 경영진이 합리적으로 이용 가능한 범위 내에서 필요한 정보를 충분히 수집·조사하고 검토하는 절차를 거쳐야 한다.

iii) ii 절차를 근거로 회사의 최대 이익에 부합한다고 합리적으로 신뢰하고 신의성실을 다하여 경영상의 판단을 내렸어야 한다.
iv) 경영상의 판단 내용이 현저히 불합리하지 않은 것으로서 통상의 경영진을 기준으로 할 때 합리적으로 선택 가능한 범위 안에 있어야 한다.

다만, 우리 법원이 업무상배임죄 성립 판단에 미국에서 발전된 경영판단의 원칙을 받아들였는지 여부에 대해 우리나라 형법학자들 사이에 의견이 일치되어 있지 않고, 우리 법원이 업무상배임죄 판단에 경영판단의 원칙을 받아들였다고 주장하는 형법학자들도 경영판단의 원칙이 업무상배임죄의 성립을 어떠한 논리로 부정하는지에 대해 다양한 의견을 개진한다. 이는 경영판단의 원칙이 형법이나 상법에서 명문화되지 않았기 때문에 벌어진 논란이다. 입법을 통해 해결하여야 할 과제다.

계열회사 지원에 경영판단의 원칙 적용 여부

회사의 경영상 부담에도 불구하고 관계회사의 부도 등을 방지하는 것이 회사의 신뢰도를 유지하고 회사의 영업에 이익이 될 것이라는 일반적 · 추상적인 기대 하에 일방적으로 관계회사에 자금을 지원하게 하여 회사에 손해를 입게 한 이사의 행위는 허용되는 경영판단의 재량범위 내에 있지 않다(업무상배임죄 성립).

경영권 프리미엄이 가산된 주식을 인수한 경우 경영판단의 원칙 적용 여부

경영권 행사 주식을 거래할 때 지급되는 경영권 프리미엄은 당시 주식 시가의 일정한 비율이라는 단순한 수식으로 구할 수는 없고, 기업의 현재 및 미래가치, 경영권 획득으로 발생하는 파급효과, 경영권 확보에 필요한 주식을 공개시장에서 매수할 경우 필요한 비용 등을 종합적으로 고려하여 결정하여야 한다.

따라서 대주주가 자신이 보유한 다른 회사 주식을 회사에 매도할 때 주식 시가에 경영권프리미엄을 가산하여 매매금액을 정한 경우에는 그 매매금액이 시가와 많은 차이가 있다는 사실만으로 바로 배임죄가 성립하지는 않는다.

배임죄 처벌

형법상 배임죄는 5년 이하의 징역 또는 1천 500만원 이하의 벌금으로 처벌하고, 업무상 임무에 위배하였을 것을 요건으로 하는 업무상배임죄는 10년 이하의 징역 또는 3천만원 이하의 벌금으로 처벌한다.

한편, 『특정 경제범죄 가중처벌 등에 관한 법률』에 따라 배임 또는 업무상 배임으로 취득한 이득액이 5억원 이상 50억원 미만이면 3년 이상의 유기징역, 이득액이 50억원 이상이면 무기 또는 5년 이상의 징역으로 가중 처벌한다. 『특정 경제범죄 가중처벌 등에 관한 법률』이 적용되는 경우에는 이득액 이하에 상당하는 벌금을 징역형에 병과할 수 있다.

2. 증권발행과 회사 경영진의 배임죄 (증권의 저가 발행, CB call option, Warrant buy back option)

증권을 발행할 때 회사는 높은 가격을, 증권 투자자는 낮은 가격을 원하기 때문에 기본적으로 증권 발행은 회사와 투자자의 이해가 상충되는 영역이다. 이러한 회사와 투자자의 이해상충을 감안하여 자본시장법령에서는 증권 발행절차, 증권의 발행가격을 엄격하게 규정하고 있다.

증권 발행절차의 엄격성 때문에 증권 발행 과정에서 회사 경영진은 의도했든 의도하지 않았든 법령을 위반할 가능성이 있고 형사처벌까지 받을 수 있다. 예를 들어 회사가 발행할 주식의 총수를 초과하여 주식을 발행한 경우, 증권신고서를 제출하지 않고 공모로 증권을 발행한 경우, 분식회계를 숨기고 증권을 발행한 경우에는 각 상법, 자본시장법, 형법에 따라 처벌된다.

한편, 시가보다 현저히 낮은 가액으로 주식, 주식관련사채(신주인수권부사채, 전환사채 등)를 발행하거나, 증권발행 단계에서 증권을 취득하는 투자자로부터 시가보다 저가에 증권을 매수할 수 있는 권리를 회사의 대주주 등 제3자에게 부여하는 경우에도 회사 경영진에게 업무상배임죄가 성립될 수 있다. 이 문제를 구체적으로 살펴본다.

먼저 시가보다 현저히 낮은 가액으로 증권을 발행한 경우다. 법원은 삼성 SDS 신주인수권부사채 저가발행 사건 및 에버랜드 전환사채 저가발행 사건에서 시가보다 현저히 낮은 가액(신주인수권부사채의 경우 행사가격, 전환사채의 경우 전환가격)으로 증권을 발행한 회사 경영진을 업무상배임죄로 처벌할 수 있는 기준을 제시하였다. 바로 주주배정방식과 그 외 방식의 구분이다.

즉, 모든 주주에게 동등한 기회를 부여하는 주주배정의 방법으로 증권을 발행하는 경우 회사 경영진은 주주 전체의 이익, 회사의 자금조달의 필요성, 급박성 등을 감안하여 경영판단에 따라 자유롭게 발행조건을 정할 수 있으므로, 시가보다 낮게 증권 발행가액을 결정함으로써 주주들로부터 가능한 최대한의 자금을 유치하지 못하였다고 하여 경영진이 회사재산 보호의무를 위반하였다고 볼 수 없지만, 제 3자 배정, 일반공모 등 주주배정 이외의 방법으로 증권을 발행하는 경우 회사 경영진은 증권의 시가를 적정하게 반영하여 발행조건을 정하거나, 증권의 실질가액을 고려한 적정한 가격으로 증권을 발행하여야 할 의무가 있으므로 실제 증권의 발행가격이 적정한 가격에 미달되었다면 회사 경영진에게 업무상배임죄가 성립한다는 취지다.

사견으로는 현저하게 낮은 가격으로 증권을 발행하면 주주배정방식과 그 외 방식 모두 현실적으로 회사에 유입되는 자금이 감소하여 회사에 손해가 발생하므로 주주배정방식과 그 외 방식을 달리 취급한 법원의 판단에 문제가 있다고 본다. 회사 경영진이 얻을 수 있었던 이익을 얻지 못한 때에도 배임죄가 성립한다는 기존 판례의 태도를 감안하면 주주배정방식과 그 외 방식 모두 현저한 저가로 증권을 발행하는 행위는 업무상배임죄에 해당한다고 보아야 한다.

참고로 주권상장법인의 증권 발행에 관한 절차와 내용을 정하는 『증권의 발행 및 공시등에 관한 규정』에서는 주권상장법인이 주주배정 방식으로 유상증자를 하는 경우 발행가액에 제한을 두지 않고, 일반공모 및 제3자배정 방식으로 유상증자를 하는 경우에는 최저발행가액을 설정하고 있다. 다만, 주권상장법인이 전환사채, 신주인수권부사채를 발행하는 경우에는 일반공모, 제3자배정은 물론 주주배정 방식에서도 준수하여야 할 최저전환가액과 최저행사가액을 규정하고 있다.

기업이 전환사채, 신주인수권부사채를 발행할 때 실무에서는 "CB call option", "Warrant buy back option"이라고 부르는 조건이 포함되는 경우가 많다.

CB call option은 전환사채(Convertible Bond, 이하 "CB") 발행계약에서 정하는 것으로 "회사 또는 회사가 지정하는 자"가 전환사채 투자자로부터 전환사채를 매수할 수 있는 권리를 의미하고, Warrant buy back option은 신주인수권부사채 발행계약에서 정한 것으로 "회사 또는 회사가 지정하는 자"가 신주인수권부사채 투자자로부터 신주인수권부사채에 부여된 신주인수권증권(이하 "Warrant")을 매수할 수 있는 권리를 말한다.

전환사채, 신주인수권부사채는 주식으로 전환 가능한 잠재주식이므로 전환사채, 신주인수권부사채 발행으로 대주주 지분이 희석되어 경영권이 불안정해질 수 있고, 매도물량 증가로 주가가 폭락하기도 한다. 이러한 부작용을 방지하기 위해 회사는 전환사채, 신주인수권부사채 발행 계약서에 "CB call option", "Warrant buy back option" 조항을 명시하여 회사 자금에 여유가 있을 때 전환사채, 신주인수권증권을 매수할 수 있는 기회를 보유하려는 경향이 있다(다만, 실무상 "CB call option", "Warrant buy back option" 조건은 주로 대주주의 지분율을 확대하기 위한 방법으로 활용된다[11]).

문제는 "CB call option", "Warrant buy back option" 조건이 포함된 전환사채, 신주인수권부사채 발행으로 회사 경영진이 업무상배임죄의 책임을 부담할 가능성이다.

"CB call option", "Warrant buy back option" 조건으로 회사 경영진이 업무상배임죄 책임을 부담하여야 하는지 여부에 관한 핵심 쟁점은 "회사 또는 회사가 지정하는 자"가 CB call option, Warrant buy back option을 취득 및 행사할 때 지급하는 대가의 적정성이다.

먼저 "회사"가 사채발행계약에 따라 투자자로부터 CB call option이나 Warrant buy back option을 취득하는 경우를 살펴보자.

통상적으로 회사가 사채발행계약에 따라 CB call option이나 Warrant buy back option을 취득할 때에는 투자자에게 별도의 option 대가를 지급하지 않으며, 이러한 사정이 법적으로 특별히 문제되지 않는다. CB call option이나 Warrant buy back option 조건이 다양한 사채 발행조건 중의 하나로 해석될 수 있기 때문이다.

다만 회사가 option을 행사하여 투자자로부터 실제 CB나 Warrant(신주인수권증권)를 매수할 때 사채발행계약에서 정한 가격보다 높은 가격으로 매수하거나, 사채발행계약에서 정한 가격이 없는 경우 시가 등 합리적인 가격[12])보다 높은 가격으로 매수하면 회사에 손해가 발생한 것으로 인정되어 회사 경영진에게 업무상배임죄가 성립한다.

다음으로 실무상 사례가 많은 "회사가 지정하는 자"(특히 회사의 대

---

11) 주권상장법인은 사모방식으로 신주인수권증권이 분리된 분리형 신주인수권부사채를 발행할 수 없다. 따라서 Warrant buy back option은 대부분 주권비상장법인의 신주인수권부사채 발행에 관한 논의다.

12) CB나 Warrant는 주식과 연계되어 있으므로 그 가치는 정확한 계산이 어려운 주가의 변동성(베타)에 따라 정해진다. 하지만 주가의 변동성(베타)을 누구나 동의할 수 있는 합리적인 방법으로 계산하는 일은 거의 불가능하다.

주주)가 CB call option이나 Warrant buy back option을 취득하는 경우를 살펴보자.

"회사 또는 회사가 지정하는 자"가 CB call option이나 Warrant buy back option을 갖는다는 전환사채, 신주인수권부사채 발행 조건에 따라 회사가 제 3자(특히 회사의 대주주)를 CB call option이나 Warrant buy back option의 권리자로 지정하면 제3자가 회사에 CB call option이나 Warrant buy back option의 대가를 지급하여야 하는지 문제된다. 사견으로는 회사의 option 권리자 지정으로 제 3자(특히 회사의 대주주)는 재산권인 CB call option이나 Warrant buy back option을 취득하였으므로 정당한 대가를 회사에 지급하여야 하고, 만일 정당한 대가의 수수 없이 CB call option, Warrant buy back option의 권리자 지정이 이루어졌다면 회사 경영진은 업무상배임죄로 처벌될 가능성이 많다.

회사가 제 3자(특히 회사의 대주주)를 CB call option이나 Warrant buy back option의 권리자로 지정하고 제 3자(특히 회사의 대주주)가 option을 행사하여 투자자로부터 CB나 Warrant를 매수하는 경우에는 회사가 거래의 당사자가 아니고 거래의 효과도 회사에 미치지도 않으므로 회사가 어떠한 손해를 입는 상황이 아니다. 따라서 제 3자(특히 회사의 대주주)와 투자자 사이의 CB, Warrant 매매와 관련하여서는 원칙적으로 매매가격과 상관없이 회사 경영진이 법적 책임을 부담하지 않는다.

다만, 예외적으로 투자자가 CB나 Warrant를 합리적인 가격보다 현저한 저가로 제 3자(특히 회사의 대주주)에게 매도하였다면 회사 경영진이 배임행위를 하였다는 혐의를 받을 수 있다.

왜냐하면 합리적인 투자자가 제 3자(특히 회사의 대주주)에게 CB나 Warrant를 정상가격보다 현저한 저가로 매도하였다면 어디에선가 대가를 보상 받았을 것이고, 그 대가는 통상적인 경우보다 더 유리한 조건으로 전환사채, 신주인수권부사채를 취득한 것이라고 보는 게 가장 합리적이기 때문이다. 하지만 이는 순수한 이론적인 설명으로 수사기관이 사실관계를 명확히 입증하기는 쉽지 않을 것이다.

금융감독원은 CB call option, Warrant buy back option 관련하여 법령 준수, 투자자 보호를 위해 상장회사가 전환사채, 신주인수권부사채 발행 과정에서 공시하여야 하는 주요사항보고서 양식(전환사채 발행결정, 신주인수권부사채 발행결정)에 옵션행사자, 옵션행사 시 수익자, 옵션의 구조 등을 상세하게 기재하도록 하였다. 특히 CB call option, Warrant buy back option 행사로 발행회사가 아닌 제3자가 사채 만기 전에 CB나 Warrant를 취득할 수 있는 경우에는 제3자의 성명, 제3자와 회사와의 관계, 취득규모, 취득목적 등을 자세히 기재하여야 하며, 발행 당시 제3자가 확정되지 않은 경우에는 제3자가 될 수 있는 자, 제3자가 얻게 될 경제적 이익 등에 관한 사항을 자세히 기재하도록 하였다.

지금까지 CB call option, Warrant buy back option에 관한 설명은 전환사채, 신주인수권부사채 발행 계약서에 "CB call option"이나 "Warrant buy back option"을 "회사 또는 회사가 지정하는 자"가 보유한다는 명시적 조항을 둔 경우다. 금융감독원이 "CB call option", "Warrant buy back option" 거래에 현재와 같은 주요사항보고서 공시 규제를 유지하거나 더 강화한다면, 이해관계자들은 사채발행계약서에 "CB call option", "Warrant buy back option" 조항을 빼고 대신 "CB call option", "Warrant buy back option"과 유사한 내용이 포함된 이면 계약서를 작성하거나, 사채발행회사를 배제하고 사채 투자자와 제 3자(특히 회사의 대주주)간 직접 "CB call option", "Warrant buy back option" 거래를 하는 형식으로 진행할 것이다.

한편, “CB call option”, “Warrant buy back option” 관련해서는 업무상배임죄 성립 여부 이외에 증여세 문제도 있다. 자본시장에서는 업무상배임죄만큼 증여세 문제에 많은 관심을 갖고 있다. “CB call option”, “Warrant buy back option” 관련 증여세 문제는 회사의 대주주 등 제3자가 “CB call option”, “Warrant buy back option”을 취득할 때 및 취득한 “CB call option”, “Warrant buy back option”을 행사하여 CB, BW 투자자로부터 CB, Warrant를 취득할 때 정당한 대가를 지급했는지에 관한 문제라고 할 수 있다.

이러한 증여세 문제에는 복잡한 세법적 쟁점들이 다수 있고, 현재 완벽히 정리되지 않은 상황이라 여기에서 증여세 문제를 자세히 다루지는 않는다. 다만, 문제의 근본 원인을 간단히 정리하자면, 법의 공백을 이용하여 적은 돈으로 지분율을 확대하려는 대주주와 이러한 대주주의 행위에 어떻게든 증여세를 부과하려는 세무당국의 대결로 압축할 수 있다.

3. 차입매수(LBO)와 형사책임

기업을 인수하려고 할 때에는 먼저 거래의 규모와 목적, 조세 효과 등을 고려하여 필요한 자금의 규모 및 조달방법을 검토하고 준비해야 한다. 차입매수(Leveraged Buy-Out, 이하 "LBO")는 기업인수를 위한 다양한 자금조달방안 중 외부 차입금의 조달 및 상환에 피인수기업의 자산을 활용하는 기업 인수기법을 일괄하여 부르는 용어다.

LBO의 유형은 인수인이 인수대금을 대출한 금융기관에게 피인수회사의 자산을 담보로 제공하는 "**담보제공형** LBO", 인수인이 SPC(Special Purpose Company)를 세워 인수대금을 차입하고 피인수회사와 SPC를 합병한 다음 합병회사가 차입금을 상환하는 "**합병형** LBO", 인수 후 피인수회사의 배당이나 감자 등을 통하여 차입한 인수대금을 상환하는 "**분배형** LBO"로 구분된다.

LBO는 인수대금 마련을 위한 차입금의 이자가 손비로 인정되어 법인세 절감 효과가 있고, 장기적인 관점에서 기업가치 제고와 구조조정을 통한 경영 효율화를 이룰 수 있다는 장점이 있다. 반면, 경제적으로는 사실상 피인수회사가 인수대금을 부담함으로써 피인수기업의 부실을 초래하고, 법적으로는 인수대금이나 인수대금 상환재원 마련을 위해 피인수회사의 자산을 담보로 제공하는 등의 행위를 주도한 피인수회사의 경영진이 업무상배임죄로 처벌받을 수 있다는 단점이 존재한다.

이하에서는 법원 판례를 중심으로 LBO 유형별 업무상배임죄의 성립 여부를 살펴본다.

LBO 유형 첫 번째는 담보제공형 LBO 방식으로, 신한 LBO 사건이 대표적이다. 신한 LBO 사건은 인수인이 자기자금 없이 금융기관 대출만으로 국내 도급순위 51위 건설업체 신한을 인수한 사례로, 우리나라에서 LBO의 유용성 및 적법성에 대해 활발한 논의가 전개되는 계기가 되었다.

담보제공형 LBO(신한 LBO 사건)

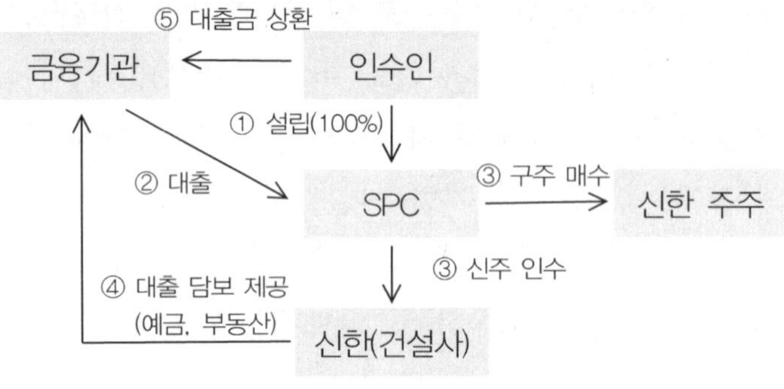

위 신한 LBO 사건은 인수인이 구조조정절차가 진행 중인 신한을 인수하기 위하여 SPC를 설립하고 대출을 받아 신한을 인수한 다음 신한의 대표이사가 되어 신한이 보유한 자산을 금융기관에 담보로 제공한 방식이었다.

이 사건에서 법원(2006년 대법원 판결)은 신한으로서는 대출금이 변제되지 아니하면 담보로 제공되는 자산을 잃게 되는 위험을 부담하는 반면 담보제공으로 발생하는 위험에 상응하는 대가를 인수인으로부터 수령하지 않았으므로, 신한의 대표이사는 인수인에게 담보 가치에 상응한 재산상 이익을 취득하게 하고, 신한에게 재산상 손해를 가한 것이어서 업무상배임죄의 책임을 부담하여야 한다고 판단하였다.

당시 신한 LBO 사례는 인수인이 구조조정절차가 진행 중인 신한을 인수한 후 경영상황을 크게 개선시킨 성공적인 LBO 방식 M&A로 평가되고 있었다. 하지만 위 판결은 법원이 피인수회사의 경영상황 개선 여부와는 무관하게 담보제공형 LBO를 허용하지 않겠다는 입장을 명확하게 표명한 것으로 이해되어 M&A시장에 큰 충격을 주었다.

한편, 최근 법원(2015년 대법원 판결)은 위 신한 사건과 유사한 담보제공형 LBO 방식을 사용한 유비스타의 온세통신 LBO 사건에서는 신한 사건과 달리 피인수회사(온세통신) 대표이사에게 업무상배임죄가 성립하지 않는다고 판단하였다.

담보제공형 LBO(온세통신 LBO 사건)

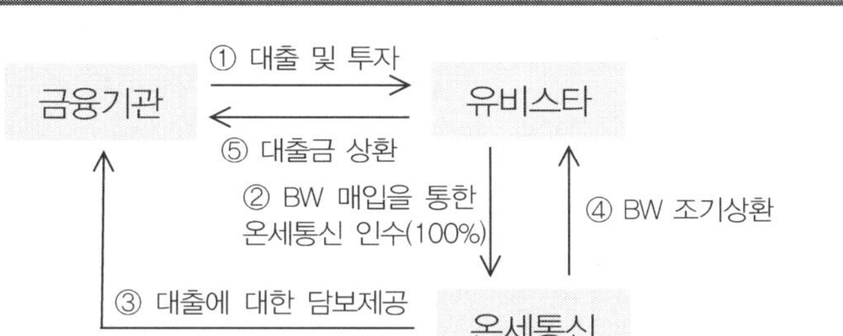

위 온세통신 LBO 사건도 신한 LBO 사건과 유사하게 유비스타가 금융기관으로부터 대출을 받아 온세통신을 인수한 다음 온세통신 자산을 금융기관에 담보로 제공한 방식이다. 하지만 법원은 유비스타가 온세통신을 인수하는 과정에서 유비스타 내부에 유보 자금이나 유비

스타 자체적으로 마련한 자금도 상당 정도 투입하였다는 점을 감안하여 온세통신 대표이사의 담보제공 행위로 유비스타가 이득을 취하고 온세통신이 손해를 입었다고 볼 수 없으므로 온세통신 대표이사에게 업무상배임죄가 성립하지 않는다고 판단하였다.

LBO 유형 두 번째는 합병형 LBO 방식으로, 동양메이저의 한일합섬 LBO 사건이 대표적이다. 2006년 신한 LBO 사건 대법원 판결은 우리나라 M&A 시장에 담보제공형 LBO가 법적으로 불가능하다는 신호를 주었고, 그 즈음 한일합섬을 담보제공형 LBO 방식으로 인수하려고 한 동양메이저에게 인수방식 변경을 요구하였다.

고민 끝에 동양메이저는 담보제공형 LBO 방식을 포기하고 합병형 LBO 방식을 고안하였다. 즉, 동양메이저는 한일합섬 인수대금을 금융기관으로부터 대출받는 과정에서 한일합섬 자산을 담보로 제공하지 않았다. 그 대신 동양메이저는 한일합섬을 인수한지 3개월 후 합일합섬 인수를 위해 설립한 SPC 및 한일합섬을 순차 합병하기로 결정하고, 합병완료 후 한일합섬이 보유한 현금으로 금융기관 대출금을 변제하였다.

합병형 LBO(동양메이저의 한일합섬 LBO 사건)

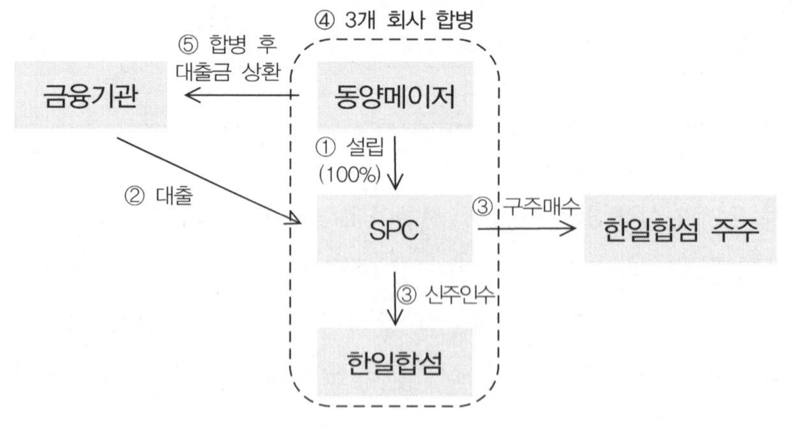

대한민국 검찰은 합병형 LBO를 가만히 보고만 있지 않았다. 검찰은 동양메이저의 한일합섬 LBO 사례 역시 한일합섬 인수대금을 사실상 한일합섬이 부담하게 하여 한일합섬에 손해를 발생시켰고, 그 손해에 상응하는 대가를 동양메이저가 지급하지 않았다는 이유로 한일합섬 대표이사를 업무상배임죄로 기소하였다.

하지만 검찰과 M&A 업계의 일반적인 예상과 달리 법원(2010년 대법원 판결)은 ① 합병형 LBO 방식은 피인수회사의 자산을 직접 담보로 제공하고 기업을 인수하는 담보제공형 LBO 방식과 다르고, ② 한일합섬 합병 절차에 하자가 없고, ③ 합병으로 한일합섬이 손해를 입지 않았다는 이유로 한일합섬 대표이사에게 무죄를 선고하였다.

위 한일합섬 LBO 사건 대법원 판결에도 불구하고 법원이 합병형 LBO 방식의 유효성을 전면적으로 인정하였는지는 확신하기 어려웠다. 왜냐하면 한일합섬 LBO 사건은 독자적인 사업을 수행하는 동양메이저가 SPC 및 한일합섬을 순차 합병한 방식이었지만, 합병의 주체가 독자적 사업을 수행하지 않고 회사 인수만을 위해 설립된 SPC인 경우에도 법원이 동일하게 배임죄의 성립을 부정할 것인지 불명확하였기 때문이었다.

오래 걸리지 않아 법원은 독자적 사업을 수행하지 않는 SPC가 합병의 주체가 되는 합병형 LBO 방식의 법적 불명확성을 해소해 주었다. 홍콩계 사모펀드인 어피너티에쿼티파트너스(AEP)가 LBO 방식으로 하이마트를 인수한 사건에서, 법원(2015년 1심, 2016년 2심 판결)은 독자적 사업 없이 순전히 하이마트 인수만을 위해 설립한 SPC와 하이마트가 합병한 후 하이마트 보유자금으로 SPC의 차입금을 상환하였다 하더라도 하이마트 대표이사에게 업무상배임죄가 성립하지 않는다고 판단하였다.

다만, 법원은 하이마트를 인수한 SPC가 사실상 자본금이 거의 없는 형식적인 회사에 불과하여 하이마트로서는 실질적인 자산의 증가 없이 오직 SPC의 대출금 채무만을 부담하게 되는 결과가 초래되거나 SPC의 재무구조가 매우 열악하여 합병으로 하이마트의 재산잠식이 명백히 예상되는 경우라면 하이마트 대표이사에게 업무상배임죄가 성립할 수 있다고 하여 SPC가 합병의 주체가 되는 합병형 LBO의 제한 가능성도 열어 놓았다.

마지막으로 분배형 LBO 방식을 사용한 코너스톤의 대선주조 LBO 사건을 살펴본다. 국내 사모펀드(PEF)인 코너스톤이 대선주조를 인수하려고 한 2007년에는 담보제공형 LBO 방식을 사용한 신한 LBO 사건에서 대법원이 신한 대표이사에게 업무상배임죄를 인정하였고, 합병형 LBO 방식으로 추진한 동양메이저의 한일합섬 LBO 사건도 수사기관의 업무상배임죄 수사가 개시된 상황이었다. 따라서 코너스톤은 어쩔 수 없이 담보제공형 LBO 방식이나 합병형 LBO 방식이 아닌 제3의 방식으로 인수대금을 마련해야 하는 상황이었다.

고민에 고민을 거듭한 코너스톤은 대선주조의 최대주주 지위를 이용하여 상법에 규정된 유상감자와 배당이라는 방법을 사용하였다. 즉, 코너스톤은 자기자본이익률 향상 및 과도한 잉여금 분배 등의 명목으로 대선주조에 유상감자와 배당을 실시하도록 영향력을 행사하였다. 유상감자와 배당을 통해 마련된 자금은 당연히 대선주조 인수 과정에서 발생한 금융기관 대출금 상환에 사용되었다.

분배형 LBO(코너스톤의 대선주조 LBO 사건)

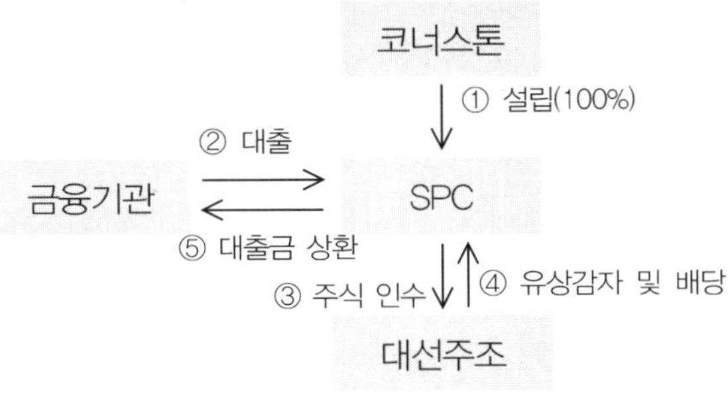

이러한 분배형 LBO에 대해서도 검찰이 즉각 반응하였다. 검찰은 대선주조의 이사들이 대선주조 및 그 소수주주를 위해 선량한 관리자의 주의의무를 다하여 할 뿐만 아니라 회사 채권자들을 보호하여야 할 업무상 임무가 있음에도 불구하고, 과도한 유상감자와 배당을 하여 SPC로 하여금 재산상 이익을 취득하게 하고 대선주조에 재산상 손해를 가하였다고 판단하여 대선주조의 이사들을 업무상배임죄로 기소하였다.

특히 검찰은 코너스톤의 대표이사와 대선주조의 이사들이 인수 협상 초기부터 거액의 인수대금을 대출받아 대선주조를 인수한 후 대선주조의 자산으로 차입금을 변제하기로 계획했고, 실제로 대선주조 인수가 완료되기 전부터 대선주조가 보유한 현금 및 현금성 자산을 대출금 상환에 사용하였으며, 배당은 오로지 대선주조의 자산으로 SPC의 채무를 상환하기 위한 목적으로 이루어진 것으로서 대선주조 당기순이익 규모를 감안할 때 지나치게 과도한 수준이었다는 점을 강조하였다.

하지만 법원은 유상감자, 배당은 상법상 허용되는 주주의 투하자본 회수 수단이므로 상법에서 정한 절차를 모두 거쳤다면 유효하다고 판단하여 코너스톤 대표이사와 대선주조 이사들에게 무죄를 선고하였다.

우리 법원은 LBO가 문제된 다수의 사건에서 "LBO에 관하여 따로 규율하는 법률이 없는 이상 일률적으로 LBO 방식으로 기업인수를 주도한 자들에게 업무상배임죄가 성립한다거나 성립하지 아니한다고 단정할 수 없고, 업무상배임죄의 성립 여부는 LBO 과정에서 이루어진 행위가 배임죄의 구성요건에 해당하는지 여부에 따라 개별적으로 판단되어야 한다"고 판시하고 있으며, 구체적으로 (i) 피인수회사 인수의 목적(탈취의사의 존재 여부), (ii) 피인수회사의 자산 등을 고려 한 합리적인 LBO 설계 여부, (iii) 인수자의 경영능력과 자금조달 기여도, (iv) 인수자의 위험부담 정도, (v) 상법 등 관련 법령에 따른 적법한 절차의 준수 여부, (vi) 피인수회사의 주주나 회사채권자의 이익을 훼손하였는지 여부 등을 종합적으로 고려하여 판단하고 있다.

이와 같이 법원은 LBO를 구체적인 사건별로 판단하여야 한다는 입장이나, 앞에서 본 바와 같이 기본적으로는 LBO 유형에 따라 판단을 달리하는 것으로 보인다. 즉, 담보제공형 LBO는 원칙적 금지, 예외적 허용 입장이며, 합병형 LBO 및 분배형 LBO는 원칙적 허용, 예외적 금지 입장이다.

따라서 LBO 방식으로 M&A 거래를 할 때에는 법원의 태도를 감안하여 담보제공형 LBO 방식보다는 합병형 LBO 방식이나 분배형 LBO 방식을 우선적으로 고려해야 하고, 불가피하게 담보제공형 LBO 방식을 선택할 수밖에 없다면 온세통신 LBO 사건에서 법원이 업무상배임죄를 부정하는 근거로 삼은 사정을 참고하여 거래구조를 설계할 필요가 있다.

4. 착오송금의 법률관계

착오송금은 송금인의 착오로 송금금액, 수취금융회사, 수취인 계좌번호 등이 잘못 입력되어 이체된 거래를 말한다.[13] 오늘날 송금을 위해 금융회사 영업점을 방문하여 계좌이체신청서 등의 서류를 작성하는 사람은 많지 않고, 대부분 인터넷뱅킹, 모바일뱅킹 등의 방법으로 직접 계좌이체를 실행하고 있다. 하지만 인터넷뱅킹, 모바일뱅킹을 활용한 계좌이체는 절차가 간단하고, 이체에 필요한 행위 완료 즉시 전자적으로 송금되기 때문에 의도하지 않은 계좌에 돈이 이체되는 착오송금의 문제가 빈발하고 있다(착오송금 금액은 2015년 기준 전체 송금거래 금액 1경 6,780조원의 0.0011% 수준이다).

금융감독원 발표에 따르면, 2015년 착오송금 금액이 1,829억원 상당이었고, 인터넷뱅킹, 모바일뱅킹이 착오송금 금액의 74%를 차지하였다. 금융감독원이 발표한 착오송금 금액에는 수취인이 특별한 절차를

13) 금융회사 직원의 과실로 착오 송금이 발생한 경우 거래약관이나 금융회사 내규에 따라 금융회사 자체적으로 해당 송금을 취소하므로 착오송금이 문제되는 영역은 고객의 착오로 발생한 송금에 한정된다.

거치지 않고 자발적으로 반환한 금액이나, 금융회사 영업점에서 고객이 착오송금 후 즉시 취소를 요청하여 금융회사가 수취인의 동의를 얻지 않고 취소하는 금액 등은 제외되어 실제 착오송금 규모는 금융감독원 발표보다 훨씬 더 많을 것으로 예상된다.

〈 착오송금 발생현황 〉

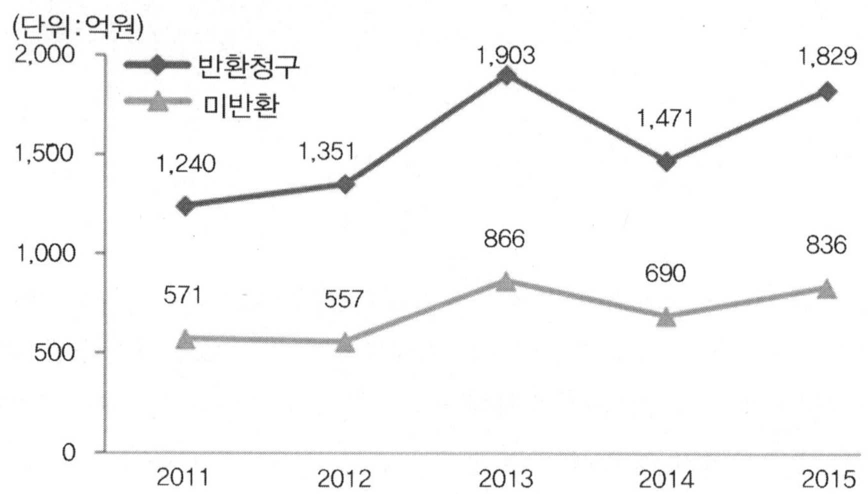

출처 : 금융감독원 2016. 9. 7.자 보도참고자료 "금융꿀팁 200선 - ⑤ 착오송금 예방 및 대응요령"

착오송금은 채무가 이미 소멸했음에도 불구하고 채무가 잔존한다고 착각하여 송금하거나 실제 송금하여야 할 금액 이상을 송금한 경우와 같이 당사자 간 송금의 원인이 되는 기본적인 법률관계가 존재하는 유형과 실제 수취인이 아닌 제3자에게 송금한 경우와 같이 당사자 간 송금의 원인이 되는 기본적인 법률관계가 전혀 존재하지 않는 유형이 있다.

착오송금이 발생한 경우 수취인이 송금액을 곧바로 반환하면 문제되지 않으나, 수취인이 반환을 거부하거나 임의로 소비하여 분쟁이 종종 발생한다. 위 **〈착오송금 발생현황〉**에 따르면, 2015년 착오 송금액

1,829억원 중 836억원이 반환되지 아니하였다. 착오송금의 경우 당사자 간 기본적인 법률관계는 다음과 같다.

먼저 착오로 잘못 송금한 돈이라도 송금된 돈은 원칙적으로 수취인의 예금(은행 계좌의 경우) 또는 예탁금(증권회사 계좌의 경우)으로 취급한다. 수취인은 금융회사와의 계좌개설 계약에 따라 계좌에 금원이 들어온 이상 송금이 비록 누군가의 착오 때문이라 하더라도 해당 금원에 대한 예금채권 또는 예탁금반환채권을 취득한다. 따라서 금융회사는 원칙적으로 수취인의 동의 없이 송금인에게 임의로 돈을 돌려줄 수 없다(다만, 앞에서 언급한 바와 같이 금융회사 영업점에서 고객이 착오송금 후 즉시 취소를 요청하여 금융회사가 착오송금을 취소할 때는 수취인의 동의를 얻지 않고 있다).

한편, 수취인은 송금인에게 송금된 금전의 반환의무를 부담한다. 수취인이 예금채권 또는 예탁금반환채권을 취득하였더라도 송금의 원인이 되는 법률관계가 존재하지 않으므로 수취인은 송금인에게 착오송금 금액의 반환의무를 부담한다. 따라서 수취인이 반환을 거부하면 송금인은 수취인에게 부당이득반환청구소송을 제기할 수 있다.

마지막으로 착오송금 관련된 형사 문제다. 수취인이 착오송금된 돈의 반환을 거부하거나 임의로 송금액을 인출·사용하는 경우 수취인의 처벌과 관련하여 논의되는 범죄는 횡령죄와 점유이탈물횡령죄다.

횡령죄는 타인의 재물을 보관하는 자가 그 재물을 횡령하거나 반환을 거부하는 범죄이고, 점유이탈물횡령죄는 유실물, 표류물 또는 타인의 점유를 이탈한 재물을 횡령하는 범죄다. 횡령죄는 점유이탈물횡령죄와 달리 타인의 재물을 보관하는 자의 지위, 즉 신임관계가 인정되어야 한다. 신임관계는 반드시 법령이나 계약에 의해 성립될 필요는 없으며 신의성실의 원칙에 따라 타인을 위하여 목적물을 보관하여야 할 지위가 인정되는 정도면 충분하다.

앞에서 살펴 본 착오송금 유형 중 송금인과 수치인 사이에 송금의 원인이 되는 기본적인 법률관계가 존재하는 경우 학설과 판례 모두 수취인이 송금된 돈의 반환을 거부하거나 임의로 송금액을 인출·사용하면 신임관계를 위배한 것으로 보아 수취인을 횡령죄로 처벌하여야 한다고 본다.

송금인과 수치인 사이에 송금의 원인이 되는 기본적인 법률관계가 전혀 존재하지 않는 경우가 문제인데, 수취인이 송금된 돈의 반환을 거부하거나 임의로 송금액을 인출 · 사용하면 학설은 대체로 수취인과 송금인 사이에 신임관계를 인정할 수 없어 횡령죄는 성립할 수 없고 단지 점유이탈물횡령죄가 성립할 뿐이라는 입장이다. 반면 대법원은 수취인과 송금인 사이에 별다른 거래관계가 없다 하더라도 착오송금 사실 만으로도 수취인에게 신의칙상 송금된 돈의 보관의무가 발생하므로 수취인이 자신 명의의 계좌에 입금된 돈을 임의로 인출하여 소비한 행위는 횡령죄에 해당한다고 판단하였다.

횡령죄는 5년 이하의 징역 또는 1천500만원 이하의 벌금으로 처벌하고, 점유이탈물횡령죄는 1년 이하의 징역이나 300만원 이하의 벌금 또는 과료로 처벌한다. 횡령죄는 신임관계를 위배한 범죄이기 때문에 신임관계와 무관한 점유이탈물횡령죄보다 훨씬 중하게 처벌한다.

5. 황금낙하산, 은낙하산, 주석낙하산

황금낙하산 제도는 적대적 M&A로 기업지배권이 이전된 결과 기존 경영자가 비자발적으로 퇴임할 때 기존 경영자에게 거액의 퇴직위로금을 지급하는 제도다. 기업 경영자들이 적대적 M&A 때문에 퇴직하게 되더라도 경제적으로 맨땅에 추락하는 것이 아니라 황금낙하산을 타고 웃으면서 떠난다고 하여 붙여진 명칭이다.

황금낙하산이 도입된 배경은 꽤 흥미롭다. 미국의 백만장자 영화감독인 하워드 휴스(Howard Hughes)는 1차 세계대전에 참전한 조종사의 이야기를 다룬 영화 Hell's Angels를 만들면서 비행기에 매력을 느끼고 항공회사인 트랜스월드항공의 지분을 사들여 대주주 겸 CEO가 되었다. 하지만 하워드 휴스는 편집증과 과대망상으로 보통 사람들은 이해하지 못할 온갖 기행을 선보이고 다녔고, 더 이상 참지 못한 트랜스월드항공의 다른 주주와 채권자들은 하워드 휴스를 CEO 자리에서 쫓아내고 Charles C. Tillinghast를 새 CEO로 선임하였다. 새로운 CEO가 된 Tillinghast는 대주주 하워드 휴스의 복귀가 염려되어 트랜스월드항공과의 계약조건에 '하워드 휴스가 경영권을 되찾고 Tillinghast

을 해고하면 트랜스월드항공이 Tillinghast에게 거액을 지급한다'는 취지의 내용을 포함시켰는데, 이 계약이 최초의 황금낙하산으로 알려졌다(Tillinghast는 자발적으로 이직했기 때문에 실제로 황금낙하산을 타지는 않았다).

적대적 M&A에 대응하기 위한 임직원 퇴직위로금 제도는 임직원의 지위에 따라 명칭이 다르다. 최고경영진을 위한 퇴직위로금은 황금낙하산(Golden parachutes), 중간경영진을 위한 퇴직위로금은 은낙하산(Silver parachutes), 일반 직원을 위한 퇴직위로금은 주석낙하산(Tin parachutes)으로 불린다. 명칭에서도 알 수 있듯이 은낙하산이나 주석낙하산은 황금낙하산보다는 약한 수준의 퇴직위로금을 제공한다.

황금낙하산의 긍정적 측면으로는 ① 회사 인수·합병에 필요한 비용을 높여 적대적 M&A에 효과적인 방어 수단이 되고, ② 경영진에게 안정적인 경영 여건을 마련하고, ③ 주주에게 유익한 M&A에 경영진이 동의할 수 있는 인센티브를 제공하고, ④ 유능한 경영자 유치에 유리하다는 점 등이 거론되고 있다.

하지만 과도한 퇴직위로금을 설정하는 황금낙하산제도는 ① 회사에 긍정적인 M&A를 방해하고,[14] ② 능력 없는 경영진의 장기집권을 돕고, ③ 과도한 현금 유출로 기업가치를 훼손시킨다는 부정적인 측면이 있다.

미국에서는 황금낙하산, 은낙하산은 물론 주석낙하산까지 모두 사용하고 있지만, 우리나라에서는 최고경영진을 위한 황금낙하산만 주로 활용하고 있다. 주석낙하산을 도입한 기업은 없고(몇몇 기업이 주석낙

14) 2003년 이화전기공업은 적대적 M&A 이슈 때문에 주가가 급등하였다. 적대적 M&A에 대응하기 위해 이화전기공업이 황금낙하산 도입 추진을 발표하자마자 M&A 무산을 우려한 투자자들의 매도로 주가가 폭락하였다(머니투데이 2003년 8월 12자. 기사 "이화전기, 황금낙하산 이후 주가 급등락").

하산 도입을 시도하였으나 주주총회에서 부결되었다고 한다), 은낙하산을 도입한 기업은 소수에 불과하다

우리나라에서는 2001년 코스닥상장기업 옵셔널벤처스코리아가 '대표이사가 자진퇴임이나 기간만료에 의한 퇴임 이외의 사유로 퇴직하면 통상적인 퇴직금과 별도로 퇴직위로금 50억 원을 추가로 지급한다'는 문구를 『임원 퇴직금 지급 규정』에 추가한 것이 최초의 황금낙하산 도입 사례라고 한다. 옵셔널벤처스코리아 2대주주인 광주은행과 소액주주들의 반대에도 불구하고 임원 퇴직금 지급 규정 개정 안건이 주주총회에서 승인되었고, 당시 대표이사는 위 임원 퇴직금 지급 규정을 근거로 46억 원짜리 황금낙하산을 타고 회사를 떠났다고 한다.

2001년 옵셔널벤처스코리아 사건 이후 황금낙하산을 도입한 기업이 꾸준히 늘어 2015년 기준 유가증권시장 상장기업(전체 714개)의 3.5%, 코스닥시장 상장기업(전체 978개)의 16.2%가 황금낙하산을 도입하고 있다. 유가증권시장보다 코스닥시장에서 황금낙하산 도입 비율이 더 높게 나타나는 이유는 통상 코스닥시장에 상장된 회사의 시가총액이 유가증권시장 상장기업의 시가총액보다 적어 적대적 M&A에 더 취약하기 때문이다.

황금낙하산에 따른 퇴직위로금 지급방식은 확정금액, 공식적인 퇴직금의 일정배수, 자기자본의 일정비율, 회사 주가에 연동되는 금액 등 다양하다. 우리나라에서 황금낙하산을 도입한 상장기업의 90%는 법정퇴직금과 별도로 확정된 퇴직위로금을 지급하는 방식을 택하고 있다. 퇴직위로금을 확정금액으로 설정한 회사의 50%는 50억원을, 20%는 100억원 이상을 퇴직위로금으로 설정하고 있다.

우리나라에서는 황금낙하산 제도 도입 초기부터 현재까지 황금낙하산 제도가 민사상 유효한지, 형사상 황금낙하산을 도입한 회사의 경영

진을 형법상 업무상배임죄로 처벌할 수 있는지 등 법적인 문제에 대해는 제대로 논의가 이루어지지 않았다.

하지만 황금낙하산의 본 고장인 미국에서는 오래 전부터 황금낙하산 제도의 효력 유무에 대해서 뚜렷한 견해의 대립이 있었다. 황금낙하산 제도가 유효하다는 견해는 앞에서 본 황금낙하산 제도의 긍정적 측면을 강조하여 적대적 M&A 발생 시 경영진의 합리적 의사결정을 뒷받침하는 효율적인 제도라고 주장하고, 무효라는 견해는 황금낙하산 제도의 부정적 측면을 강조하여 부당하게 회사 자산을 낭비하는 사악한 보상시스템이라고 주장한다. 미국 법원은 대체로 황금낙하산 제도는 회사(주주)와 경영진의 사적 계약이므로 그 내용은 존중되어야 한다는 이유로 황금낙하산 제도의 유효성을 인정한다.

우리나라에서 위 미국 법원의 태도가 그대로 받아들여질 수 있는지 생각해 보아야 한다. 우리나라 학계와 실무에서는 상법상 이사의 보수는 정관 또는 주주총회에서 정하도록 규정하고 있으므로 정관의 규정이나 주주총회 결의로 황금낙하산 제도를 만들었다면 유효하다는 견해가 다수의견으로 보인다. 하지만 사견으로는 모든 황금낙하산 제도를 유효로 보는 시각은 문제가 있다. 우리 민법은 선량한 풍속 기타 사회질서에 위반한 사항을 내용으로 하는 법률행위는 무효로 한다고 규정한다. 따라서 회사 자산이나 보유현금 규모에 비해 과도한 퇴직위로금을 설정하는 경우, 회사 경영진이 적대적 M&A 세력에 적극적으로 협조하는 과정에서 황금낙하산 제도를 설정하는 경우 등은 선량한 풍속이나 기타 사회질서에 반하여 무효라고 판단될 여지가 충분하다.

황금낙하산을 도입한 회사의 경영진을 업무상배임죄로 처벌할 수 있는지에 대해서도 동일한 문제가 있다. 미국에서 황금낙하산을 도입한 회사의 경영진을 형사적으로 처벌한 사례는 없는 것으로 알려져 있고, 우리나라에서도 다수의견은 황금낙하산 제도의 유효성을 인정하는 연장선에서 황금낙하산을 도입한 회사의 경영진을 업무상배임죄로 처벌할 수 없다고 보고 있다.

하지만 회사 경영자가 합리적인 근거에 따라 회사에 이익이 된다고 믿고 성실하게 의사결정을 한 결과 황금낙하산 제도를 도입한 것이 아니라 주로 자신의 사익을 추구하기 위하여 황금낙하산 제도를 도입하였다면 회사 경영자에게 업무상배임죄가 성립한다고 보아야 한다. 특히 경영자가 황금낙하산 도입을 결정하는 주주총회에서 상당한 영향을 행사하였다면 업무상배임죄 성립가능성은 더 높아질 것이다.

문제는 황금낙하산 제도를 경영진의 사익 추구 도구로 사용하였는지 여부다.

이와 관련하여 주목할 만한 사건을 소개한다. 1999년 독일 최대의 통신회사 만네스만(Mannesmann)이 영국 시장점유율 2위 통신회사 오렌지(Orange)를 적대적으로 인수하려고 하자, 만네스만의 영국 진출에 위협을 느낀 영국 시장점유율 1위 통신회사 보다폰(Vodafone)이 오히려 만네스만을 적대적으로 인수하였다. 이러한 보다폰의 적대적 인수가 종료될 무렵 만네스만의 보상위원회는 보다폰의 주요주주와 경영진의 동의를 얻어 전·현직 만네스만의 경영진에게 1,500만유로의 퇴직보상금 및 현직 만네스만의 CEO에게 1,600만 유로 상당의 추가보상금 지급을 결정하였다.

그런데 영국기업이 독일 최대 통신회사를 인수하였다는 점과 만네스만 경영진의 퇴직보상금, 추가보상금이 천문학적인 액수라는 점 때문에 독일 내 비판 여론이 조성되었고, 결국 독일 검찰은 수사 후 만네스만 보상위원회 위원들을 배임죄로 기소하였다.

이 사건에서 독일 연방대법원은 만네스만 CEO에게 지급한 추가 보상금 1,600만 유로는 회사 자산의 낭비에 해당하므로 그러한 추가 보상금을 결정한 보상위원회 위원들에게 배임죄가 성립한다고 판단하였다.

결국 우리나라에서 황금낙하산 제도는 민사상 유효성 여부는 물론 형법상 업무상배임죄 성립 여부도 향후 다툼이 될 여지가 다분하므로 황금낙하산 제도를 도입하려는 경우 회사의 자산 규모, 퇴직위로금제도의 도입시기, 퇴직위로금의 지급사유 및 지급시기, 퇴직위로금 액수, 퇴직위로금 지급 방법 등 여러 가지 사정을 종합적으로 고려하여 신중하게 처리하여야 한다.

'황금'이라는 단어를 사용하는 관용표현

황금악수(Golden handshake) : 황금낙하산과 달리 경영권의 변동과 상관없이, 임기가 만료해 나갈 때도 받을 수 있는 거액의 퇴직금을 말한다.

황금부츠(Golden Boot) : 주로 나이가 많은 직원들에게 "자발적으로" 퇴직하는 조건으로 지급하는 거액의 퇴직금을 말한다. 우리나라에서 희망퇴직 시 지급하는 퇴직위로금과 유사하다.

황금수갑(Golden Handcuff) : 직원들을 잡아두기 위한 수단으로 수년간 행사가 불가능한 스톡옵션이나, 이직할 경우 환수 당하는 거액의 보너스를 말한다.

〈 참고 : 경영권 방어수단 〉

근거	방어 수단	내용
적대적 인수 제한 법령	주식취득 한도 규제	법률에서 주식 취득한도를 설정하여 한도초과 취득을 제한(은행, 공공적 법인 등)
	대량보유 공시, 공개매수	은밀한 경영권 지분 매집 방지
법적으로 허용된 방어수단	상호주 취득	적대적 인수 회사 발행주식 총수의 10분의 1을 초과하는 주식을 보유하면 적대적 인수 회사는 의결권 행사 불가
	역 공개매수	인수대상이 된 회사가 인수하려는 회사의 경영권을 획득하기 위한 공개매수
법적으로 허용되지 않은 방어수단	차등의결권주식(황금주 포함)	기업의 주요한 경영 사안에 대하여 차등적인 의결권보유 또는 거부권 행사 가능 주식
	경영권 분쟁 시 증권발행	경영권 분쟁 시 우호세력에게 주식 등을 발행
	독약증권(Poison Pill)	적대적 인수 시도 시 우호적인 주주에게 저가로 의결권 있는 주식을 발행
명시적 법령은 없으나, 허용되는 수단	초다수결의제(supermajority voting)	임원의 선임 및 해임, 합병, 영업양도나 그와 관련된 정관 개정을 위해 필요한 주주총회의 의결정족수를 높이는 방법
	시차임기제(staggered election)	이사들의 임기 종료시점을 차등화시켜 적대적 인수자의 이사회 장악을 연기, 차단시킴
	이사의 자격제한	정관으로 이사 자격에 해당기업 근무경력을 요구하는 등 이사의 자격을 제한
	황금낙하산(golden parachute)	경영자가 회사 직위를 비자발적으로 상실했을 때 경영자에게 지급하는 거액 퇴직위로금
	중요자산 매각(crown jewel)	적대적 인수 시도 시 회사의 중요자산을 매각시켜 인수 시도를 무력화

	백기사 (white knight)	우호적인 기업 간 상호지분출자 또는 우호적인 기업에게 증권을 발행
	자본재구성 (recapitalization)	통상적인 수준 이상의 배당을 지급하는 것으로 허용 여부에 다툼이 있을 수 있음
도입취지와 달리 방어수단으로 사용	자사주 취득 및 매각	지배주주의 지배력을 높이고, 적대적 인수 시도가 있을 때 자사주를 우호주주에게 매각
	우리사주 조합	우리사주조합이 우호주주로서 지분 보유

[헤럴드경제 2017.05.24.] "구글 키운 차등의결권, 국내 도입 논의할 시점"

문재인 정부 들어 강력한 재벌개혁 정책이 추진될 것으로 예상되는 가운데 기업들의 경영권 방어책 중 하나로 차등의결권 제도가 필요하다는 목소리가 나왔다. 한국경제연구원(이하 "한경연")은 지난 2004년 구글의 나스닥 상장 당시 래리 페이지 등 공동창업자들이 차등의결권 주식을 통해 지분을 안정적으로 확보, 장기적인 성장을 이룬 사례를 소개했다.

래리 페이지는 상장 시 1주당 10배의 의결권을 갖는 차등의결권 주식을 발행하면서 주주들에게 다음과 같은 내용의 편지를 써서 이해를 구했다. "우리는 구글의 혁신능력을 지킬 수 있는 기업지배구조를 선택했다. 외부에서는 단기적 성과를 위해 장기적 성과를 희생하라고 말하지만, 우리는 단기적 사업성과를 희생하더라도 장기적으로 주주들에게 이익이 된다면 그 길로 나아갈 것입니다."

이를 통해 래리 페이지를 비롯한 구글의 공동창업자들은 구글 지분의 63.5%를 안정적으로 확보했고, 상장 후에도 단기 실적 보다는 장기적 미래 가치에 중점을 둔 경영으로 연구개발에 투자를 아끼지 않았다. 그 결과 구글은 구글 글라스, 구글 무인자동차 등 혁신을 이뤄냈고 상장 후 매출액 24배, 영업이익 30배, 고용 21배 증가라는 엄청난 성장을 해냈다.

차등의결권의 혜택을 본 기업이 구글만은 아니다. 한경연에 따르면, 미국의 많은 기업들이 안정적 장기투자와 외부 헤지펀드에 의한 공격을 방지하기 위해 이 제도를 도입하고 있다. 미국 증시에서 차등의결권 주식을 발행한 기업은 지난 2015년 8월 기준 13.5%였으며, 여기에는 페이스북, 그루폰, 링크드인 등 최근 급성장하는 기업들이 다수 포함돼 있다. 세계적 전자상거래업체인 알리바바도 차등의결권 때문에 지난 2014년 상장 당시 홍콩증권거래소가 아닌 뉴욕증권거래소를 선택한 바 있다. 미국의 워렌 버핏이나 스웨덴 발렌베리 가문도 차등의결권을 도입하였다는 게 한경연의 설명이다.

한경연은 차등의결권이 기업과 산업발전에 긍정적 영향을 미치는 요인으로 △ 경영진이 기업 약탈자에 대한 걱정 없이 장기적, 공격적 투자에 집중할 수 있는 환경 조성, △ 기업, 특히 신생기업 성장에 필수적인 투자 자금조달의 원활화, △ 다양한 주식제도 도입으로 금융시장과 산업의 활성화, △ 의결권보다 배당과 시세차익에 관심 높은 주주에게 저렴하게 주식공급 가능 등을 들었다.

제 6장 기타 증권관련 범죄

1. 가장납입
2. 분식회계 관련자의 형사책임

   참고 : 청탁금지법(김영란법)

1. 가장납입

가장납입은 주금을 실질적으로 납입하지 않고 서류상으로만 납입한 것처럼 가장하여 설립등기 또는 증자등기를 마친 것이다. 가장납입은 주로 회사 자금을 횡령하거나 자본잠식으로 인한 상장폐지를 모면하기 위해 이용된다.

가장납입은 회사의 자본충실이라는 상법의 근본원칙에 반하는 행위이므로 금지하는 것은 당연한데, 문제는 가장납입에 따른 주식발행의 효력과 가장납입에 관여한 회사 이사 등에 대한 형사처벌이다. 이는 가장납입의 유형과 밀접한 관련이 있다.

가장납입의 유형은 형식적으로도 주금 납입이 인정되지 않는 통모가장납입, 회사자금을 이용한 가장납입, 위조 가장납입과 형식적으로는 주금 납입이 인정되는 위장납입으로 분류할 수 있다. 먼저 형식적으로도 주금 납입이 인정되지 않는 가장납입부터 살펴본다.

통모가장납입은 회사, 주주 및 금융기관이 통모하여 금융기관으로부터 차입하여 주금을 납입하고, 차입금 변제 시까지는 납입된 주금을 인출하지 않기로 약정하는 경우를 말한다. 주금납입증명서를 발행한 금융기관은 주금납입증명서에 기재된 납입금액에 대해서 납입이 부실하거나 그 금액의 반환에 제한이 있다는 이유로 회사에 대항하지 못한다는 상법 규정과 가장납입으로 금융기관이나 그 직원이 얻는 이익이 크지 않기 때문에 실제 금융기관이 통모가장납입에 가담한 사례는 거의 없다.

회사 자금을 이용한 가장납입은 신주발행 시 회사가 회수할 의사 없이 제3자에게 납입자금을 빌려주어 주금을 납입하도록 하는 경우이고, 위조 가장납입은 금융기관이 발행하는 주금납입증명서를 위조하여 설립등기나 증자등기를 신청하는 경우다.

형식적으로 주금 납입이 인정되는 위장납입은 가장 빈번하게 발생하는 가장납입의 형태로서 '일시 차입금을 이용한 가장납입'이라고도 한다. 위장납입은 발기인이나 주주가 될 자가 제3자, 주로 사채업자로부터 자금을 차입하여 주금을 납입하고 등기를 마친 후 즉시 인출하여 차입금 변제 등에 사용하는 경우를 말한다. 다만, 법원은 제3자로부터 자금을 차입하여 주금을 납입하고 등기를 마친 후 즉시 인출하였다 하더라도 그 금액을 회사를 위해 사용하였다면 위장납입에 해당하지 않는다고 한다.

가장납입은 회사설립이나 신주발행 과정에서 실질적으로 회사에 자금이 유입되지 않아 회사설립이나 신주발행이 유효한지 논란이 되는데, 다음과 같이 정리할 수 있다.

먼저 통모가장납입, 회사 자금을 이용한 가장납입, 위조 가장납입은 형식적으로도 주금이 납입되었다고 볼 수 없으므로 신주발행의 효력이 발생하지 않는다고 보아야 한다.

하지만 형식적으로 주금 납입이 인정되는 위장납입은 형식을 중시하여 신주발행의 효력을 인정하여야 한다는 견해와 실질을 중시하여 신주발행의 효력을 부정하여야 한다는 견해가 대립한다. 법원은 차입금으로 주금 납입의 외형을 갖추고 회사 설립이나 증자 후 곧바로 납입금을 인출하여 차입금을 변제한 위장납입 사건에서, 현실적 금원의 이동이 발생하였고, 발기인이나 이사들이 실질적인 자본금 증가를 의도하지 아니하였다는 사정은 외부에서 확인할 수 없는 발기인, 이사들의 주관적 의사에 불과하다는 이유로 일관되게 주금 납입과 신주발행의 유효성 인정하고 있다.

이제 가장납입 관여자의 형사책임을 살펴 볼 차례다. 가장납입 관여자에게 상법상 가장납입죄, 형법상 공정증서원본부실기재죄, 업무상횡령죄, 업무상배임죄 등이 성립하는지 문제된다.

① 상법상 납입가장죄

상법은 회사의 발기인, 업무집행사원, 이사, 집행임원, 감사위원회 위원, 감사, 직무대행자, 지배인, 기타 회사 영업에 관한 사용인이 납입가장 행위를 한 때에는 5년 이하의 징역 또는 1천 500만원 이하의 벌금으로 처벌하고, 납입가장 행위에 응하거나 납입가장을 중개한 자[15] 도 같은 형으로 처벌한다.

법원은 형식적으로 주금 납입이 인정되는 위장납입 사건에서 "위장납입은 형식과 달리 실질적으로 회사의 자본이 늘어난 것이 아니다"라는 이유로 회사의 대표이사에게 상법상 납입가장죄의 성립을 인정하였다.

다만, 형식적으로도 주금 납입이 인정되지 않는 통모가장납입, 회사

15) "이미 가장납입을 하려고 마음먹은 회사의 임원에게 단순히 납입 대금을 대여해 준 자"는 가장납입에 공동가공의 의사와 기능적 행위지배를 인정할 수 없어 납입가장죄로 처벌할 수 없다.

자금을 이용한 가장납입, 위조 가장납입은 신주발행의 효력이 없어 자본충실의 문제가 발생하지 않기 때문에 가장납입 관여자에게 상법상 납입가장죄가 성립하지 않을 것이다.

② 형법상 공정증서원본실기재죄

형법은 공무원에 대하여 허위신고를 하여 공정증서원본 또는 이와 동일한 전자기록등 특수매체기록(예 : 전자등기부등본)에 부실의 사실을 기재 또는 기록하게 한 자는 5년 이하의 징역 또는 1천만원 이하의 벌금으로 처벌한다.

통모가장납입, 회사 자금을 이용한 가장납입, 위조 가장납입을 원인으로 하는 등기신청은 무효인 가장납입에 따른 허위 신고이므로 가장납입과 그에 따른 등기신청을 주도한 회사의 대표이사에게 공정증서원본부실기재죄가 성립한다.

한편, 법원은 위장납입 사건에서 "회사의 대표이사가 주식인수인에 의한 납입이 완료된 것처럼 등기공무원에 대하여 허위 등기신청을 함으로써 법인등기부원본에 기재를 하게끔 하였다면 이는 상법상 등기사항인 발행주식의 총수, 자본의 총액에 부실사실을 기재한 것이 된다"고 하여 위장납입을 주도한 회사의 대표이사에게 공정증서원본부실기재죄가 성립한다고 판단하였다. 하지만 위장납입의 사법상 효력을 인정하면서 위장납입을 원인으로 하는 등기를 부실등기라고 판단하는 법원의 태도는 모순이라고 밖에 볼 수 없다.

③ 형법상 업무상횡령죄, 업무상배임죄

형법은 업무상 타인의 재물을 보관하는 자가 임무에 위배하여 재물을 횡령하거나 반환을 거부한 때(업무상횡령죄), 또는 업무상 타인의 사무를 처리하는 자가 임무에 위배하는 행위로써 재산상의 이익을 취득하거나 제삼자로 하여금 이를 취득하게 하여 본인에게 손해를 가한 때(업무상배임죄)에는 10년 이하의 징역 또는 3천만원 이하의 벌금으로 처벌한다.

법원은 형식적으로 주금 납입이 인정되는 위장납입 사건에서 '위장납입으로 회사의 자본금이 실질적으로 증가되지 아니하였으므로 납입된 금원을 바로 차입금 변제에 사용하였다고 하여 회사에 손해가 발생한 것이 아니다'라는 이유로 위장납입을 주도한 회사의 대표이사에게 업무상 횡령죄는 물론 업무상 배임죄도 성립하지 않는다고 판단하였다. 하지만 위장납입의 효력을 유효로 간주하면서 위장납입으로 회사의 자본금에 변동이 없다고 전제하는 법원의 태도는 모순이라는 비판이 있다.

한편, 법원의 논리에 따른다면 형식적으로도 주금 납입이 인정되지 않는 통모가장납입, 회사 자금을 이용한 가장납입, 위조 가장납입은 회사 자본금을 증가시키지 못하였으므로 가장으로 납입된 금원을 임의로 소비한 회사 대표이사를 업무상 횡령죄나 업무상 배임죄로 처벌할 수 없을 것이다.

2. 분식회계 관련자의 형사책임

분식회계 일반

기업의 경영성과와 재무상태를 나타내는 보고서를 재무제표라고 한다. 재무제표에는 특정 시점의 자산, 부채, 자본의 상태를 나타내는 재무상태표, 일정기간 동안 경영성과를 나타내는 손익계산서, 일정기간 동안 현금의 유입과 유출을 나타내는 현금흐름표, 자본의 크기와 변동에 관한 정보를 제공해주는 자본변동표, 이익잉여금의 처분사항을 나타내는 이익잉여금처분계산서가 있다. 재무제표는 기업의 경영자에게는 경영방향을 정하는 지침으로서, 기업이 발행한 주식, 채권 등을 매수하는 투자자에게는 투자판단의 근거자료로서, 기업과 거래를 하는 이해관계인에게는 기업의 신용도 판단 및 거래규모 산정에 필요한 기준으로서 활용된다. 기업 재무제표가 객관적인 회계처리기준에 따라 엄격하게 작성, 관리되어야 할 이유다.

기업이 작성한 재무제표가 회계처리기준에 따라 적정하게 작성되었는지 여부를 조사하는 업무를 감리라고 한다. 감리업무는 금융감독원이 직접 실시하는 표본감리, 혐의감리와 금융감독원이 한국공인회계사회에 위탁하여 실시하는 위탁감리로 구분된다.

표본감리는 분식위험요소(횡령·배임 발생, 내부회계관리제도 부적정, 최대주주의 잦은 변경 등)를 근거로 추출하는 방법과 무작위로 추출하는 방법을 병행하여 추출한 회사를 대상으로 실시하는 감리다. 혐의감리는 금융감독원의 업무수행 과정 또는 외부 제보 등으로 분식회계 혐의를 인지하여 실시하는 감리이고, 위탁감리는 금융감독원이 비상장법인 감리를 한국공인회계사회에 위탁하여 실시하는 감리다.

금융감독원 보도자료에 따르면, 2016년 총 133개 회사에 대한 감리를 실시하여 89개 회사의 재무제표에서 지적 사항을 발견하였다고 한다. 2014년에서 2016년까지 감리 유형별 감리 건수와 지적 건수 현황은 다음과 같다.

〈 감리 유형별 감리 건수와 지적 건수 현황 〉 (단위 : 건)

구분	2014년		2015년		2016년	
	감리	지적	감리	지적	감리	지적
표본감리	37	10	66	8	58	19
혐의감리	32	29	47	44	55	51
위탁감리	20	18	18	16	20	19
합계	89	57	131	68	133	89

출처 : 금융감독원 2017. 4. 5.자 보도자료 “2017년도 회계감리업무 운영계획”

감리결과 분식회계로 판단되면, 증권선물위원회는 해당 기업에 과징금 부과, 증권발행제한 등의 행정적인 조치를 취하고, 분식회계에 고의가 인정될 경우 관련자를 검찰에 고발하는 등 사법절차도 진행한다.

증권선물위원회의 발표에 따르면, 2005년부터 2015년까지 분식회계를 이유로 증권선물위원회의 제재조치를 받은 상장회사는 241곳이다. 2015년 말 기준으로 유가증권시장과 코스닥시장에 상장된 회사의 수를 모두 합해도 1,900여개에 불과하고, 그 중 매년 4~6% 정도의 회사만이 감리를 받을 정도로 금융감독원의 감리범위가 제한적이라는 점을 감안하면, 분식회계로 제재조치를 받은 기업의 수(241곳)는 우리나라 기업의 분식회계가 심각한 수준이라는 것을 여실히 보여준다.

참고로 스위스 국제경영개발대학원(International Institute for Management Development, IMD)은 국가들의 경쟁력을 다양한 방면에서 평가하여 발표하고 있다. IMD 발표 자료에 따르면, 국제경쟁력 평가 항목 중 '회계 및 감사의 적절성'에서 우리나라는 2016년 조사대상 61개국 중 61위, 2017년 조사대상 63개국 중 63위로 2년 연속 꼴찌를 기록하였다. 글로벌 자본시장에서 분식회계로 악명을 떨치는 기업들의 본산인 중국에도 뒤지는 부끄러운 기록이다.

증권선물위원회의 발표 내용을 계속 인용하면, 2005년부터 2015년까지 분식회계에서 가장 큰 비중을 차지한 업종은 소프트웨어 개발·공급업으로 24개 회사가 적발되었다. 소프트웨어 개발, 공급업 외에도 방송 및 통신기기 제조업, 컴퓨터 시스템설계 및 컴퓨터 관련 장치제조업도 분식회계로 많이 적발된 업종에 해당한다. 주목할 만한 점은 이들 모두가 IT 관련 업종이라는 사실이다.

한편, 수치상으로는 두드러지지는 않았지만 발주처로부터 수주한 프로젝트의 공정률에 따라 매출액이 산정되는 건설, 조선, 플랜트 업종에서도 공정률과 원가 계산에 부정행위가 만연해 있다.

분식회계는 내부통제시스템이 제대로 갖추어지지 않은 중소기업만의 문제가 아니다. 2005년부터 2015년까지 대기업 중에서는 두산산업개발, 금호타이어, 효성, 대우건설이 분식회계로 제재를 받았고, 2015년에는 대우조선해양의 대규모 분식회계가 사회적으로 큰 이슈가 되었다.

분식회계 유형으로는 매출액, 매출채권의 과대계상이 가장 많았으며, 매출원가, 대손충당금, 비용, 부채의 과소계상과 재고자산, 자본의 과대계상도 높은 비중을 차지하였다.

분식회계의 원인 중에는 대주주나 회사 내부자의 횡령, 배임이 가장 많았으며, 그 밖에 투자유치, 대출 등 금융거래에 유리하게 이용, 주가 상승, 상장폐지 모면, 경영진의 연임 도모 등이 높은 비중을 차지하였다.

쉽게 예상할 수 있듯이 분식회계가 적발된 상장회사는 대부분 상장폐지 위험에 직면하였다. 2005년부터 2015년까지 분식회계를 이유로 증권선물위원회로부터 제재 받은 상장기업 241개 회사 중에서 61%인 146개 회사가 상장폐지 되었다.

외부감사의무와 외부감사 대상

기업은 물론 주주, 채권자, 거래처 등 이해관계인에게도 기업의 재무제표가 회계처리기준에 따라 작성되는지 여부는 매우 중요하다. 기업의 재무제표가 회계처리기준에 따라 적정하게 작성되기 위해서는 경영진의 준법정신은 물론 기업으로부터 독립된 외부 감사인(회계법인)이 재무제표를 감사하는 과정이 반드시 필요하다.

『주식회사의 외부 감사에 관한 법률』은 직전 사업연도 말의 자산총액, 부채규모, 종업원 수 등을 기준으로 일정한 주식회사에게 외부 감사인으로부터 회계감사를 받아야 할 의무를 부과하고 있다.

『주식회사의 외부 감사에 관한 법률』상 외부감사 의무

① 직전 사업연도 말의 자산총액이 120억원 이상인 주식회사
② 주권상장법인과 해당 사업연도 또는 다음 사업연도 중에 주권상장

법인이 되려는 주식회사
③ 직전 사업연도 말의 부채총액이 70억원 이상이고 자산총액이 70억원 이상인 주식회사
④ 직전 사업연도 말의 종업원 수가 300명 이상이고 자산총액이 70억원 이상인 주식회사

한편, 주식회사와 달리 유한회사는 법령상 외부감사의무가 없다. 기업의 내용을 외부에 공개하기 꺼려하는 외국계 회사들이 국내 진출 형태로 유한회사를 많이 활용한 이유다. 하지만 정부는 2017년 1월 대형 유한회사도 주식회사와 동일하게 외부감사를 받도록 하는 「주식회사 등의 외부감사에 관한 법률」 개정안을 만들어 국회에 제출하였다. 국회에서 개정안이 통과되면 향후에는 일정한 자산, 매출액 규모를 충족하는 유한회사도 외부감사의무를 부담하게 된다.

분식회계 관련 형사처벌 규정

『주식회사의 외부 감사에 관한 법률』은 회계처리기준에 따른 재무제표의 작성과 재무제표 외부감사제도의 실효성을 담보하기 위하여 다음 행위를 형사처벌하고 있다.

① 감사인 등의 금품, 이익 수수

감사인, 감사인에 소속된 공인회계사, 감사 또는 감사인선임위원회의 위원이 그 직무에 관하여 부정한 청탁을 받고 금품이나 이익을 수수·요구 또는 약속한 경우 5년 이하의 징역 또는 5천만원 이하의 벌금으로 처벌되고, 감사인 등에게 금품이나 이익을 약속·공여 또는 공여의 의사를 표시한 자도 동일한 형으로 처벌된다.

② **회사 회계담당자 등의 회계처리기준 위반**

회사의 이사, 집행임원, 감사, 회사의 회계업무를 담당하는 자가 회계처리기준을 위반하여 거짓으로 재무제표 또는 연결재무제표를 작성·공시한 경우 7년 이하의 징역 또는 7천만원 이하의 벌금으로 처벌된다.

③ **회계정보, 감사조서의 위조 등**

회계정보의 식별·측정·분류·기록 및 보고방법에 관한 사항, 회계정보의 오류를 통제하고 수정하는 방법에 관한 사항 등이 포함된 내부회계관리규정과 이를 관리·운영하는 조직에 의해 작성된 회계정보를 위조·변조·훼손 또는 파기하거나 감사조서를 위조·변조·훼손 또는 파기한 자는 5년 이하의 징역 또는 5천만원 이하의 벌금으로 처벌된다.

④ **외부감사 방해**

회사 회계담당자가 감사인 또는 그에 소속된 공인회계사에게 거짓자료를 제시하거나 거짓이나 부정한 방법으로 감사인의 정상적인 외부감사를 방해한 경우 및 정당한 이유 없이 감사인 또는 지배회사의 열람, 등사, 자료제출요구 또는 조사를 거부·방해·기피하거나 관련자료를 제출하지 아니한 경우 3년 이하의 징역 또는 3천만원 이하의 벌금으로 처벌된다.

자본시장법에서도 분식회계와 관련한 처벌규정을 두고 있다. 증권신고서, 정정신고서, 투자설명서, 사업보고서, 반기보고서, 분기보고서, 주요사항보고서에 포함된 재무제표의 중요사항을 허위로 기재하거나, 재무제표의 중요사항이 허위라는 사실을 알고도 서명을 한 자와 그 사실을 알고도 재무제표가 진실 또는 정확하다고 증명하여 그 뜻을 기재한 자는 5년 이하의 징역 또는 2억원 이하의 벌금으로 처벌된다.

또한 분식회계는 중요사항에 관하여 부실표시를 하여 금전, 재산상의 이익을 얻고자 하는 부정거래행위에 해당하여 자본시장법상 부정거래행위 금지 규정을 근거로 처벌될 수 있다. 부정거래행위는 10년 이하의 징역 또는 위반행위로 얻은 이익 또는 회피한 손실액의 1배 이상 3배 이하에 상당하는 벌금으로 처벌된다

분식회계는 형법상 사기, 사문서 위조 및 위조 사문서 행사죄를 수반하는 경우가 다반사다.

분식회계로 만든 재무제표를 이용하여 투자를 유치하거나 대출을 받는 등 재물을 교부 받거나 재산상의 이익을 취득하는 행위는 형법상 사기죄 또는 『특정 경제범죄 가중처벌 등에 관한 법률』에 따라 처벌된다.

형법상 사기죄는 10년 이하의 징역 또는 2천만원 이하의 벌금으로 처벌된다. 사기죄는 사기행위로 취득한 이득액이 5억원 이상이면 『특정 경제범죄 가중처벌 등에 관한 법률』에 따라 가중 처벌된다. 분식회계를 활용한 사기로 취득한 이득액이 5억원 이상 50억원 미만일 때에는 3년 이상의 유기징역, 이득액이 50억원 이상일 때에는 무기 또는 5년 이상의 징역으로 처벌된다. 『특정 경제범죄 가중처벌 등에 관한 법률』이 적용되는 경우에는 사기행위로 취득한 이득액 이하에 상당하는 벌금을 징역형에 병과할 수 있다.

분식회계 과정에서 은행의 잔고증명서나 거래처의 채권채무잔액확인서를 위조하는 경우도 종종 발생한다. 이러한 행위는 형법상 사문서 위조죄에 해당하고, 사문서 위조죄에 의하여 만들어진 문서를 이용한 행위는 별도로 위조 사문서 행사죄에 해당한다. 행사할 목적으로 사문서를 위조한 자는 5년 이하의 징역 또는 1천만원 이하의 벌금으로 처벌되고, 사문서 위조죄에 의하여 만들어진 문서를 행사한 자도 사문서 위조죄와 동일한 형으로 처벌된다.

[참고] 청탁금지법(김영란법)

국민권익위원회의 2015년도 부패인식도 조사에 따르면, 59.2%의 국민이 '우리사회가 부패하다'고 응답하여 사회 전반에 대한 국민의 신뢰도가 매우 낮은 수준으로 나타났다. 또한 57.8%의 국민은 '공직사회가 부패하다'고 응답하여 공직사회에 대한 국민의 의혹과 불신이 팽배해 있음이 드러났다.

이처럼 공직사회를 비롯한 사회 전반에 부패가 만연하다는 인식하에 국민의 공공기관 신뢰를 확보하고 부패 유발적 사회문화를 개선하기 위해 국민권익위원회 중심으로 『부정청탁 및 금품등 수수의 금지에 관한 법률』(이하 "청탁금지법")이 만들어졌고 2016년 9월 28일부터 시행되고 있다. 혹자는 현대 대한민국의 시대 구분이 청탁금지법 시행 전과 시행 이후로 나누어질 것이라고 주장한다. 그만큼 청탁금지법이 우리 사회에 미치는 파급효과가 클 것으로 예상된다. 은행, 증권 등을 비롯한 금융 분야 역시 청탁금지법의 영향을 피할 수 없다. 금융감독기관과 영업 대상이 되는 연기금, 공공기관, 공직유관기관이 청탁금지법의 적용을 받기 때문이다.

청탁금지법은 공공기관에 대한 국민의 신뢰를 확보하고 부패 유발적 사회문화를 개선하기 위한 핵심 의제를 '공직자에 대한 부정청탁 금지'와 '공직자의 금품수수 금지'로 설정하고 자세히 규정하고 있다.

먼저 부정청탁 금지는 누구든지 직접 또는 제3자를 통하여 직무를 수행하는 공직자 등에게 부정청탁을 해서는 안 된다는 내용이다. 이하에서는 부정청탁 금지의 내용을 ① 부정청탁 금지 대상자, ② 부정청탁의 의미, ③ 부정청탁 관련자 제재"로 나누어 살펴본다.

먼저 "부정청탁 금지 대상자"는 공직자와 공무수행사인이다. 공직자에는 공무원, 공직유관단체·공공기관의 장과 임직원, 각급 학교의 장과 교직원 및 학교법인의 임직원, 언론사의 대표자와 그 임직원이 포함되고, 공무수행사인은 공공기관의 의사결정 등에 참여하는 민간인으로서, 각종 법령에 따라 설치된 위원회에 참여하는 민간위원, 공공기관의 업무를 위임·위탁 받은 자, 공공기관에 파견 근무하는 민간인, 공무상 심의·평가업무를 담당하는 외부 전문가 등이 공무수행사인에 포함된다.

"부정청탁의 의미"는 법령을 위반하여[16] 정상적인 거래관행을 벗어나는 행위를 하도록 요구하는 것이다. 청탁금지법은 공직자의 직무 중 부패가 빈발하는 14개 분야와 관련된 부정청탁을 금지한다. 14개 분야[17]는 일반인의 상식 수준에서 생각할 수 있는 공직자에 대한 부정한 청탁의 유형을 대부분 포함하고 있다. 이러한 부정청탁 금지 규정의 포괄적 성격 때문에 국민의 정당한 권리주장이 위축되는 부작용을 염려하여 청탁금지법은 공개적으로 공직자에게 특정한 행위를 요구하는 행위 등 명백하게 정당한 권리주장으로 인정되는 7가지 행위를 부정청탁에 해당하지 않는 것으로 규정하였다. 정당한 권리주장으로 인정되는 7가지 행위는 다음과 같다.

부정청탁으로 취급하지 아니하는 행위

1. 「청원법」, 「민원사무 처리에 관한 법률」, 「행정절차법」, 「국회법」 및 그 밖의 다른 법령·기준에서 정하는 절차·방법에 따라 권리침

16) 따라서 법령의 범위 내에서 재량권을 적절히 활용하여 유리하게 처리해 달라는 청탁이나, 단순한 선처 부탁은 부정청탁에 해당하지 않는다.

17) 인가·허가·면허, 형벌 또는 행정처분, 공직 인사, 직무상 비밀, 계약당사자 선정·탈락, 보조금 배정·지원, 공공기관의 재화나 용역의 거래, 학교의 성적·입학, 병역, 공공기관이 실시하는 평가·판정, 행정지도·단속·감사·조사, 수사·재판·심판·결정

해의 구제 · 해결을 요구하거나 그와 관련된 법령 · 기준의 제정 · 개정 · 폐지를 제안 · 건의하는 등 특정한 행위를 요구하는 행위
2. 공개적으로 공직자등에게 특정한 행위를 요구하는 행위
3. 선출직 공직자 · 정당 · 시민단체 등이 공익적인 목적으로 제3자의 고충민원을 전달하거나 법령 · 기준의 제정 · 개정 · 폐지 또는 정책 · 사업 · 제도 및 그 운영의 개선 등에 관하여 제안 · 건의하는 행위
4. 공공기관에 직무를 법정기한 안에 처리해 줄 것을 신청 · 요구하거나 그 진행상황 · 조치결과 등에 대하여 확인 · 문의 등을 하는 행위
5. 직무 또는 법률관계에 관한 확인 · 증명 등을 신청 · 요구하는 행위
6. 질의 또는 상담형식을 통하여 직무에 관한 법령 · 제도 · 절차 등에 대하여 설명이나 해석을 요구하는 행위
7. 그 밖에 사회상규에 위배되지 아니하는 것으로 인정되는 행위

청탁금지법은 부정청탁 금지 규정의 실효성을 확보하기 위해 부정청탁자 및 부정청탁을 받은 공직자 등을 다음과 같이 제재하고 있다.

〈 금지된 부정청탁의 유형 및 제재 수준 〉

행위 주체		유형	제재 수준
이해당사자		이해당사자가 직접 부정청탁	제재 없음
		제3자를 통하여 부정청탁	1천만원 이하의 과태료
이해당사자 외	사인	제3자를 위하여 부정청탁	2천만원 이하의 과태료
	공직자	제3자를 위하여 부정청탁	3천만원 이하의 과태료
부정청탁을 받은 공직자 등		부정청탁에 따라 직무를 수행	2년 이하의 징역 또는 2천만원 이하의 벌금

위 표 **〈금지된 부정청탁의 유형 및 제재 수준〉**의 내용을 잘 살펴보면 청탁금지법을 만든 입법자들의 고민을 엿볼 수 있다.

먼저 이해당사자가 자신의 일에 대하여 직접 공직자등에게 부정청

탁하는 것을 금지하지만, 부정청탁한 이해당사자를 제재하는 규정을 두지 않았다. 국민권익위원회는 정부와 민간의 건전한 의사소통이 봉쇄되지 않도록 하기 위해 불가피하게 제재 규정을 두지 않았다고 밝히고 있다. 하지만 부패 유발적 사회문화를 개선하겠다는 청탁금지법의 입법 취지와 청탁금지법의 실효성 확보라는 측면을 감안하면 부정청탁행위를 한 당사자에게 어떠한 제재도 할 수 없도록 한 것은 납득하기 어려운 조치로 생각된다.

또한 청탁금지법은 부정청탁행위 자체를 금지하려는 입법취지에 따라 부정청탁을 받은 공직자등이 부정한 청탁에 따라 직무를 수행하지 않은 경우에도 부정청탁자를 제재대상에 포함하였다. 부정청탁에 따라 직무를 수행한 해당 공직자등을 중하게 처벌하는 것도 잊지 않았음은 물론이다.

청탁금지법의 두 번째 핵심 내용인 “공직자의 금품수수 금지”를 살펴볼 차례다. 조금 과장하면 전 국민이 다 아는 밥값 3만원, 선물 5만원, 경조사비 10만원 관련된 얘기다.

청탁금지법에 따르면, 공직자는 동일인으로부터 직무 관련 여부와 무관하게 1회 100만원, 매 회계연도 300만원을 초과하는 금품을 받을 수 없고, 직무와 관련된 경우에는 100만원 이하의 금품도 받을 수 없다. 다만 공직자와 금품 제공자간 직무관련성이 인정된다 하더라도 원활한 직무수행, 사교, 의례의 목적으로 제공되는 일정 범위의 금품 등 사회상규에 반하지 아니하는 금품은 예외적으로 허용된다. 구체적인 내용은 다음과 같다.

직무관련성이 인정되는 경우에도 예외적으로 수수가 허용되는 금품

1. 외부강의, 기고 사례금(장관 50만원, 차관 40만원, 4급 이상 30만원, 5급 이하 20만 / 공공기관 기관장 40만원, 임원 30만원, 직원 20만원 / 각급 학교, 언론사 관계자 100만원)
   * 강의 1시간, 기고 1건 기준. 단, 공무원과 공공기관 관계자는 강의 1시간 초과 시 상한액의 100분의 150에 해당하는 금액을 초과하지 못한다.
2. 공공기관이 소속 공직자등이나 파견 공직자등에게 지급하거나 상급 공직자등이 위로 · 격려 · 포상 등의 목적으로 하급 공직자등에게 제공하는 금품
3. 원활한 직무수행, 사교 · 의례 또는 부조의 목적으로 제공되는 음식물(3만원 이내), 선물(5만원 이내) 경조사비(10만원 이내)
4. 사적 거래로 인한 채무의 이행 등 정당한 권원에 의하여 제공되는 금품
5. 공직자등의 친족이 제공하는 금품
6. 공직자등과 관련된 직원상조회 · 동호인회 · 동창회 · 향우회 · 친목회 · 종교단체 · 사회단체 등이 정하는 기준에 따라 구성원에게 제공하는 금품등 및 그 소속 구성원 등 공직자등과 특별히 장기적 · 지속적인 친분관계를 맺고 있는 자가 질병 · 재난 등으로 어려운 처지에 있는 공직자등에게 제공하는 금품
7. 공직자등의 직무와 관련된 공식적인 행사에서 주최자가 참석자에게 통상적인 범위에서 일률적으로 제공하는 교통, 숙박, 음식물 등의 금품
8. 불특정 다수인에게 배포하기 위한 기념품 또는 홍보용품 등이나 경연 · 추첨을 통하여 받는 보상 또는 상품
9. 그 밖에 다른 법령 · 기준 또는 사회상규에 따라 허용되는 금품

직무관련성이 인정되는 경우에도 예외적으로 수수가 허용되는 금품으로 가장 논란이 많은 것은 '**원활한 직무수행, 사교 · 의례 또는 부조**

의 목적으로 제공되는 음식물, 선물, 경조사비'다.

원활한 직무수행, 사교·의례 또는 부조의 목적이라면 직무관련성이 인정되는 경우에도 음식물은 3만원 이내, 선물은 5만원 이내, 경조사비는 10만원 이내로 수수할 수 있다. 세부적인 적용 방법은 아래 "음식물·선물·경조사비의 범위"에 따른다.

〈 음식물 · 선물 · 경조사비의 범위 〉

구분	한도
음식물: 제공자와 공직자가 함께하는 식사, 다과, 주류, 음료 등	3만원
선물: 금전 및 음식물을 제외한 일체의 물품 또는 유가증권 등	5만원
경조사비: 축의금, 조의금 등 각종 부조금과 부조금을 대신하는 화환, 조화 등	10만원

세부적인 적용 방법

√ 음식물, 경조사비 및 선물의 각 한도는 각 해당하는 것을 합산한 금액으로 한다.

√ 음식물과 선물을 함께 수수한 때에는 그 가액을 합산한다. 이 경우 한도는 5만원으로 하되, 음식물과 선물의 한도를 각 초과해서는 안 된다.

√ 음식물과 경조사비를 함께 수수한 때 및 경조사비와 선물을 함께 수수한 때에는 각각 그 가액을 합산한다. 이 경우 한도는 10만원으로 하되, 각각의 한도를 초과해서는 안 된다.

√ 음식물, 경조사비 및 선물을 함께 수수한 때에는 그 가액을 합산한다. 이 경우 한도는 10만원으로 하되, 각각의 한도를 초과해서는 안 된다.

예를 들어 직무와 관련된 공직자의 결혼에 7만원 상당의 화환을 보냈으면 축의금은 3만원 이하로 내야 한다(화환과 축의금은 모두 경조사비에 속하므로 합산하여 10만원 이내이어야 한다). 또한 직무와 관련된 공직자의 결혼에 5만원 상당의 선물을 제공했으면 축의금은 5만원 이하로 내야 한다(선물과 경조사비는 합산하여 10만원 이내이어야 한다)

청탁금지법에서 규정하는 공직자의 금품수수 금지 규정을 정리하면, 금품제공자와 직무관련성 여부를 불문하고 공직자는 1회 100만원, 매 회계연도 300만원을 초과하는 금품을 수수할 수 없고, 금품제공자와 직무관련성 있는 공직자는 원칙적으로 액수와 상관없이 모든 금품수수가 금지되나, 예외적으로 원활한 직무수행, 사교·의례 또는 부조의 목적으로 제공되는 금품(예 : 음식물 3만원, 선물 5만원, 경조사비 10만원)은 수수할 수 있다.

공직자의 금품수수와 관련된 제재 수준은 다음과 같다.

〈 공직자의 금품수수와 관련된 제재 수준 〉

대상자	위법행위	직무 관련성	제재 수준
공직자, 공무수행사인	동일인으로부터 1회 100만원 초과 또는 매 회계연도 300만원을 초과하여 받거나 요구 또는 제공받기로 약속	무관	3년 이하의 징역, 3천만원 이하의 벌금
	배우자가 직무와 관련하여 1회 100만원 초과 또는 매 회계연도 300만원을 초과하여 받거나 요구 또는 제공받기로 약속한 사실을 알고도 미신고	필요	3년 이하의 징역, 3천만원 이하의 벌금
	1회 100만원 이하 또는 매 회계연도 300만원 이하의 금품을 받거나 요구 또는 제공받기로 약속	필요	2배 이상 5배 이하 상당 과태료
	배우자가 직무와 관련하여 1회 100만원 이하 또는 매 회계연도 300만원 이하의 금품을 받거나 요구 또는 제공받기로 약속한 사실을 알고도 미신고	필요	2배 이상 5배 이하 상당 과태료
제공자	1회 100만원 초과 또는 매 회계연도 300만원을 초과하여 공직자 또는 그 배우자에게 제공, 제공의 약속 또는 의사표시	무관	3년 이하의 징역, 3천만원 이하의 벌금

대상자	위법행위	직무 관련성	제재 수준
	1회 100만원 이하, 매 회계연도 300만원 이하 금품을 공직자 또는 그 배우자에게 제공, 제공의 약속 또는 의사표시	필요	2배 이상 5배 이하 상당 과태료

청탁금지법 관련하여 마지막으로 언급할 내용은 양벌규정이다. 양벌규정은 사업주가 직접 법령 위반행위를 하지 않은 경우에도 행위자와 행위에 따른 이익의 귀속주체인 사업주를 함께 처벌하기 위하여 마련된 규정이다.

청탁금지법에서는 종업원인 행위자가 업무에 관하여 청탁금지법 위반행위를 하면 행위자를 벌하는 외에 사업주(개인, 단체 및 법인 포함)도 제재한다. 다만, 금품의 제공자가 공직자등인 경우 양벌규정을 적용하지 않는다.

금품을 수수한 자가 공직자인 경우에도 원칙적으로 양벌규정을 적용한다. 다만, 금품을 수수한 공직자가 국가기관 소속이라면 양벌규정을 적용할 수 없다. 과태료 부과 징수 주체가 국가기관이기 때문이다. 따라서 금품을 수수한 공직자가 지방자치단체 소속으로 자치사무를 처리하는 경우에는 양벌규정을 적용할 수 있다(단, 지방자치단체가 처리하는 기관위임사무는 본질적으로 국가사무이므로 양벌규정 적용 대상이 아니다).

한편, 사업주가 소속 구성원의 청탁금지법 위반행위를 방지하기 위하여 해당 업무에 관하여 상당한 주의와 감독을 게을리 하지 아니한 경우에는 양벌규정의 책임을 면할 수 있다.

별첨

1. 금융기관 및 그 임직원 제재 절차와 제재심의위원회 개요
2. 증권 · 금융범죄 양형기준
3. 상법상 범죄행위[2016. 3. 2. 시행 상법 기준]
4. 자본시장법상 범죄행위[2017. 4. 18. 시행 자본시장법 기준]

별첨 1. 금융기관 및 그 임직원 제재 절차와 제재심의위원회 개요

제 1장 불공정거래에서는 불공정거래에 대한 조치로서 금융투자업자 및 그 임직원에 대한 징계와 그 절차를 설명했다. 여기에서는 일반적인 금융기관 및 그 임직원의 위법·부당행위에 대한 금융감독원의 제재 절차를 살펴본다.

금융감독원의 금융기관 및 그 임직원 제재절차 일반

1. 제재대상 위법 · 부당행위

금융기관 또는 그 임직원이 다음 행위를 한 경우에는 금융기관 검사 및 제재에 관한 규정에 따른 제재대상이 된다.

① 금융관련법규를 위반하거나 그 이행을 태만히 한 경우

② 횡령, 배임, 절도, 업무와 관련한 금품수수 등 범죄행위를 한 경우

③ 금융기관의 건전한 경영 또는 영업을 저해하는 행위를 함으로써 경영악화를 초래하거나 당해 금융기관 또는 금융거래자의 이익

을 해한 경우

④ 금융사고 등으로 금융기관의 공신력을 훼손하거나 사회적 물의를 일으킨 경우

⑤ 고의 또는 과실로 업무상 장애 또는 분쟁을 야기한 경우

⑥ 감독자로서 감독을 태만히 한 경우

⑦ 기타 금융시장의 신용질서를 문란하게 하거나 부당·불건전한 영업 또는 업무처리를 한 경우

2. 금융감독원장이 제재심의위원회를 거쳐 직접 조치하거나 금융위원회에 제재 건의

금융감독원장은 금융기관 및 그 임직원을 검사한 결과 관련법령에 따라 제재 대상이 된다고 판단하면 제재심의위원회 심의를 거쳐 직접 조치하거나 금융위원회에 제재를 건의한다.

3. 사전통지 및 의견진술의 기회 부여

금융감독원장은 제재심의위원회 10일 전에 법규위반 사실, 관련 법규, 제재 예정내용 등을 제재대상자에게 구체적으로 통지하고, 구술 또는 서면으로 의견진술 기회를 주어야 한다. 또한 금융감독원장은 제재심의위원회 운영 등 제재절차에 제재대상자의 의견진술 기회를 충분히 보장하기 위해 노력하여야 한다.

4. 금융기관 자체징계 제한

① 금융기관은 금융감독원의 검사 시 발견된 위법·부당행위에 대하여 금융감독원장의 제재요구가 있기 전에 임의로 임직원에게 신

분상의 제재나 기타 조치를 하여서는 아니 된다.

② 금융기관은 자체 감사결과 등으로 발견한 정직이상 징계처분이 예상되는 직원에 대하여, i) 위법 · 부당행위가 명백하게 밝혀졌을 경우에는 지체 없이 직위를 해제하되 징계확정 전에 의원면직 처리하여서는 아니 되고, ii) 직원이 사직서를 제출하는 경우에는 사직서 제출경위를 조사하고 관계법령에 따른 고용계약 해지의 효력이 발생하기 전에 징계조치 및 사고금 보전 등 필요한 조치를 취하여야 한다.

5. 불복절차

금융기관 또는 그 임직원 제재에 대해서는 금융위원회 또는 금융감독원에 이의신청을 하거나 행정심판·행정소송을 제기할 수 있다. 금융감독원장은 금융기관 또는 그 임직원에 대하여 제재를 하는 경우에 이의신청·행정심판·행정소송의 제기, 기타 불복할 수 있는 권리에 관한 사항을 제재대상자에게 알려주어야 한다.

제재심의위원회

1. 제재심의위원회 성격

제재심의위원회는 금융기관 및 금융기관 임직원 제재에 관한 사항을 심의하기 위한 금융감독원장 자문기구다. 금융감독원장은 적발된 금융기관 및 금융기관 임직원 제재 사항에 대해 제재심의위원회의 심의를 거쳐 개별 금융업 관련법령에 따라 금융위원회에 제재를 건의하거나 직접 조치한다.

2. 제재심의위원회 구성

제재심의위원회는 당연직 3명과 민간위원 6명으로 구성된다. 당연직 3명은 위원장으로서 제재심의위원회 담당 부원장, 금융감독원 조직관리규정상 법률자문관, 당해 부의안건 관련 금융위원회 담당국장이다. 제재심의위원회 민간위원은 총 12명이나 실제 심의에 참여하는 위원은 6명이다. 제재심의위원회 민간위원 12인의 명단은 금융감독원 홈페이지에 공개되나, 개별 제재심의위원회 회의 시 지명되는 민간위원 명단은 비공개한다.

3. 제재심의위원회 심의 안건

금융관련법령에 따른 금융기관, 그 임직원 제재에 관한 사항(과징금 및 과태료 부과 건 포함) 단, 기관주의, 금융기관 임직원 주의 조치안은 제재심의위원회 생략 가능하다.

4. 제재심의위원회 개최시기 및 결의 방법

제재심의위원회는 매월 첫째 및 셋째 목요일에 개최한다. 제재심의위원회 위원장은 필요 시 개최시기를 조정하거나 임시 회의를 개최할 수 있다.

제재심의위원회는 구성원 과반수의 출석과 출석위원 과반수의 찬성으로 의결하되, 가부동수인 경우에는 위원장이 결정한다.

5. 의견진술 및 열람권 보장

① 금융감독원장이 제재조치를 하는 때에는 법령위반 사실, 관련 법

規, 제재 예정내용 등을 제재심의위원회 10일 전에 제재대상자에게 구체적으로 통지하고, 구술 또는 서면으로 의견진술 기회를 주어야 한다.

② 금융감독원장은 제재심의위원회 운영 등 제재절차에 제재대상자의 의견진술 기회를 충분히 보장하기 위해 노력하여야 한다.

③ 사전통지를 받은 제재대상자는 제재심의위원회 위원들에게 제출된 제재심의위원회 부의 예정안 및 제재심의위원회에 제출될 서류를 열람할 수 있다.

제재의 종류

1. 금융기관 제재

금융기관 제재로는 ① 영업의 인가, 허가 또는 등록의 취소, 영업·업무의 전부 정지, ② 영업 · 업무의 일부 정지, ③ 영업점의 폐쇄, 영업점 영업의 전부 또는 일부의 정지, ④ 위법·부당행위 중지, ⑤ 계약이전의 결정, ⑥ 위법내용의 공표 또는 게시요구, ⑦ 기관경고, ⑧ 기관주의, ⑨ 과징금, 과태료가 있다.

기관경고와 기관주의는 금융감독원장이 직접 조치할 수 있으며, 나머지 제재사항은 금융위원회에 조치를 건의하여야 한다(금융위원회 의결 전 증권선물위원회 사전 심의).

2. 금융기관 임원 제재

금융기관 임원 제재로는 ① 해임권고(해임요구, 개선(改選)요구 포함), ② 업무집행의 전부 또는 일부의 정지, ③ 문책 경고, ④ 주의적 경고, ⑤ 주의, ⑥ 과징금, 과태료가 있다.

문책 경고, 주의적 경고, 주의는 금융감독원장이 직접 조치할 수 있으며, 나머지 제재사항은 금융위원회에 조치를 건의하여야 한다(금융위원회 의결 전 증권선물위원회 사전 심의).

금융기관 임원 제재 중에서 문책 경고와 주의적 경고는 중요한 분기점이 되기도 한다. 임원 제재조치 중 주의, 주의적 경고는 금융기관 임원의 결격사유와 무관하나, 문책 경고, 직무정지 또는 업무정지, 해임은 일정기간 동안 금융기관 임원의 결격사유가 된다.

해임은 해임일로부터 5년 동안, 직무정지 또는 업무집행정지는 직무정지 종료일 또는 업무집행정지 종료일로부터 4년 동안, 문책경고는 문책경고일로부터 3년 동안 금융기관의 임원이 되지 못하게 하는 효과가 있다.

3. 금융기관 직원 제재

금융기관 직원 제재로는 ① 면직, ② 정직, ③ 감봉, ④ 견책, ⑤ 주의, ⑥ 과징금, 과태료가 있다.

금융감독원장은 금융위원회에 금융기관 직원의 면직요구를 건의하거나 금융기관의 장에게 소속 직원을 면직, 정직, 감봉, 견책 또는 주의 조치하도록 요구할 수 있다.

금융기관 직원 제재는 원칙적으로 금융기관에게 자율처리 필요사항으로 통보하나, 신용공여 규정위반, 임의매매, 불공정거래, 금융실명제 위반, 회계분식의 경우에는 금융감독원장이 제재대상자, 제재의 종류를 지정하여 조치요구 할 수 있다.

금융기관 직원 제재조치 중 면직요구는 면직요구일부터 5년 동안, 정직요구는 정직 요구일부터 4년 동안, 감봉요구는 감봉 요구일부터 3년 동안 그 요구를 받은 금융기관 직원은 금융기관 임원이 될 수 없다.

이사·감사와 사실상 동등한 지위인 미등기 임원에 대하여는 직원 제재조치를 부과한다. 다만, 임원에 대한 가중, 감면 기준을 준용하여 제재양정을 결정한다.

4. 수사기관 고발, 기타 확약서, 양해각서, 변상조치, 업무방법의 개선 요구

별첨 2. 증권·금융범죄 양형기준

양형기준은 법관이 선고하는 형을 정할 때 참고하는 기준을 말한다. 대법원 양형위원회 홈페이지에서는 증권·금융범죄의 양형기준을 비롯하여 45개 범죄 유형에 따른 양형기준을 정하고 있다.

증권·금융범죄의 양형기준은 미공개 중요정보 이용행위, 시세조종, 부정거래행위, 증권신고서 미제출 증권 모집·매출, 증권신고서 등 중요사항에 대한 부실기재, 주식 등 대량보유상황 보고의무 불이행, 허위 재무제표 작성·공시, 회계정보 위조·변조, 금융기관 임직원의 수재, 금융기관 임직원의 알선수재, 금융기관 임직원에 대한 증재, 금융기관 임직원 직무에 관한 알선수재의 죄를 저지른 성인 피고인에 대하여 적용한다.

1. 증권범죄

가. 자본시장의 공정성 침해 범죄(미공개 중요정보 이용행위, 시세조종, 부정거래행위)

유형	이득액/회피한 손실액	감경	기본	가중
1	1억원 미만	– 1년	6월 - 1년 6월	1년 - 2년 6월
2	1억원 이상, 5억원 미만	10월 - 2년 6월	1년 – 4년	2년 6월 – 6년
3	5억원 이상, 50억원 미만	1년 6월 – 4년	3년 – 6년	4년 – 7년
4	50억원 이상, 300억원 미만	3년 – 6년	5년 – 9년	7년 – 11년
5	300억원 이상	5년 – 9년	7년 – 11년	9년 – 15년

구분		감경요소	가중요소
특별 양형 인자	행위	○ 사실상 압력 등에 의한 소극적 범행가담 ○ 범행가담 정도가 경미한 경우 ○ 실제 주가 등에 미친 영향이나 행위의 규모가 작은 경우(시세조종, 부정거래의 경우)	○ 실제 주가 등에 중대한 영향을 미쳤거나 불공정거래의 규모가 매우 큰 경우(시세조종, 부정거래의 경우) ○ 범죄수익을 의도적으로 은닉한 경우 ○ 범행수법이 매우 불량한 경우 ○ 피지휘자에 대한 교사
	행위자 /기타	○ 농아자 ○ 자수 또는 내부비리 고발	○ 동종 누범
일반 양형 인자	행위	○ 범죄 수익의 대부분을 소비하지 못하고 보유하지도 못한 경우 ○ 소극 가담	○ 비난 동기
	행위자 /기타	○ 형사처벌 전력 없음 ○ 진지한 반성	○ 범행후 증거은폐 또는 은폐 시도

구분		감경요소	가중요소
			○ 이종 누범, 누범에 해당하지 않는 동종 실형전과(집행종료 후 10년 미만) 또는 규제기구로부터 징계나 과징금 등의 제재조치를 받은 전력

나. 자본시장의 투명성 침해 범죄

유형	구분	감경	기본	가중
1	주식 등 대량보유 공시의무 위반	-8월	4월-1년	8월-2년
2	증권신고서 등 공시의무 위반/허위 재무제표 작성 · 공시/회계정보 위 · 변조	4월-1년	8월-1년 6월	1년-3년

구분		감경요소	가중요소
특별양형인자	행위	○ 사실상 압력 등에 의한 소극적 범행가담 ○ 범행동기에 특히 참작할 사유가 있는 경우	○ 장기간 반복해서 범행이 이루어진 경우 ○ 범행수법이 매우 불량한 경우 ○ 피지휘자에 대한 교사
	행위자/기타	○ 농아자 ○ 자수 또는 내부비리 고발	○ 동종 누범
일반양형인자	행위	○ 소극 가담	○ 비난 동기
	행위자/기타	○ 형사처벌 전력 없음 ○ 진지한 반성	○ 범행 후 증거은폐 또는 은폐 시도 ○ 이종 누범, 누범에 해당하지 않는 동종 실형전과(집행종료 후 10년 미만) 또는 규제기구로부터 징계나 과징금 등의 제재조치를 받은 전력

2. 금융범죄

가. 금융기관 임직원의 수재 · 알선수재

유형	수재액	감경	기본	가중
1	1,000만 원 미만	– 6월	4월 – 1년	8월 – 2년
2	1,000만 원 이상, 3,000만 원 미만	8월 – 2년	1년 – 3년	2년 – 4년
3	3,000만 원 이상, 5,000만 원 미만	2년 6월 – 4년	3년 – 5년	4년 – 6년
4	5,000만 원 이상, 1억 원 미만	3년 6월 – 6년	5년 – 7년	6년 – 8년
5	1억 원 이상, 5억 원 미만	5년 – 8년	7년 – 10년	9년 – 12년
6	5억 원 이상	7년 – 10년	9년 – 12년	11년 이상, 무기

구분		감경요소	가중요소
특별양형인자	행위	○ 가담 정도 및 실제 이득액이 극히 경미한 경우 ○ 요구 · 약속에 그친 경우	○ 수재와 관련하여 부정한 업무처리 또는 알선행위를 하거나 금융기관에 실질적인 피해를 야기한 경우 ○ 적극적 요구 ○ 피지휘자에 대한 교사
	행위자/기타	○ 농아자 ○ 수사개시 전 금품 기타 이익 반환 ○ 심신미약(본인 책임 없음) ○ 자수 또는 내부비리 고발	○ 누범
일반양형인자	행위	○ 가담 정도 또는 실제 이득액이 경미한 경우	○ 2년 이상 장기간의 금품 기타 이익 수수 ○ 업무 관련성이 높은 경우
	행위자/기타	○ 형사처벌 전력 없음 ○ 진지한 반성	○ 금융기관 임원 ○ 누범에 해당하지 않는 동종 전과 및 동종 징계전력

나. 금융기관 임직원에 대한 증재

유형	증재액	감경	기본	가중
1	3,000만 원 미만	- 6월	4월 - 10월	6월 - 1년 6월
2	3,000만 원 이상, 5,000만 원 미만	6월 - 1년	10월 - 1년 6월	1년 - 3년
3	5,000만 원 이상, 1억 원 미만	1년 - 2년	1년 6월 - 2년 6월	2년 - 4년
4	1억 원 이상	2년 - 3년	2년 6월 - 3년 6월	3년 - 5년

구분		감경요소	가중요소
특별 양형 인자	행위	○ 수재자의 적극적 요구에 수동적으로 응한 경우 ○ 약속 · 공여의 의사표시에 그친 경우	○ 적극적 증재 ○ 청탁내용이 불법하거나 부정한 업무처리와 관련된 경우 ○ 피지휘자에 대한 교사
	행위자/기타	○ 농아자 ○ 심신미약(본인 책임 없음) ○ 자수 또는 내부비리 고발	○ 동종 누범
일반 양형 인자	행위	○ 소극 가담 ○ 금품 기타 이익의 전달	○ 업무관련성이 높은 경우
	행위자/기타	○ 형사처벌 전력 없음 ○ 진지한 반성	○ 이종 누범, 누범에 해당하지 않는 동종 전과

다. 금융기관 임직원 직무에 관한 알선수재

유형	수재액	감경	기본	가중
1	3,000만 원 미만	- 6월	4월 - 10월	6월 - 1년 6월
2	3,000만 원 이상, 5,000만 원 미만	6월 - 1년	10월 - 1년 6월	1년 - 3년
3	5,000만 원 이상, 1억 원 미만	1년 - 2년	1년 6월 - 2년 6월	2년 - 4년
4	1억 원 이상	2년 - 3년	2년 6월 - 3년 6월	3년 - 5년

구분		감경요소	가중요소
특별 양형 인자	행위	○ 가담 정도 및 실제 이득액이 극히 경미한 경우 ○ 요구 · 약속에 그친 경우	○ 적극적 요구 ○ 피지휘자에 대한 교사 ○ 범행수법이 매우 불량한 경우
	행위자 /기타	○ 농아자 ○수사개시전 금품 기타 이익 반환 ○ 심신미약(본인 책임 없음) ○ 자수 또는 내부비리 고발	○ 동종 누범
일반 양형 인자	행위	○ 가담 정도 또는 실제 이득액이 경미한 경우	○ 2년 이상 장기간의 금품 기타 이익 수수 ○ 알선행위를 한 경우
	행위자 /기타	○ 형사처벌 전력 없음 ○ 진지한 반성	○ 이종 누범, 누범에 해당하지 않는 동종 전과

출처 : 양형위원회 홈페이지

별첨 3. 상법상 범죄행위[2016. 3. 2. 시행 상법 기준]

1. 발기인, 이사 기타 임원의 특별배임죄

회사의 발기인, 업무집행사원, 이사, 집행임원, 감사위원회 위원, 감사 또는 직무대행자, 지배인 기타 회사영업에 관한 어느 종류 또는 특정한 사항의 위임을 받은 사용인, 청산인, 설립위원이 임무에 위배한 행위로써 재산상의 이익을 취하거나 제삼자로 하여금 취득하게 하여 회사에 손해를 가한 때에는 10년 이하의 징역 또는 3천만원 이하의 벌금으로 처벌한다(징역형과 벌금형 병과 가능).

2. 사채권자집회 대표자 등의 특별배임죄

사채권자집회의 대표자 또는 그 결의를 집행하는 자가 임무에 위배한 행위로써 재산상의 이익을 취하거나 제삼자로 하여금 취득하게 하여 사채권자에게 손해를 가한 때에는 7년 이하의 징역 또는 2천만원 이하의 벌금으로 처벌한다(징역형과 벌금형 병과 가능).

3. 주요주주 등 이해관계자와의 거래 위반죄

상장회사가 주요주주 및 그의 특수관계인, 이사, 집행임원, 감사를 상대방으로 하거나 그를 위하여 신용공여를 한 경우에는 5년 이하의 징역 또는 2억원 이하의 벌금으로 처벌한다(징역형과 벌금형 병과 가능).

4. 회사 재산을 위태롭게 하는 죄

회사의 발기인, 업무집행사원, 이사, 집행임원, 감사위원회 위원, 감사 또는 직무대행자, 지배인 기타 회사영업에 관한 어느 종류 또는 특정한 사항의 위임을 받은 사용인, 검사인, 공증인, 감정인이 다음의 행위를 한 때에는 5년 이하의 징역 또는 1천500만 원 이하의 벌금으로 처벌한다(징역형과 벌금형 병과 가능).

① 주식 또는 출자의 인수나 납입, 현물출자의 이행, 현물출자를 하는 자의 성명과 목적인 재산의 종류, 수량, 가액과 이에 대하여 부여할 주식의 종류와 수 또는 변태설립사항에 관하여 법원·총회 또는 발기인에게 부실한 보고를 하거나 사실을 은폐한 때

② 명의를 불문하고 회사의 계산으로 부정하게 그 주식 또는 지분을 취득하거나 질권의 목적으로 받은 때

③ 법령 또는 정관에 위반하여 이익배당을 한 때

④ 회사의 영업범위 외에서 투기행위를 위하여 회사재산을 처분한 때

5. 주식취득제한 위반죄

다음과 같은 주식의 취득제한을 위반한 자는 2천만원 이하의 벌금으로 처벌한다(징역형과 벌금형 병과 가능).

① 자회사의 모회사 주식 취득 금지 규정을 위반한 자 또는 자회사

의 모회사 주식 취득이 예외적으로 허용된 경우 모회사 주식을 취득한 날로부터 6월 이내에 처분하지 않은 자

② 주식의 포괄적 교환으로 완전자회사가 되는 회사의 주주에게 제공하는 재산이 완전모회사가 되는 회사의 모회사 주식을 포함하는 경우(삼각교환) 그 모회사 주식을 주식교환의 효력이 발생하는 날부터 6개월 이내에 처분하지 않은 자

③ 흡수합병으로 존속하는 회사가 소멸하는 회사의 주주에게 제공하는 재산이 존속하는 회사의 모회사 주식을 포함하는 경우(삼각합병) 그 모회사 주식을 합병의 효력이 발생하는 날부터 6개월 이내에 처분하지 않은 자

④ 분할승계회사가 분할회사의 주주에게 제공하는 재산이 분할승계회사의 모회사 주식을 포함하는 경우(삼각분할) 그 모회사 주식을 분할합병의 효력이 발생하는 날부터 6개월 이내에 처분하지 않은 자

6. 부실보고죄

회사의 이사, 집행임원, 감사위원회 위원, 감사 또는 직무대행자가 조직변경 시 순재산액에 관하여 법원 또는 총회에 부실한 보고를 하거나 사실을 은폐한 경우에는 5년 이하의 징역 또는 1천 500만원 이하의 벌금으로 처벌한다(징역형과 벌금형 병과 가능).

7. 부실문서행사죄

회사의 발기인, 업무집행사원, 이사, 집행임원, 감사위원회 위원, 감사 또는 직무대행자, 지배인 기타 회사영업에 관한 어느 종류 또는 특

정한 사항의 위임을 받은 사용인, 외국회사의 대표자, 주식 또는 사채의 모집의 위탁을 받은 자가 주식 또는 사채를 모집하는 과정에서 중요한 사항에 관하여 부실한 기재가 있는 주식청약서, 사채청약서, 사업계획서, 주식 또는 사채의 모집에 관한 광고 기타의 문서를 행사한 때에는 5년 이하의 징역 또는 1천500만원 이하의 벌금으로 처벌한다(징역형과 벌금형 병과 가능).

8. 납입가장죄

회사의 발기인, 업무집행사원, 이사, 집행임원, 감사위원회 위원, 감사 또는 직무대행자, 지배인 기타 회사 영업에 관한 어느 종류 또는 특정한 사항의 위임을 받은 사용인이 납입 또는 현물출자의 이행을 가장하는 행위를 한 때에는 5년 이하의 징역 또는 1천500만원 이하의 벌금으로 처벌한다.

가장납입에 응하거나 가장납입을 중개한 자도 직접 납입가장죄를 범한 자와 동일한 형으로 처벌한다.

9. 초과발행죄

회사의 발기인, 이사, 집행임원 또는 직무대행자가 회사가 발행할 주식의 총수를 초과하여 주식을 발행한 경우에는 5년 이하의 징역 또는 1천 500만원 이하의 벌금으로 처벌한다(징역형과 벌금형 병과 가능).

10. 발기인, 이사 기타 임원의 독직죄

회사의 발기인, 업무집행사원, 이사, 집행임원, 감사위원회 위원, 감사 또는 직무대행자, 지배인 기타 회사 영업에 관한 어느 종류 또는 특정한 사항의 위임을 받은 사용인, 회사의 청산인 또는 설립위원, 사채권자집회의 대표자, 공증인, 감정인이 직무에 관하여 부정한 청탁을 받고 재산상의 이익을 수수, 요구 또는 약속한 때에는 5년 이하의 징역 또는 1천 500만원 이하의 벌금으로 처벌한다(공여자도 처벌하며, 징역형과 벌금형 병과 가능).

11. 권리행사방해 등에 관한 증수뢰죄

다음의 사항에 관하여 부정한 청탁을 받고 재산상의 이익을 공여, 수수, 요구 또는 약속한 자는 1년 이하의 징역 또는 300만원 이하의 벌금으로 처벌한다(징역형과 벌금형 병과 가능).

① 창립총회, 사원총회, 주주총회 또는 사채권자집회에서의 발언 또는 의결권의 행사

② 회사법상 소의 제기, 발행주식의 총수의 100분의 1 또는 100분의 3 이상에 해당하는 주주, 사채총액의 100분의 10 이상에 해당하는 사채권자 또는 자본금의 100분의 3 이상에 해당하는 출자좌수를 가진 사원의 권리의 행사

③ 이사를 상대로 하는 위법행위 유지청구권 및 회사를 상대로 하는 주식발행 유지청구권의 행사

12. 납입책임면탈죄

납입의 책임을 면하기 위하여 타인 또는 가설인의 명의로 주식 또는 출자를 인수한 자는 1년 이하의 징역 또는 300만원 이하의 벌금으로 처벌한다.

13. 주주의 권리행사에 관한 이익공여죄

주식회사의 이사, 집행임원, 감사위원회 위원, 감사, 직무대행자, 지배인, 사용인이 주주의 권리 행사와 관련하여 회사의 계산으로 재산상의 이익을 공여한 경우에는 1년 이하의 징역 또는 300만원 이하의 벌금으로 처벌한다.

재산상의 이익을 수수한 자 및 공여하게 한 자도 같은 형으로 처벌한다.

별첨 4. 자본시장법상 범죄행위 [2017. 4. 18. 시행 자본시장법 기준]

10년 이하의 징역 또는 위반행위로 얻은 이익 또는 회피한 손실액의 2배 이상 5배 이하에 상당하는 벌금(제 443조)

1. 미공개정보이용행위(제174조 제1항, 제2항, 제3항)
2. 시세조종행위(제 176조 제 1항, 제2항, 제3항, 제 4항)
3. 부정거래행위(제 178조 제1항, 제2항)

※ 위 벌칙 규정상 징역형은 위반행위로 얻은 이익 또는 회피한 손실액이 5억원 이상 50억원 미만인 경우에는 3년 이상의 유기징역으로, 50억원 이상인 경우에는 무기 또는 5년 이상의 징역으로 가중 처벌

※ 위반행위로 얻은 이익 또는 회피한 손실액이 없거나 산정하기 곤란한 경우 또는 그 위반행위로 얻은 이익 또는 회피한 손실액의 5배에 해당하는 금액이 5억원 이하인 경우 벌금의 상한액은 5억원

※ 위 벌칙규정상 위반행위에 징역형이 부과되는 경우 반드시 벌금이 함께 부과되고 부당이득은 몰수 또는 추징

5년 이하의 징역 또는 2억원 이하의 벌금(제 444조), 징역과 벌금 병과 가능

1. 무인가 금융투자업(투자매매업, 투자중개업, 공모 집합투자업, 신탁업)을 영위하거나 거짓, 그 밖의 부정한 방법으로 금융투자업 인가(변경인가 포함)를 받은 자
2. 자신의 대주주가 발행한 증권을 소유하거나 자신의 특수관계인(금융투자업자의 대주주를 제외)이 발행한 주식, 채권 및 약속어음을 자기자본의 100분의 8을 초과하여 소유한 금융투자업자
3. 대주주(특수관계인 포함)에게 허용되지 않은 신용공여를 한 금융투자업자 및 금융투자업자로부터 허용되지 않은 신용공여를 받은 대주주(특수관계인 포함)
4. 금융투자업자의 대주주(특수관계인 포함)가 금융투자업자의 이익에 반하여 자신의 이익을 얻을 목적으로 한 다음 행위
   i) 부당한 영향력을 행사하기 위하여 금융투자업자에 대하여 외부에 공개되지 아니한 자료 또는 정보의 제공을 요구하는 행위(다만, 금융회사의 지배구조에 관한 법률이나 상법에 따른 주주의 회계장부열람권 행사에 해당하는 경우는 제외)
   ii) 경제적 이익 등 반대급부의 제공을 조건으로 다른 주주와 담합하여 금융투자업자의 인사 또는 경영에 부당한 영향력을 행사하는 행위
   iii) 금융투자업자의 대주주가 금융투자업자로 하여금 위법행위를 하도록 요구하는 행위

ⅳ) 금리, 수수료, 담보 등에서 통상적인 거래조건과 다른 조건으로 대주주 자신이나 제3자와의 거래를 요구하는 행위
ⅴ) 조사분석자료의 작성과정에서 영향력을 행사하는 행위
5. 투자자의 거래정보등을 제삼자에게 제공·누설한 금융투자업 업무수탁자, 투자권유대행인, 한국예탁결제원 및 이를 요구한 자
6. 임의매매 - 투자자나 그 대리인으로부터 금융투자상품의 매매의 청약 또는 주문을 받지 아니하고 투자자로부터 예탁받은 재산으로 금융투자상품의 매매를 한 자
7. 투자매매업자, 투자중개업자의 불건전 영업행위
ⅰ) 투자자로부터 금융투자상품의 가격에 중대한 영향을 미칠 수 있는 매수 또는 매도의 청약이나 주문을 받거나 받게 될 가능성이 큰 경우 이를 체결시키기 전에 그 금융투자상품을 자기의 계산으로 매수 또는 매도하거나 제삼자에게 매수 또는 매도를 권유하는 행위
ⅱ) 조사분석자료를 투자자에게 공표할 때 그 조사분석자료의 내용이 사실상 확정된 때부터 공표 후 24시간이 경과하기 전에 그 조사분석자료의 대상이 된 금융투자상품을 자기의 계산으로 매매하는 행위
ⅲ) 조사분석자료 작성을 담당하는 자에 대하여 기업금융업무와 연동된 성과보수를 지급하는 행위
ⅳ) 주권, 전환사채권, 신수인수권부사채권, 교환사채권, 조건부자본증권 및 그 증권예탁증권의 모집 또는 매출과 관련한 계약을 체결한 날부터 그 증권이 증권시장에 최초로 상장된 후 40일 이내에 그 증권에 대한 조사분석자료를 공표하거나 특정인에게 제공하는 행위
ⅴ) 투자권유대행인 및 투자권유자문인력이 아닌 자에게 투자권유

를 하게 하는 행위

vi) 포괄적 투자일임 - 투자자로부터 금융투자상품에 대한 투자판단의 전부 또는 일부를 일임받아 투자자별로 구분하여 금융투자상품을 취득·처분, 그 밖의 방법으로 운용하는 행위(투자일임업으로서 행하는 경우와 예외적으로 포괄적 일임이 허용되는 경우 제외).

8. 집합투자업자의 불건전영업행위

i) 선행매매 - 집합투자재산을 운용할 때 금융투자상품, 그 밖의 투자대상 자산의 가격에 중대한 영향을 미칠 수 있는 매수 또는 매도 의사를 결정한 후 이를 실행하기 전에 그 금융투자상품, 그 밖의 투자대상자산을 집합투자업자 자기의 계산으로 매수 또는 매도하거나 제삼자에게 매수 또는 매도를 권유하는 행위

ii) 자기 또는 관계인수인이 인수한 증권을 집합투자재산으로 매수하는 행위

iii) 자기 또는 관계인수인이 인수업무(발행인 또는 매출인으로부터 직접 증권의 인수를 의뢰받아 인수조건 등을 정하는 업무에 한정)를 담당한 법인의 특정증권에 대하여 인위적인 시세를 형성하기 위하여 집합투자재산으로 그 특정증권을 매매하는 행위

v) 특정 집합투자기구의 이익을 해하면서 자기 또는 제삼자의 이익을 도모하는 행위

vi) 특정 집합투자재산을 집합투자업자의 고유재산 또는 그 집합투자업자가 운용하는 다른 집합투자재산, 투자일임재산 또는 신탁재산과 거래하는 행위

vii) 제삼자와의 계약 또는 담합 등에 의하여 집합투자재산으로 특정 자산에 교차하여 투자하는 행위

viii) 투자운용인력이 아닌 자에게 집합투자재산을 운용하게 하는

행위

9. 투자자문업자, 투자일임업자, 유사투자자문업자의 불건전 영업행위

i) 투자자로부터 금전·증권, 그 밖의 재산의 보관·예탁을 받는 행위

ii) 투자자에게 금전·증권, 그 밖의 재산을 대여하거나 투자자에 대한 제삼자의 금전·증권, 그 밖의 재산의 대여를 중개·주선 또는 대리하는 행위

iii) 투자권유자문인력 또는 투자운용인력이 아닌 자에게 투자자문업 또는 투자일임업을 수행하게 하는 행위(유사투자자문업자 제외)

iv) 계약으로 정한 수수료 외의 대가를 추가로 받는 행위

v) 투자자문에 응하거나 투자일임재산을 운용하는 경우 금융투자상품등의 가격에 중대한 영향을 미칠 수 있는 투자판단에 관한 자문 또는 매매 의사를 결정한 후 이를 실행하기 전에 그 금융투자상품등을 자기의 계산으로 매매하거나 제삼자에게 매매를 권유하는 행위

10. 투자일임업자의 불건전영업행위

i) 정당한 사유 없이 투자자의 운용방법의 변경 또는 계약의 해지 요구에 응하지 아니하는 행위

ii) 자기 또는 관계인수인이 인수한 증권을 투자일임재산으로 매수하는 행위

iii) 자기 또는 관계인수인이 인수업무(발행인 또는 매출인으로부터 직접 증권의 인수를 의뢰받아 인수조건 등을 정하는 업무에 한정)를 담당한 법인의 특정증권에 대하여 인위적인 시세를 형성하기 위하여 투자일임재산으로 그 특정증권을 매매하는 행위

iv) 특정 투자자의 이익을 해하면서 자기 또는 제삼자의 이익을 도모하는 행위

v) 투자일임재산으로 자기가 운용하는 다른 투자일임재산, 집합투

자재산 또는 신탁재산과 거래하는 행위

vi) 투자일임재산으로 투자일임업자 또는 그 이해관계인의 고유재산과 거래하는 행위

vii) 투자자의 동의 없이 투자일임재산으로 투자일임업자 또는 그 이해관계인이 발행한 증권에 투자하는 행위

viii) 투자일임재산을 각각의 투자자별로 운용하지 아니하고 여러 투자자의 자산을 집합하여 운용하는 행위

ix) 투자자로부터 ① 투자일임재산을 예탁하는 투자매매업자·투자중개업자, 그 밖의 금융기관을 지정하거나 변경하는 행위, ② 투자일임재산을 예탁하거나 인출하는 행위, ③ 투자일임재산에 속하는 증권의 의결권, 그 밖의 권리를 행사하는 행위를 위임받는 행위

11. 신탁업자의 불건전영업행위

i) 신탁재산을 운용할 때 금융투자상품, 그 밖의 투자대상자산의 가격에 중대한 영향을 미칠 수 있는 매수 또는 매도 의사를 결정한 후 이를 실행하기 전에 그 금융투자상품, 그 밖의 투자대상자산을 자기의 계산으로 매수 또는 매도하거나 제삼자에게 매수 또는 매도를 권유하는 행위

ii) 자기 또는 관계인수인이 인수한 증권을 신탁재산으로 매수하는 행위

iii) 자기 또는 관계인수인이 인수업무(발행인 또는 매출인으로부터 직접 증권의 인수를 의뢰받아 인수조건 등을 정하는 업무에 한정)를 담당한 법인의 특정증권에 대하여 인위적인 시세를 형성시키기 위하여 신탁재산으로 그 특정증권을 매매하는 행위

iv) 특정 신탁재산의 이익을 해하면서 자기 또는 제삼자의 이익을 도모하는 행위

v) 신탁재산으로 그 신탁업자가 운용하는 다른 신탁재산, 집합투자재산 또는 투자일임재산과 거래하는 행위
vi) 신탁재산으로 신탁업자 또는 그 이해관계인의 고유재산과 거래하는 행위
vii) 수익자의 동의 없이 신탁재산으로 신탁업자 또는 그 이해관계인이 발행한 증권에 투자하는 행위
viii) 투자운용인력이 아닌 자에게 신탁재산을 운용하게 하는 행위

12. 신용공여 총 합계액이 자기자본의 100분의 100을 초과하거나 동일한 법인 등에 대한 신용공여액이 자기자본의 100분의 25를 초과한 종합금융투자사업자
13. 계열회사의 관계에 있는 법인에 대하여 신용공여를 하거나 또는 그 법인이 운용하는 전문투자형 사모집합투자기구에 대하여 전담중개업무를 제공한 종합금융투자사업자와 그로부터 신용공여를 받은 자
14. 각 집합투자기구 자산총액의 100분의 10을 초과하여 동일종목의 증권에 투자하는 등 집합투자재산 운용제한규정을 위반한 집합투자업자(공모 집합투자업자에 한함)
15. 집합투자재산을 운용할 때 이해관계인과 거래행위를 한 자(경영참여형 사모집합투자구는 적용 제외)
16. 집합투자업자, 신탁업자의 의결권행사 제한규정을 위반한 자
17. 투자자가 청약의 의사를 표시하지 아니한 상태에서 투자자의 재산으로 증권의 청약을 한 온라인소액투자중개업자
18. 투자자로부터 금전·증권, 그 밖의 재산의 보관·예탁을 받은 온라인소액투자중개업자
19. 증권신고서 제출의무와 방법에 관한 규정을 위반하여 증권을 모집, 매출한 자

20. 증권신고서(일괄신고추가서류 포함), 정정신고서, 투자설명서, 사업보고서, 반기보고서, 분기보고서, 주요사항보고서 중 중요사항에 관하여 거짓의 기재 또는 표시를 하거나 중요사항을 기재 또는 표시하지 아니한 자 및 그 중요사항에 관하여 거짓의 기재 또는 표시가 있거나 중요사항의 기재 또는 표시가 누락된 사실을 알고도 서명을 한 자와 그 사실을 알고도 이를 진실 또는 정확하다고 증명하여 그 뜻을 기재한 공인회계사·감정인 또는 신용평가를 전문으로 하는 자
21. 증권신고서(일괄신고추가서류 포함)에 대한 정정신고서를 제출하지 아니한 자
22. 공개매수공고 또는 공개매수신고서, 공개매수설명서 중 중요사항에 관하여 거짓의 기재 또는 표시를 하거나 중요사항을 기재 또는 표시하지 아니한 자
23. 공개매수공고와 그 정정공고를 하지 아니한 자
24. 공개매수신고서를 제출하지 아니한 자
25. 주식등의 대량보유 보고서류 및 그 정정서류 중 중요한 사항에 관하여 거짓의 기재 또는 표시를 하거나 중요한 사항을 기재 또는 표시하지 아니한 자
26. 의결권 대리행사권유 위임장 용지 및 참고서류 또는 그 정정서류 중 의결권피권유자의 의결권 위임 여부 판단에 중대한 영향을 미칠 수 있는 사항에 관하여 거짓의 기재 또는 표시를 하거나 의결권 위임 관련 중요사항을 기재 또는 표시하지 아니한 자
27. 집합투자재산을 보관·관리하는 신탁업자가 자신이 보관·관리하는 집합투자재산을 자신의 고유재산, 다른 집합투자재산 또는 제삼자로부터 보관을 위탁받은 재산과 거래하거나, 그 이해관계인의 고유재산과 거래하는 경우

28. 전문투자형 사모집합투자기구의 집합투자재산을 부동산에 운용할 때 다음 어느 하나에 해당하는 행위를 한 전문사모집합투자업자
  i) 국내 부동산을 취득한 후 1년 이내에 처분하는 행위.
  ii) 건축물, 그 밖의 공작물이 없는 토지로서 그 토지에 대하여 부동산개발사업을 시행하기 전에 이를 처분하는 행위.
29. 경영참여형 사모집합투자기구의 집합투자재산을 운용할 때 이해관계인과의 거래행위 제한 규정을 위반한 업무집행사원
30. 집합투자업 겸영인가를 받지 않고 투자신탁의 설정·해지 및 투자신탁재산의 운용업무를 영위한 은행, 보험회사
31. 투자매매업자 또는 투자중개업자를 통하지 아니하고 외국 집합투자증권을 국내에서 판매한 자
32. 금융투자상품거래청산업 인가(변경인가를 포함한다)를 받지 아니하고 금융투자상품거래 청산업무를 영위한 자 및 거짓, 그 밖의 부정한 방법으로 금융투자상품거래청산업 인가(변경인가를 포함한다)를 받은 자
33. 인가를 받지 않고 증권금융업무, 신용평가업무, 자금중개회사 업무를 영위한 자, 거짓, 그 밖의 부정한 방법으로 증권금융업무, 신용평가업무, 자금중개회사 업무에 대한 인가를 받은 자 및 증권금융업무, 신용평가업무, 자금중개회사 업무 인가가 취소된 후 그 취소된 업무를 영위한 자
34. 대주주 등에 대한 신용공여 제한 규정을 위반하여 신용공여를 한 종합금융회사와 그로부터 신용공여를 받은 자
35. 금융투자업을 영위한 자금중개회사
36. 거래소허가(변경허가를 포함한다)를 받지 아니하고 금융투자상품시장을 개설하거나 운영한 자 및 거짓, 그 밖의 부정한 방법으로 거래소허가(변경허가를 포함한다)를 받은 자

37. 금융투자업 인가가 취소된 후 그 취소된 업무를 영위한 자
38. 자본시장법 위반행위 신고자의 신분 등에 관한 비밀을 누설한 자

3년 이하의 징역 또는 1억원 이하의 벌금(제 445조), 징역과 벌금 병과 가능

1. 금융위원회 등록 없이 투자자문업, 투자일임업을 영위하거나 거짓, 그 밖의 부정한 방법으로 투자자문업, 투자일임업을 등록한 자
2. 자기의 명의를 대여하여 타인에게 금융투자업을 영위하게 한 자
3. 교류금지정보 교류, 금지된 임직원 겸직, 사무공간 또는 전산설비 공동 이용행위, 교류금지업무 간 부서 미구분, 교류금지업무 비독립적 업무처리 등 정보교류차단제도를 위반한 자
4. 투자권유를 함에 있어서 ⅰ) 거짓의 내용을 알리거나, ⅱ) 불확실한 사항에 대하여 단정적 판단을 제공하거나 확실하다고 오인하게 할 소지가 있는 내용을 알린 자
5. 투자권유대행인 등록 전에 투자권유를 한 자
6. 투자권유대행인 외의 자에게 투자권유를 대행하게 한 금융투자업자
7. 직무상 알게 된 정보로서 외부에 공개되지 아니한 정보를 자기 또는 제삼자의 이익을 위하여 이용한 금융투자업자, 금융투자업자로부터 업무를 위탁받은 자, 투자권유대행인, 투자회사의 감독이사, 일반사무관리회사, 집합투자기구평가회사, 채권평가회사, 금융투자협회, 한국예탁결제원, 증권금융회사, 명의개서대행회사
8. 금융투자상품의 거래와 관련한 이익보장, 손실보전약정을 한 금융투자업자(업무수탁자, 투자권유대행인 포함)
9. 자료의 기록, 유지의무를 위반한 금융투자업자, 일반사무관리회사, 집합투자기구평가회사, 채권평가회사, 투자회사

10. 금융투자업자(금융투자협회, 한국예탁결제원, 금융투자상품거래청산회사, 증권금융회사, 신용평가회사, 명의개서대행회사, 한국거래소, 금융위원회, 증권선물위원회, 금융감독원)의 임직원이 금융투자상품을 매매할 때 자기의 명의로 하지 않은 경우
11. 집합투자기구가 등록되기 전에 해당 집합투자증권을 판매하거나 판매를 위한 광고를 한 투자매매업자 또는 투자중개업자
12. 거짓, 그 밖의 부정한 방법으로 종합금융투자사업자 지정을 받은 자
13. 금융위원회로부터 종합금융투자사업자 지정을 받지 아니하고 전담중개업무, 기업에 대한 신용공여 또는 증권시장에 상장된 주권에 관하여 동시에 다수의 자를 거래상대방 또는 각 당사자로 하는 장외매매 또는 그 중개·주선이나 대리 업무를 영위한 자
14. 투자신탁재산별로 미리 정하여진 자산배분명세에 따라 취득·처분 등의 결과를 배분하지 아니한 투자신탁의 집합투자업자
15. 자본시장법에 규정된 집합투자업자, 투자회사의 의결권 행사방법을 위반하여 받은 금융위원회의 주식 처분명령을 위반한 집합투자업자, 투자회사
16. 신탁재산을 고유재산으로 취득한 신탁업자
17. 신탁재산, 집합투자재산에 대해 회계감사를 받지 아니한 신탁업자, 집합투자업자, 투자회사
18. 등록을 하지 아니하고 온라인소액투자중개를 한 자 및 거짓, 그 밖의 부정한 방법으로 온라인소액투자중개업 등록(변경등록을 포함한다)을 한 자
19. 다음과 같은 행위 이외의 방법으로 증권의 청약을 권유한 온라인소액투자중개업자

i) 투자광고를 자신의 인터넷 홈페이지에 게시하는 행위

ⅱ) 온라인소액증권발행인이 게재하는 내용을 자신의 인터넷 홈페이지에 게시하는 행위

ⅲ) 자신의 인터넷 홈페이지를 통하여 자신이 중개하는 증권 또는 그 온라인소액증권발행인에 대한 투자자들의 의견이 교환될 수 있도록 관리하는 행위

ⅳ) 사모의 방식으로 증권의 청약을 권유하는 경우에는 온라인소액증권발행인이 게재하는 내용을 특정 투자자에게 전송하는 행위

20. 공개매수의무를 위반하여 주식등을 매수한 자

21. 주식등의 대량보유 보고의무를 위반한 자

22. 의결권 대리행사 권유 방법을 위반하여 의결권 대리행사권유를 한 자

23. 외감법상 회계감사의무를 위반하여 회계감사를 받지 아니한 자

24. 다음 각 호의 어느 하나에 해당하는 자로서 파생상품시장에서의 시세에 영향을 미칠 수 있는 정보를 누설하거나, 장내파생상품 및 그 기초자산의 거래에 이용하거나, 타인으로 하여금 이용하게 한 자

ⅰ) 장내파생상품의 시세에 영향을 미칠 수 있는 정책을 입안·수립 또는 집행하는 자

ⅱ) 장내파생상품의 시세에 영향을 미칠 수 있는 정보를 생성·관리하는 자

ⅲ) 장내파생상품의 기초자산의 중개·유통 또는 검사와 관련된 업무에 종사하는 자

25. 집합투자기구를 금융위원회에 등록하지 아니한 집합투자업자, 투자회사 및 거짓 그 밖의 부정한 방법으로 집합투자기구를 등록(변경등록 포함)한 자

26. 집합투자기구의 집합투자재산에 관한 정보를 자기의 고유재산의 운용, 자기가 운용하는 집합투자재산의 운용 또는 자기가 판

매하는 집합투자증권의 판매를 위하여 이용한 집합투자재산 보관·관리하는 신탁업자

27. 집합투자재산을 운용하는 집합투자업자의 운용지시 또는 운용행위가 법령, 집합투자규약 또는 투자설명서 등을 위반하고 있다는 사실을 확인하였음에도 불구하고 그 집합투자업자에 대하여 그 운용지시 또는 운용행위의 철회·변경 또는 시정을 요구하지 아니한 집합투자재산을 보관·관리하는 신탁업자

28. 사모집합투자업(헤지펀드, PEF 운용) 등록을 하지 아니하고 사모집합투자업을 영위하거나 거짓, 그 밖의 부정한 방법으로 사모집합투자업 등록을 한 자

29. 투자신탁재산의 운용과 관련하여 다음 각호의 행위를 한 집합투자겸영 은행, 보험회사(2호에 한함), 종합금융회사(1호, 2호에 한함)

 i) 자기가 발행한 투자신탁의 수익증권을 자기의 고유재산으로 취득하는 행위

 ii) 자기가 운용하는 투자신탁의 투자신탁재산에 관한 정보를 다른 집합투자증권의 판매에 이용하는 행위

 iii) 자기가 운용하는 투자신탁의 수익증권을 다른 은행을 통하여 판매하는 행위

 iv) 단기금융집합투자기구를 설정하는 행위

30. 집합투자기구의 집합투자재산에 관한 정보를 자기가 운용하는 투자신탁재산의 운용이나 자기가 판매하는 집합투자증권의 판매를 위하여 이용한 집합투자업겸영 은행, 보험회사, 일반사무관리회사의 업무를 영위하는 은행, 보험회사, 종합금융회사

31. 투자매매업 또는 투자중개업 인가를 받아 집합투자증권의 판매를 영위하는 은행, 보험회사, 종합금융회사의 다음 행위

 i) 자기가 판매하는 집합투자증권의 집합투자재산에 관한 정보를

자기가 운용하는 투자신탁재산의 운용 또는 자기가 운용하는 투자신탁의 수익증권의 판매를 위하여 이용하는 행위

ii) 집합투자증권의 판매업무와 은행법(보험법)에 따른 업무를 연계하여 정당한 사유 없이 고객을 차별하는 행위

32. 집합투자기구의 등록이 취소된 후 그 취소된 업무를 영위한 자
33. 일반사무관리회사 등록을 하지 아니하고 해당 업무를 영위한 자, 거짓, 그 밖의 부정한 방법으로 일반사무관리회사 등록을 한 자 및 일반사무관리회사 등록이 취소된 후 그 취소된 업무를 영위한 자
34. 금융위원회에 등록하지 아니하고 외국 집합투자증권을 판매한 자 및 등록이 취소된 후 그 취소된 외국 집합투자기구의 외국 집합투자증권을 판매한 자
35. 계좌 간의 대체로 결제하는 업무를 영위하거나 국내에서 증권예탁증권을 발행하는 업무를 영위한 한국예탁결제원 이외의 자
36. 자금의 공여, 손익의 분배, 그 밖에 영업에 관하여 특별한 이해관계를 가진 한국예탁결제원의 상근 임직원, 금융투자상품거래청산회사의 상근 임직원, 증권금융회사, 한국거래소(다자간매매체결회사 포함)의 상근 임직원
37. 증권금융회사, 종합금융회사, 자금중개회사, 단기금융회사의 업무 정지기간 중 업무를 영위한 자
38. 직무상 알게 된 요청인의 비밀을 누설하거나 이용한 신용평가회사의 임직원이나 임직원이었던 자
39. 일정한 비율 이상의 출자관계에 있는 등 특수관계자와 관련된 신용평가를 한 신용평가회사
40. 신용평가 과정에서 신용평가회사 또는 그 계열회사의 상품이나 서비스를 구매하거나 이용하도록 강요한 신용평가회사
41. 인가를 받지 아니하고 업무를 폐지하거나 해산한 종합금융회사,

자금중개회사, 단기금융회사

42. 등록을 하지 아니하고 명의개서대행업무를 한 자, 거짓 그 밖의 부정한 방법으로 명의개서대행회사 등록을 한 자, 명의개서대행업무 등록이 취소된 후 그 취소된 업무를 한 자
43. 직무에 관하여 알게 된 비밀을 누설 또는 이용한 한국거래소(다자간매매체결회사, 금융투자상품거래청산회사, 금융위원회, 증권선물위원회, 금융감독원)의 임직원 및 임직원이었던 자
44. 손해배상공동기금을 적립하지 아니한 한국거래소 회원
45. 직무에 관하여 알게 된 비밀을 누설 또는 이용한 시장감시위원회 위원 및 그 직에 있었던 자
46. 금융위원회의 승인을 얻지 않고 금융투자업을 합병, 분할 또는 분할합병, 주식의 포괄적 교환 또는 이전, 해산, 금융투자업 전부의 양도 또는 양수, 폐지한 자
47. 금융투자업 등록이 취소된 후 그 취소된 업무를 영위한 자
48. 금융투자업의 업무 정지기간 중 그 정지된 업무를 영위한 자
49. 금융위원회(증권선물위원회)의 조사요구에 불응한 자

1년 이하의 징역 또는 3천만원 이하의 벌금(제 446조), 징역과 벌금 병과 가능

1. 금융투자업자가 아니면서 상호 중에 금융투자, 증권, 파생, 선물, 집합투자, 투자신탁, 자산운용, 투자자문, 투자일임 또는 신탁이라는 문자를 사용한 자
2. 금융투자업자의 업무위탁 제한 규정을 위반하여 업무를 위탁하거나 재위탁 제한 규정을 위반하여 재위탁한 자
3. 금융위원회의 업무위탁계약 취소명령 또는 변경명령을 위반한 자

4. 다음 행위를 한 투자권유대행인

i) 금융투자업자를 대리하여 계약을 체결하는 행위

ii) 투자자로부터 금전·증권, 그 밖의 재산을 수취하는 행위

iii) 금융투자업자로부터 위탁받은 투자권유대행업무를 제삼자에게 재위탁하는 행위

iv) 투자자를 대리하여 계약을 체결하는 행위

v) 투자자로부터 금융투자상품에 대한 매매권한을 위탁받는 행위

vi) 제3자로 하여금 투자자에게 금전을 대여하도록 중개·주선 또는 대리하는 행위

vii) 투자일임재산이나 신탁재산을 각각의 투자자별 또는 신탁재산별로 운용하지 아니하고 집합하여 운용하는 것처럼 그 투자일임계약이나 신탁계약의 체결에 대한 투자권유를 하거나 투자광고를 하는 행위

viii) 둘 이상의 금융투자업자와 투자권유 위탁계약을 체결하는 행위

ix) 보험설계사인 투자권유대행인이 소속 보험회사가 아닌 보험회사와 투자권유 위탁계약을 체결하는 행위

5. 투자권유대행인등록이 취소된 후 투자권유대행업무를 영위하거나, 투자권유대행업무의 정지기간 중 투자권유대행업무를 영위한 자

6. 금융투자업자의 투자광고 규정 및 전문투자형 사모집합투자기구의 투자광고 규정을 위반하여 투자광고를 한 자

7. 영업기금과 부채의 합계액에 상당하는 자산을 국내에 두지 않은 외국 금융투자업자의 지점, 그 밖의 영업소

8. 청산 또는 파산하는 경우 자산을 국내에 주소 또는 거소가 있는 자에 대한 채무의 변제에 우선 충당하지 아니한 외국 금융투자업자의 지점, 그 밖의 영업소

9. 사전에 자기가 투자매매업자인지 투자중개업자인지를 밝히지 아

니하고 금융투자상품의 매매에 관한 청약 또는 주문을 받은 자

10. 금융투자상품에 관한 같은 매매를 할 때 자신이 본인이 됨과 동시에 상대방의 투자중개업자가 된 투자매매업자 또는 투자중개업자 – 자기계약의 금지
11. 자산운용보고서를 제공하지 아니하거나, 거짓으로 작성하거나 그 기재사항을 누락하고 작성하여 제공한 집합투자업자(외국집합투자업자 포함)
12. 수시공시의무를 위반하여 공시를 하지 아니하거나 거짓으로 공시한 집합투자업자
13. 투자자의 집합투자재산에 관한 장부·서류의 열람이나 등본 또는 초본의 교부 청구를 거절한 집합투자업자
14. 금융위원회의 청산 감독에 필요한 명령을 위반한 집합투자업자(온라인소액투자중개업자) 또는 신탁업자가 그 목적을 변경하여 다른 업무를 행하는 회사로서 존속하는 경우 금융위원회의 재산의 공탁 그 밖에 필요한 명령을 위반한 신탁업자
15. 금전, 증권, 금전채권, 동산, 부동산, 지상권, 전세권, 부동산임차권, 부동산소유권 이전등기청구권, 그 밖의 부동산 관련 권리, 무체재산권(지식재산권을 포함) 이외의 재산을 수탁한 신탁업자
16. 신탁재산 운용제한 규정을 위반하여 신탁재산을 운용한 신탁업자
17. 다른 금융투자업을 영위하지 아니하면서 상호에 "금융투자" 및 이와 유사한 의미를 가지는 외국어 문자를 사용한 온라인소액투자중개업자 및 온라인소액투자중개업자가 아니면서 "온라인소액투자중개" 또는 이와 유사한 명칭을 사용한 자
18. 자신이 중개하는 증권을 자기의 계산으로 취득한 온라인소액투자중개업자
19. 온라인소액증권발행인의 신용 또는 투자 여부에 대한 투자자의

판단에 영향을 미칠 수 있는 자문이나 온라인소액증권발행인의 경영에 관한 자문에 응한 온라인소액투자중개업자

20. 투자자가 청약의 내용, 투자에 따르는 위험, 증권의 매도 제한, 증권의 발행조건과 온라인소액증권발행인의 재무상태가 기재된 서류 및 사업계획서의 내용을 충분히 확인하였는지의 여부를 투자자의 서명 등의 방법으로 확인하기 전에 그 청약의 의사 표시를 받은 온라인소액투자중개업자
21. 특정한 온라인소액증권발행인 또는 투자자를 부당하게 우대하거나 차별한 온라인소액투자중개업자
22. 온라인소액투자중개업자 또는 온라인소액증권발행인이 아니면서 온라인소액투자중개에 대한 투자광고를 한 자
23. 증권신고서, 사업보고서 작성을 위한 연결재무제표 작성대상법인의 종속회사에 대한 자료제출 요구 및 조사를 거부·방해·기피한 자
24. 증권신고서 제출 대상인 경우 증권신고서의 효력이 발생하기 전에 증권에 관한 취득 또는 매수의 청약에 대한 승낙을 한 자
25. 투자설명서, 공개매수설명서 또는 위임장 용지 및 참고서류를 제출할 의무가 있음에도 제출하지 아니한 자
26. 투자설명서(간이투자설명서를 포함), 공개매수설명서 또는 위임장 용지 및 참고서류를 교부할 의무가 있음에도 미리 교부하지 아니하고 증권을 취득하게 하거나 매도한 자
27. 증권의 모집 또는 매출, 그 밖의 거래를 위하여 청약의 권유 등을 하고자 하는 경우 투자설명서, 예비투자설명서, 간이투자설명서를 사용하지 않고 청약의 권유 등을 한 자
28. 증권신고서 제출, 공개매수신고서 제출, 주식등 대량보유보고서 제출, 의결권 대리행사 권유, 사업보고서 등의 제출 관련 금융위

원회의 처분을 위반한 자

29. 공개매수설명서를 미리 교부하지 아니하고 주식등을 매수한 자
30. 공개매수규정위반이나 주식등 대량보유보고의무 위반으로 인한 금융위원회의 주식등 처분명령, 공공적 법인이 발행한 주식 소유제한 규정 위반으로 인한 금융위원회의 시정명령을 위반한 자
31. 의결권 대리행사 권유 관련 위임장용지 및 참고서류 정정의무를 위반하여 정정서류를 제출하지 아니한 자
32. 사업보고서 · 반기보고서 · 분기보고서나 주요사항보고서를 제출하지 아니한 자
33. 공공적 법인이 발행한 주식의 소유제한 규정을 위반하여 주식을 소유한 자
34. 회계감사를 한 회계감사인 또는 회계감사를 받은 법인에 대한 금융위원회의 자료의 제출 또는 보고 명령이나 조치를 위반한 자
35. 임원, 주요주주의 특정증권 소유상황 보고의무를 위반한 자
36. 금융위원회 승인을 받지 아니하고 투자신탁을 해지한 집합투자업자 및 거짓 그 밖의 부정한 방법으로 금융위원회의 투자신탁 해지 승인을 받은 집합투자업자
37. 투자신탁에 해지사유가 있음에도 해지하지 아니하거나, 투자회사, 투자합자조합등에 해산사유가 있음에도 해산하지 아니한 자
38. 집합투자증권의 환매대금을 지급하지 아니하거나 집합투자재산으로 소유 중인 금전 또는 집합투자재산을 처분하는 이외의 방법으로 조성한 금전으로 환매대금을 지급한 자
39. 집합투자증권(외국 집합투자증권 포함)의 기준가격을 공고 · 게시하지 아니하거나 거짓으로 공고 · 게시한 자
40. 집합투자재산을 자신의 고유재산, 다른 집합투자재산 또는 제삼자로부터 보관을 위탁받은 재산과 구분하여 관리하지 아니한 신

탁업자

41. 집합투자재산 중 증권 등을 자신의 고유재산과 구분하여 집합투자기구별로 한국예탁결제원에 예탁하지 아니한 신탁업자
42. 집합투자업자의 지시를 각각의 집합투자기구별로 이행하지 아니한 신탁업자
43. 집합투자기구의 자산보관·관리보고서를 투자자에게 제공하지 아니하거나 거짓으로 작성하여 제공한 신탁업자
44. 전문투자형 사모집합투자기구의 설정 · 설립 및 변경보고를 하지 아니하거나 거짓으로 보고한 자
45. 전문투자형 사모집합투자기구의 집합투자증권을 적격투자자가 아닌 자에게 양도한 투자자
46. 금융위원회의 전문투자형 사모집합투자기구 해지 · 해산명령을 따르지 아니한 자
47. 금융위원회의 집합투자기구, 전문투자형 사모집합투자기구, 경영참여형 사모집합투자기구, 일반사무관리회사, 명의개서대행회사에 대한 업무정지기간 중 해당 업무를 영위한 자
48. 금융위원회에 경영참여형 사모집합투자기구의 설립, 변경보고를 하지 아니하거나 거짓으로 보고하거나 업무집행사원의 특수관계인인 유한책임사원의 출자지분이 그 경영참여형 사모집합투자기구의 전체 출자지분 중 30% 이상인 경우 해당 유한책임사원 관련 정보 및 경영참여형 사모집합투자기구의 투자 구조 등을 금융위원회에 보고(변경보고 포함)하지 아니하거나 거짓으로 보고한 자
49. 경영참여형 사모집합투자기구(기업재무안정 경영참여형 사모집합투자기구, 창업 · 벤처전문 경영참여형 사모집합투자기구 포함)의 운용제한 규정을 위반하여 운용한 자
50. 경영참여형 사모집합투자기구의 운용제한 규정에 위반하여 취

득한 다른 회사의 지분증권 전부를 취득 후 6개월이 경과할 때까지 처분하지 아니한 자

51. 경영참여형 사모집합투자기구의 운용제한 규정에 위반하여 취득한 다른 회사의 지분증권 전부를 취득 후 6개월이 경과할 때까지 처분하고 이를 보고할 의무가 있음에도 보고하지 아니하거나 거짓으로 보고한 자

52. 경영참여형 사모집합투자기구(창업·벤처전문 경영참여형 사모집합투자기구 포함)의 집합투자재산 운용 현황, 차입 또는 채무보증의 현황(투자목적회사의 차입 또는 채무보증의 현황 포함) 등에 관하여 금융위원회에 보고하지 아니하거나 거짓으로 보고한 자

53. 다음과 같은 행위를 한 경영참여형 사모집합투자기구의 업무집행사원
   i) 경영참여형 사모집합투자기구와 거래하는 행위(사원 전원이 동의한 경우는 제외한다)
   ii) 원금 또는 일정한 이익의 보장을 약속하는 등의 방법으로 사원이 될 것을 부당하게 권유하는 행위
   iii) 사원 전원의 동의 없이 사원의 일부 또는 제삼자의 이익을 위하여 경영참여형 사모집합투자기구가 소유한 자산의 명세를 사원이 아닌 자에게 제공하는 행위

54. 출자한 지분을 타인에게 양도한 경영참여형 사모집합투자기구의 무한책임사원

55. 상호출자제한기업집단의 계열회사인 경영참여형 사모집합투자기구 또는 상호출자제한기업집단의 계열회사가 무한책임사원인 경영참여형 사모집합투자기구로서 다른 회사(외국 기업은 제외)를 계열회사로 편입 후 편입일부터 5년 이내에 그 다른 회사의 지분증권을 해당 상호출자제한기업집단의 계열회사가 아닌 자

에게 처분하지 않은 상호출자제한기업집단의 계열회사인 경영참여형 사모집합투자기구 또는 상호출자제한기업집단의 계열회사가 무한책임사원인 경영참여형 사모집합투자기구

56. 계열회사(투자목적회사 및 투자대상기업은 제외)가 발행한 지분증권을 취득한 상호출자제한기업집단의 계열회사인 경영참여형 사모집합투자기구 또는 상호출자제한기업집단의 계열회사가 무한책임사원인 경영참여형 사모집합투자기구

57. 공정거래법상 지주회사 요건 충족한 날부터 2주일 이내에 그 사실을 금융위원회에 보고하지 않거나 거짓으로 보고한 경영참여형 사모집합투자기구 또는 투자목적회사

58. 금융위원회의 해산명령에 따르지 아니한 경영참여형 사모집합투자기구

59. 금융위원회의 직무정지조치 기간 중 직무를 수행한 경영참여형 사모집합투자기구의 업무집행사원

60. 예탁자계좌부 또는 투자자계좌부를 작성·비치하지 아니하거나 거짓으로 작성한 한국예탁결제원 또는 예탁자(증권회사)

61. 거래정보를 보관·관리하지 아니하거나, 거래정보를 금융위원회에 보고하지 아니하거나 거짓으로 보고한 금융투자상품거래청산회사

62. 종합금융회사, 자금중개회가가 아니면서 "종합금융회사", "자금중개" 또는 이와 유사한 명칭을 사용한 자

63. 신용공여 한도규정을 위반하거나 자신의 주식을 매입시키기 위한 신용공여를 한 종합금융회사

64. 자기자본의 100분의 100을 초과하여 증권에 투자하거나, 주식 및 파생결합증권 등에 대한 투자한도 제한 규정을 위반한 종합금융회사

65. 다른 상호출자제한기업집단에 속하는 금융기관 또는 회사와 다음 행위를 하거나, 다음 행위에 대한 금융위원회의 조치를 위반하거나, 다음 행위로 취득한 주식에 대하여 의결권을 행사한 상호출자제한기업집단에 속하는 종합금융회사

i) 신용공여한도, 대주주와의 거래제한, 증권의 투자한도 제한 규정을 회피하기 위한 목적으로 다른 금융기관 또는 회사의 의결권 있는 주식을 서로 교차하여 소유하거나 신용공여를 하는 행위

ii) 상법 그 밖의 법률에 따른 자기주식 취득의 제한을 회피하기 위한 목적으로 서로 교차하여 주식을 취득하는 행위

66. 자사의 주식을 매입시키기 위해 신용공여를 한 종합금융회사에 대한 금융위원회의 조치를 이행하지 아니한 자

67. 비업무용 부동산(담보권 실행으로 취득한 경우 포함)을 취득한 날로부터 1년 이내에 처분하거나 한국자산관리공사에 매각 의뢰하지 않은 종합금융회사

68. 금융위원회의 금융투자업자에 대한 등록 업무의 전부 또는 일부 정지 조치기간 중 그 정지된 업무를 영위한 금융투자업자

증권범죄 이야기

2017년 8월 31일 인쇄
2017년 9월 1일 발행

저 자 • **구 재 천**
발행자 • **성 정 화**
발행처 • **도서출판 이화**
대전광역시 중구 대종로505번길 54
장현빌딩 2층
TEL. (042)255-9708
FAX. (042)255-9709

ISBN 978-89-6439-133-4 93360

〈값22,000원〉